本书系辽宁省教育厅高校基本科研项目
"学术型博士生科研动力模型构建及提升策略研究"(JYTMS20231073)的最终研究成果
本书获得辽宁师范大学教育学"双一流"学科建设资金、2016年度国家社科基金
"人文关怀视阈下大学生思想政治教育实效性研究"项目联合资助

地方高校
学术型博士生
科研动力
研究

王少奇｜著

九 州 出 版 社
JIUZHOUPRESS

图书在版编目（ＣＩＰ）数据

地方高校学术型博士生科研动力研究 / 王少奇著
. -- 北京：九州出版社，2024.1
ISBN 978-7-5225-2554-9

Ⅰ.①地… Ⅱ.①王… Ⅲ.①地方高校－博士生－科学研究工作－研究－中国 Ⅳ.① G645

中国国家版本馆 CIP 数据核字 (2024) 第 034006 号

地方高校学术型博士生科研动力研究

作　者	王少奇　著	
责任编辑	沧　桑	
出版发行	九州出版社	
地　址	北京市西城区阜外大街甲 35 号（100037）	
发行电话	（010）68992190/3/5/6	
网　址	www.jiuzhoupress.com	
印　刷	三河市龙大印装有限公司	
开　本	710 毫米 × 1000 毫米　16 开	
印　张	18.5	
字　数	280 千字	
版　次	2024 年 5 月第 1 版	
印　次	2024 年 5 月第 1 次印刷	
书　号	ISBN 978-7-5225-2554-9	
定　价	98.00 元	

谨以此书献给我敬爱的导师宫福清教授、
闫守轩教授以及为我操劳的父母!

目　录

绪　论

一、研究背景与缘起

（一）博士生教育在建设创新型国家中的地位愈加凸显

当今世界正处于百年未有之大变局，人类社会不断发生新的变革，不确定性因素与风险激增，为应对社会技术性变革及其挑战，国家和未来社会更加重视创新型人才的培养。作为教育体系顶端的博士生教育主要以培养高层次创新型学术人才为目标，对提升我国综合实力及国际核心竞争力具有重要的战略性意义。近年来，我国博士生招生规模在逐年扩增，博士生教育的重要性也愈加凸显，博士生教育之于国家、社会、博士生培养单位乃至博士生个体都具有十分重要的意义。对于国家和社会而言，创新是一个国家发展的灵魂与原动力，创新型人才是国家创新发展的主力军，而博士生教育是培养拔尖创新人才的主要路径，其对于国家科技创新、构建国家创新体系以及建设创新型国家具有重大的战略意义。对于博士生培养单位而言，博士生教育作为高校教学、科研及社会服务相融合的重要场域，对提升高校教育教学质量、建设高水平师资队伍、增强高校办学的影响力与辐射力具有重要的意义。对于博士生个体而言，博士生教育阶段是博士生最后的正式学习阶段，也是博士生转向准学者的过渡阶段，对于博士生个体理性精神的不断发展、学术生命的自我实现和社会价值的"增值"具有开创性、关键性意义。博士生教育阶段高深知识技能的获取与各项科研活动的开展固然重要，但更为重要的是博士生教育阶段要捍卫与守护博士生的理性精神。一个具有理性精神的人，是不盲从与迷信、避免政治与道德狂热、对自我和社会负责、具有一定自我治理能力的人，能够在任何事物面前进行理性思考和批判性反思，能够游刃有余地处理好个人事务与社会事务间的复杂关系[①]。经过了基础教育、本科教育、硕士研究生教育等一系列教育阶段，个体已具备了一定的理性精神，但这种理性精神是非体系化的，极易改变甚至消失，这就需要在博士生教育阶段对其进行守护与捍卫，使个体日后无论在生活还是在学习中都能具备理性精神、保持理性。

在国际竞争日趋激烈、国际交流与合作日益加强的背景下，许多国家将博士生教育作为实现国家改革与发展目标、提升国家核心竞争力的重要战略选择。同时博士生教育也成了它们抢占教育、经济、科技、军事、人才制高点的重要手段。美国、英国、法国、德国、俄罗斯等国家都在不断反思本国的博士生教育体系，并以提升博士生教育培养质量为核心推行了一系列改革措施，如美国启动了重塑博士生教育计划（PhD）、卡内基博士生教育创新计划（CID），欧盟成立的欧洲博士联盟（EUREDOCS）以及出台的博士生培养计划（DPP）。总之，随着博士生教育重要性的愈加凸显，世界各国均对博士生教育极为重视，大多数国家已将其上升为国家战略层面，博士生教育在建设创新型国家中的地位愈加凸显。

（二）学术型博士生已成为地方高校科研产出的重要生力军

学术型博士生教育作为高等教育的最高阶段，对培育拔尖创新人才、推动知识与科技的创新具有重大的战略意义。在我国产业升级转型、创新

---

① 全生镒.教育为什么要培养理性精神[J].教育研究与实验，2003（3）：12-16.

人才短缺、科技亟须自立自强以及国际竞争日趋激烈的大背景下，如何提升博士生的培养质量、促进博士生高效率产出高质量的科研成果已成为时下全社会最为关切的话题。尤其 2020 年召开的全国研究生教育会议更是提出将"博士生教育作为培养未来国家高层次人才的主要途径"，博士生教育已跃升为国家层面的重点议题。科研是博士生最主要的任务，要求其具备"研"与"究"的能力，"研"与"究"贯穿于博士阶段的全过程，在很大程度上衡量着博士生的培养质量。美国科学工程与公共政策委员会（Science engineering and public policy committee）指出，"博士生无法脱离科研，始终与科研发生密切关系，科研是衡量博士生教育质量的重要指标"[①]。根据教育部数据统计，全国博士生数量在逐年激增，截至 2021 年我国博士生招生录取数量已突破 11 万余人[②]。其中，学术型博士生数量位居世界首位。学术型博士生数量的逐年增长，加之学术型博士生的培养目标旨在培养某领域的学术型科研人才，其与科研的关系最为密切。学术型博士生已成为地方高校科研产出的重要生力军，其在区域经济发展、知识与科技创新中发挥至关重要的作用。

学术型博士生已成为地方高校科研的重要生力军，究其主要缘由在于：一方面，从自身特征看，与高校专任教师相比，大多数学术型博士生没有繁重的教学任务和家庭事务的羁绊，能够有充足的时间与精力投入到科研中，对科研的投入程度会相对较高。此外，从生理特征上讲，大部分学术型博士生平均年龄在 30 岁左右，正值人生的"黄金时期"，他们具有一定的探索意识和冒险精神，充满青春与活力、智慧与灵性、乐观与希望，能够在科研中表现出强大的创造潜力。另一方面，从培养方向看，与专业型博士生相比，学术型博士生的培养目标旨在培养某领域的学术型人才，而专业型博士生的培养目标旨在培养某领域的专业型人才，其更加强调专业

---

① 彭国华.我国高校理工科博士研究生科研激励机制研究 [M]. 北京：地质出版社，2012：2.

② 中国教育在线 . 2021 年全国研究生招生调查报告 [EB/OL].(2020-01-12)[2021-11-28].https://baike.baidu.com/item.

的应用性与实践性，注重满足某领域的实际工作需求。因此，依据不同的教育目标，各地方高校在博士生培养过程中采取的培养方式有所差异：对于学术型博士生会进行高强度的科研训练，对于专业型博士生在采取科研训练的同时，更注重其专业的应用导向。从学术型博士生和专业型博士生的培养目标和培养过程可以看出，学术型博士生与科研的关系更为密切，科研的投入率和科研产出率要高于专业型博士生，其理应成为地方高校科研的重要生力军。研究表明，学术型博士生的总体科研产出率和高水平国际论文产出率显著高于专业型博士生[①]。

（三）科研动力是制约地方高校学术型博士生科研成效的关键性因素

地方高校学术型博士生最高的科研境地是实现由科研的外部驱动转向科研的内在自觉。实现这一转变是一个长期积淀的过程，很难一蹴而就。主要原因在于这不仅是地方高校学术型博士生自身科研方式和科研行为的转变，更涉及学术型博士生科研文化的转型。初步调查发现，科研压力大、科研倦怠、科研焦虑、身心俱疲等是时下地方高校学术型博士生最真实的生存状态。这不仅桎梏了地方高校学术型博士生科研的顺利开展，甚至还危害着地方高校学术型博士生的身心健康。要从根源上解决这些问题，促使地方高校学术型博士生积极主动地开展科研活动，最为关键的是要从内部激发学术型博士生的科研动力。科研动力是指博士生在面对科研的实际状态与其想要达到完美、完善的心理状态间的差距时而产生的推动其积极主动地进行科研行动的内生性力量。科研动力是影响地方高校学术型博士生科研成效的关键性因素。倘若地方高校学术型博士生缺乏科研动力，那么为其提供再多的科研资源平台、再有效的科研指导、营造再良好的科研环境，也是做无用之功，无法使学术型博士生发自内心地投入科研行动中。

---

① 吴红斌，沈文钦，陈洪捷. 学术型博士生科研产出更高吗 [J]. 学位与研究生教育，2021（1）：36-42.

只有切实从内部激发地方高校学术型博士生的科研动力，才能唤醒学术型博士生的科研热情，消除科研倦怠与科研焦虑，使其持续享受科研带来的幸福与乐趣，进而成为积极主动的"科研人"。

地方高校学术型博士生的培养过程也是学术型博士生科研训练的过程，知识技能的获取与科研活动的开展是学术型博士生科研训练的主体，二者对于学术型博士生科研能力的提升固然重要，但更为重要的是学术型博士生科研素养的形成。科研素养具体包括科研志趣、科研热情、科研认同、科研伦理规范等多方面的内容。知识技能的获取与科研活动的开展往往可以通过可视的制度性措施得到落实，而科研素养则无法通过这些制度性措施而得到养成或获得。科研素养的养成须依赖于地方高校学术型博士生科研动力的驱动，是在学术型博士生科研动力的"土壤"中逐渐滋生出来的。只有学术型博士生具备一定的科研动力，能够积极主动地投入科研中，才能潜移默化地养成这些科研素养。地方高校学术型博士生的科研训练并不是其简单地获取知识技能、开展科研活动的过程，更重要的是需要学术型博士生高度的投入和自主的参与，这种高度的投入和自主的参与是以学术型博士生高度的科研认同感为基础的，而高度科研认同感的形成又要依赖于科研动力的驱动。倘若地方高校学术型博士生科研动力不足，缺乏科研信念与热情，那么再多的制度性措施也无法驱使学术型博士生真正地投入到科研行动中，再多的科研行动也无法促进学术型博士生科研素养的养成，最终也无法真正提高地方高校学术型博士生的培养质量。

二、研究目的与意义

（一）研究目的

学术型博士生的科研动力是影响其高质量、高效率科研产出的关键性因素，近年来学术型博士生科研动力问题已成为研究生教育领域的重点议题。时下，无论是从地方高校学术型博士生培养还是学术型博士生自身需求上，都需要对地方高校学术型博士生科研动力的结构要素、作用方式以及现实状况进行系统深入的了解，以从宏观上把脉地方高校学术型博士生科研动力的整体情况。但目前关于博士生科研动力或学术型博士生科研动力的相关文献缺乏系统性、连贯性与针对性。由是，本研究对地方高校学术型博士生科研动力的结构要素、作用方式以及现实状况等进行了系统深入的剖析，具体研究目标如下。

1. 在个人—环境匹配理论、双因素理论、场动力理论、需要层次理论的指导下，运用扎根理论研究方法建构地方高校学术型博士生科研动力理论模型，深入剖析学术型博士生科研动力理论模型的结构要素及作用方式。

2. 对地方高校学术型博士生科研动力理论模型进行原始资料丰富性检验、概念系统性检验、理论性检验、应用性检验。

3. 以通过检验的地方高校学术型博士生科研动力理论模型的构成要素为指标，编制《地方高校学术型博士生科研动力情况调查问卷》，对当前我国地方高校学术型博士生科研动力的现状进行调查，分析学术型博士生存在科研动力方面的问题，深入剖析问题的成因，从多视角提出提升地方高校学术型博士生科研动力的针对性策略。

（二）研究意义

如何挖掘地方高校学术型博士生的科研潜能，激发其科研动力，使其在科研过程中展现出巨大的生机与活力，从而高效地产出高质量的科研成果，是地方高校学术型博士生培养的关键。由是，对地方高校学术型博士生科研动力问题进行深入探究，建构地方高校学术型博士生科研动力理论模型，剖析学术型博士生科研动力模型的结构要素与作用方式，探寻地方高校学术型博士生科研动力的激发、提升策略，进而促使地方高校学术型博士生积极主动地开展科研，以产出高质量科研成果，具有重大的理论意义与实践意义。

1.理论意义

时下,有关博士生科研动力的专项研究较少,对地方高校学术型博士生科研动力的研究更是寥寥无几,关于博士生科研动力和地方高校学术型博士生科研动力的研究主要隐含在心理学领域的科研动机、科研激励之中,尚未形成系统完善的理论体系。本研究专门探究地方高校学术型博士生的科研动力问题,在个人—环境匹配理论、场动力理论、双因素理论、需要层次理论的指导下,运用扎根理论研究方法建构地方高校学术型博士生科研动力理论模型,对形成系统完善的科研动力体系具有重要的理论意义。

2.实践意义

本研究从地方高校学术型博士生的实际情况出发,采取质性研究和量化研究相结合的研究范式,对当前我国地方高校学术型博士生科研动力情况进行调查研究,了解地方高校学术型博士生科研动力的现状,发现学术型博士生科研动力方面存在的问题,深入剖析问题的成因,并从多视角提出提升地方高校学术型博士生科研动力的针对性策略,不仅可以为激发地方高校学术型博士生的科研动力、挖掘其科研潜能提供现实依据,还可以为地方高校学术型博士生的实际培养工作提供参照与借鉴。

三、文献综述

本研究主要采取扎根理论的研究范式,对国内外已有文献进行综述的目的不仅是为了寻求理论框架,更是为扎根理论的运用奠定坚实的理论基础,帮助研究者深入剖析运用扎根理论收集到的原始资料。本研究分别对国内外已有相关文献进行了综述,具体综述如下。

(一)国内文献综述

根据研究主题"地方高校学术型博士生科研动力",分别以"博士生科研"和"科研动力"为主题检索词，基于 CNKI、万方、维普等数据库以及相关专著对文献进行检索与研读。结合文献计量法与内容分析法，从定量和定性两个角度对博士生科研的相关文献进行梳理。

1. 博士生科研研究

国内学者对博士生科研问题的系统性研究发轫于 21 世纪初。通过统计 2000—2021 年以"博士生科研"为主题词的 CNKI 载文量发现（受数据检索时间限制，2021 年相关文献数量不完整），2000—2007 年发文量处于平缓阶段；2007—2009 年发文量处于稳步增长阶段；2009—2015 年发文量大致处于平缓阶段，年均发文量约 17 篇；2015—2021 年发文量处于快速增长阶段，由 2015 年的 13 篇增长至 2019 年和 2020 年的 30 篇、2021 年的 28 篇。究其原因在于国家开始对博士生教育和博士生科研逐步重视，出台了一系列关于博士生教育和博士生科研的政策文件。因此，有关博士生科研的研究成果也逐步增多。此外，博士生科研贯穿于博士生培养过程的始终，博士生科研一直是学界亘古不变的研究热点。具体年度载文量如图 0-1 所示。

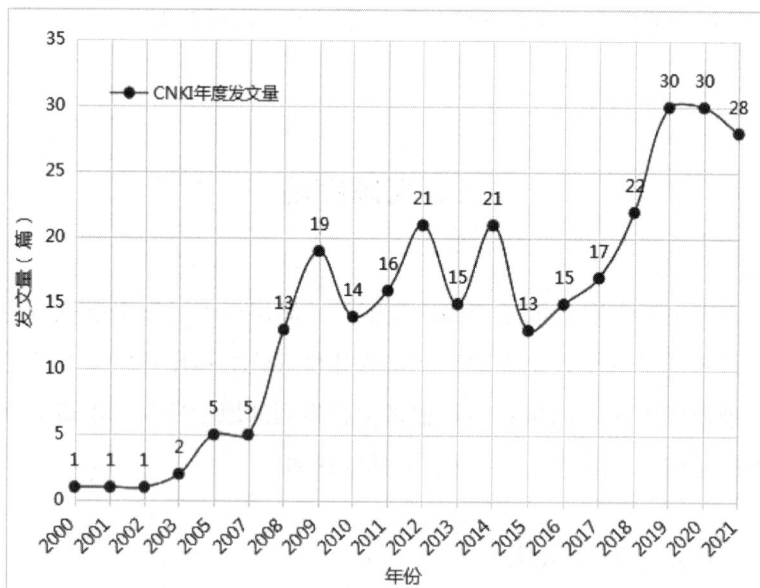

图 0-1 "博士生科研"相关文献年度发文量统计图

　　CiteSpace 软件是时下最常用、最经典的文献计量可视化分析软件，它能够准确地探测出某一研究领域的热点主题。由是，本研究将收集到的数据按 refworks 格式导入至 CiteSpace 软件中，进行文献计量可视化分析，绘制出的"博士生科研"关键词共现知识图谱如图 0-2 所示。

　　知识图谱中的圆点代表关键词，圆点越大，表明关键词频次越高，结合后台导出的中心性指标，对"博士生科研"研究领域的热点主题进行探析。通常而言，在关键词共现图谱中，频次和中心性越高的关键词可能是某研究领域的热点主题。观察知识图谱，综合频次和中心性指标发现，频次和中心性较高的关键词分别为博士生（167，0.24）、科研能力（26，0.13）、科研绩效（15,0.12）、科研训练（10，0.12）、影响因素（9，0.11）、激励机制（7，0.10）、研究生（6，0.08）、培养模式（5，0.08）、培养质量（5，0.10）、高校（4，0.02）、临床医学（4，0.04）、科研项目（3，0.02）。剔除与研究主题不直接相关或重复的检索主题词（如"博士生""高校"等），同时结合其他数据库及该领域相关书籍。最终发现，近年来学者们对博士生科研的研究主要聚焦在博士生科研能力研究、博士生科研绩效研究、博士生科研训练研究、博士生科研激励研究四方面。

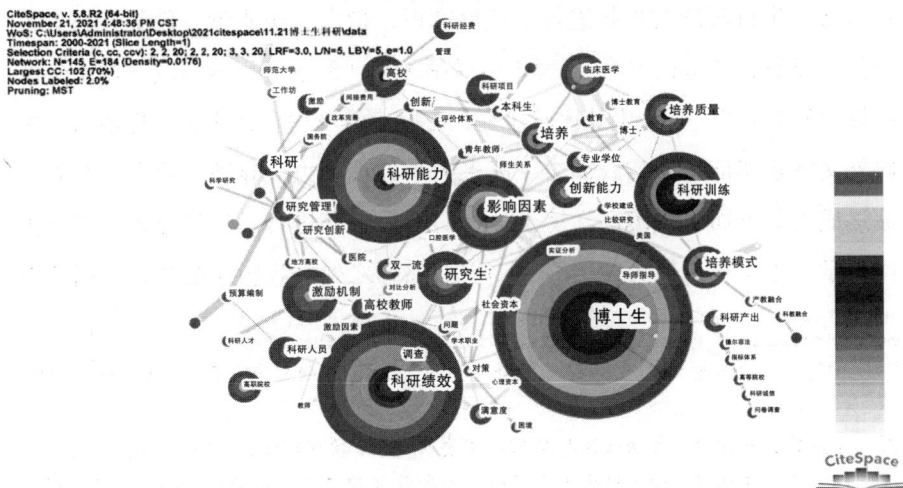

图 0-2　"博士生科研"关键词共现知识图谱

（1）博士生科研能力研究

博士生科研能力是衡量博士生培养质量的重要指标，随着国家对博士生培养质量的逐步重视，关于博士生的科研能力的相关研究逐步增加。对相关文献分析后发现，学者们对博士生科研能力的研究主要聚焦在两方面：博士生科研能力的影响因素和博士生科研能力的提升路径。

关于博士生科研能力的影响因素研究主要分为四类：一是实证研究，王海迪以全国 38 所高等院校的学术型博士生为研究对象，深入剖析了学术型博士生科研抱负与科研能力间的内在关系，研究结果表明：学术型博士生科研抱负是影响其科研能力的重要因素之一，学术型博士生的科研抱负与科研能力呈显著正相关[1]；李澄锋、陈洪捷通过调查研究发现，导师的指导水平对博士生科研能力产生重要影响，导师的指导水平越高，博士生科研能力越强，导师的指导水平通常包括指导的频次、方式、质量等[2]；李永刚、王海英构建了理工科博士生科研能力框架，并以该框架为依据编制调查问卷，对全国 36 所高校的 3270 名理工科博士生进行问卷调查，研究结果显示：导师的学术地位、博士生参与课题的数量、实验室的硬件水平等是影响理工科博士生科研能力的重要因素[3]。二是理论思辨研究，程凤农对我国博士生科研能力现状进行了理论剖析，指出生源质量、科研外部支撑条件（经费、设备设施等）、博士生导师、科研制度等因素影响着博士生科研能力的提升[4]。三是中外比较研究，王晓宁等从医学博士生构思能力、国内外文献运用能力、实践能力、医患关系处理能力、导师指导力、实验目标达成力等方面对中美医学博士生科研能力培养进行了比较分析，指出美国医学博士生科研能力的培养有一定的独到之处，我国应结合自身国情对

———————

① 王海迪. 学术型博士生抱负与科研能力关系的实证研究 [J]. 高等教育研究，2018（1）：56-63.

② 李澄锋，陈洪捷. 主动选择导师何以重要 [J]. 高等教育研究，2021（4）：73-83.

③ 李永刚，王海英. 理工科博士生科研能力的养成状况及其影响因素研究—基于对我国研究生院高校的调查 [J]. 研究生教育研究，2019（4）：35-44.

④ 程凤农. 博士生科研能力的制约因素与提升路径 [J]. 中国青年研究，2014（8）：11-15.

其进行借鉴、吸收①。四是个案研究，陈国恩通过介绍武汉大学独具代表性的文学博士生研讨课与组合课的设计与实施，认为讨论课与组合课的实施在一定程度上提升了博士生的科研能力②；关于博士生科研能力的提升路径研究，程凤农认为可通过把好招生入口关、建立淘汰机制、完善科研评价体系等方式来提升博士生的科研能力③；李永刚、王海英指出可通过以下举措提升理工科博士生科研能力：一是重视跨学科课程的学习；二是充分发挥导师组的作用；三是鼓励博士生多参与科研项目（尤其国家级项目）；四是开设应用性强且符合学生认知水平的方法类课程；五是加强博士生的国际交流与合作④。

创新是一个国家和民族的灵魂与生命线，在我国实施创新驱动发展战略及国际竞争日趋激烈的背景下，国家亟须创新型人才。2012 年教育部发布的《关于全面提高高等教育质量的意见》中明确指出，"将科研创新能力作为选拔博士生的首要条件"。博士生的科研创新能力培养已上升至国家战略层面，关于博士生科研创新能力培养的相关研究不断增多。刘宁宁系统分析了不同高校生源、不同招考方式对博士生科研创新能力的影响，研究结果显示：不同高校生源的理工博士生科研创新能力存在显著性差异，博士生前学历（主要指的是硕士学历）与理工科博士生科研创新能力间不存在显著性差异⑤。不同的招考方式会对博士生的科研创新能力产生一定的影响。硕博连读和普通招考的博士生科研创新能力相比，硕博连读的博士生的科研创新能力更强。但随着时间的推移，到了博三、博四阶段，硕博连

---

① 王晓宁，施璠，张莹，张梅，贺鹏程.中美医学博士研究生科研能力培养的差异浅析 [J].中国医学教育技术，2019（1）：34-36.

② 陈国恩.依托导师组集体智慧，锤炼博士生科研能力—中国现当代文学博士生研讨课的设计与实践 [J].中国大学教学，2009（8）：15-19.

③ 程凤农.博士生科研能力的制约因素与提升路径 [J].中国青年研究，2014（8）：11-15.

④ 李永刚，王海英.理工科博士生科研能力的养成状况及其影响因素研究 [J].研究生教育研究，2019（4）：35-44.

⑤ 刘宁宁.不同高校生源博士生科研创新能力差异研究—基于 1007 名工科博士生的分析 [J].中国高教研究，2017（11）：54-59.

读和普通招考的博士生的科研创新能力间不会呈现显著性差异[①]；徐国兴指出跨学科学习能够提升博士生的科研创新能力，要培育博士生的跨学科思维[②]；刘佳通过调查研究发现，博士生本科院校的层次对其科研创新能力影响不大[③]；梁慧云通过调查研究发现：在创新能力上，硕博连读、贯通式培养博士生要强于直博、分段培养的博士生。可通过以下路径提升博士生的科研创新能力：首先，可适当增加硕博连读博士生的招生量；其次，进一步提升博导的指导力；再次，优化博士生课程设置；最后，严把入口关，博导选拔博士生时将"是否具备科研潜质"这一标准作为底线[④]。

（2）博士生科研绩效研究

博士生科研绩效问题也一直是研究生教育领域关注的热点与焦点主题。分析关于博士生科研绩效的研究成果可发现，学者们对博士生科研绩效的研究主要聚焦在两方面：博士生科研绩效的影响因素、博士生科研绩效的提升策略。

学者们对博士生科研绩效的研究主要采用纯实证研究法。综括学者们的观点，影响科研绩效的因素主要包括三方面：个体因素、导师因素、院校培养机制因素。首先，在个体因素上。梁宇、郑易平认为博士生的数据素养会对博士生的科研绩效产生重要影响，在博士生日常的科研训练中应注重数据素养的养成[⑤]；陈小鹏、张三保指出影响博士生科研绩效的个体因

① 刘宁宁.不同招考方式博士生的科研创新能力存在差异吗? —基于33所研究生院高校的调查[J].学位与研究生教育，2018（4）：60-65.

② 徐国兴.跨学科学习对博士生科研创新能力影响的研究[J].学位与研究生教育，2013（2）：15-18.

③ 刘佳.本科就读院校层次对博士生科研创新能力的影响[J].研究生教育研究，2013（6）：20-24.

④ 梁慧云.贯通式博士生科研创新能力的实证研究—基于群体比较与影响机制的分析[D].南京大学，2019：28-29.

⑤ 梁宇，郑易平.高校博士生数据素养的影响因素与应对策略[J].情报理论与实践，2021（4）：146-152.

素包括：性别、科研能力、科研兴趣、科研热情与科研动机等[①]；谷继宝等人通过调查研究发现：博士生压力源对博士生的科研绩效产生了显著影响，其中挑战性压力源能博士生的科研绩效产生显著正向影响，阻碍性压力源能对博士生的科研绩效产生显著负面影响。因此，为提高博士生的科研绩效，在博士生日常科研训练过程中，高校应适当增加博士生的挑战性压力源[②]；魏倩通过调查研究发现：博士生的心理资本（包括适应型、人际型、创新型）与博士生的科研绩效呈显著正相关[③]。其次。在博士生导师因素上。导师因素主要包括博士生导师的学术地位、指导能力、学术品性、道德修养等。袁康等人通过对中国科学院大学的博士生以及博士生导师调查发现：博士生导师的科研活跃度和学术地位对博士生的科研绩效产生显著影响。导师的科研活跃度和学术地位越高，博士生的科研绩效越高，反之导师的科研活跃度和学术地位越低，博士生的科研绩效越低[④]；古继宝等人通过回归分析发现：博士生导师的学术地位以及学术指导力是影响博士生科研绩效的关键性因素[⑤]；付鸿飞等人通过问卷调查发现：博士生导师的指导水平与博士生的科研绩效、博士生的跨学科行为间存在显著正相关关系[⑥]。最后，在院校培养机制因素上。陈小满、罗英姿对博士生的生源背景与科研绩效的关系进行了系统研究，研究结果表明：博士生的生源背景对博士生的科

① 陈小鹏，张三保．美国博士生科研绩效的评价方法与决定因素 [J]．学位与研究生教育，2017（4）：70-77.
② 古继宝，常倩倩，吴剑琳．博士生压力源与科研绩效的关系 [J]．高教探索，2021（7）：40-46.
③ 魏倩．博士生心理资本对科研绩效的影响机制研究 [D]．安徽：合肥工业大学，2015：88.
④ 袁康，王颖，缪园，汤超颖．导师科研活跃度和学术地位对博士生科研绩效的影响 [J]．学位与研究生教育，2016（7）：66-71.
⑤ 古继宝，蔺玉，张淑林．顶级博士生科研绩效的影响因素研究 [J]．科学学研究，2009（11）：1692-1699.
⑥ 付鸿飞，周文辉，贺随波．冲突还是促进：学术型博士生跨学科行为与科研绩效的关系 [J]．高等教育研究，2021（8）：53-62.

研绩效影响较小①；古继宝、蔺玉采用 Logistic 回归分析对不同学科博士生的科研绩效进行了深入探析，研究结果显示：不同学科的博士生存在显著的科研绩效差异②；李鹏辉等基于 DPR（科研绩效综合评价指标）对博士生的科研绩效和学位论文质量之间关系的研究发现，DPR 越高，博士学位论文的质量越高，相应的外审通过率也越高③。李艳丽等也指出个体因素、博士生导师因素以及院校培养机制因素是影响博士生科研绩效的三大主要因素④。

关于博士生科研绩效的提升策略研究。张淑林等人认为可通过招收优质博士生源、提升博士生导师科研指导力、优化博士生培养制度等方式提升博士生的科研绩效⑤；罗英姿等人认为提升博士生科研绩效的途径包括：一是充分调动博士生的科研积极性，使博士生主动投入到科研中；二是高校要为博士生科研提供一定的保障，如资源保障、组织制度保障等；三是加强博士生导师队伍建设，提升导师的指导能力；四是推动博士课程的结构性变革，释放教师的教学活力⑥。谷继宝等人指出可以通过适当增加博士生的挑战性压力源、为博士生提供充足的科研资源、导师给予博士生更多的情感关怀等途径提升博士生的科研绩效⑦。

① 陈小满，罗英姿.生源背景、博士生培养与科研绩效的关系研究 [J].复旦教育论坛，2019（3）：46-51.

② 古继宝，蔺玉.基于不同学科的博士生科研绩效管理 [J].科研管理，2011（11）：115-122.

③ 李辉鹏，王泽超，童泽望，尚亿军.科研绩效对于工学博士学位论文质量的影响 [J].武汉理工大学学报（社会科学版），2020（4）：169-173.

④ 李艳丽，王俊，胡涛，孟林.构建以科研为导向的博士生选拔和激励机制—基于博士生科研绩效测度和影响因素的分析 [J].学位与研究生教育，2014（8）：43-46.

⑤ 张淑林，蔺玉，古继宝.提高博士生科研绩效的途径探析 [J].学位与研究生教育，2009（8）：52-55.

⑥ 罗英姿，陈小满，李雪辉.基于培养过程的博士生科研绩效提升策略研究 [J].教育发展研究，2018（9）：50-55.

⑦ 古继宝，常倩倩，吴剑琳.博士生压力源与科研绩效的关系 [J].高教探索，2021（7）：40-46.

（3）博士生科研训练研究

科研训练是博士生培养的重要组成部分，贯穿于博士生培养的全过程。分析相关文献发现，学者们对博士生科研训练研究主要聚焦在两方面：我国博士生科研训练模式研究，国外独具特色的科研训练模式研究。

关于我国博士生科研训练模式的研究主要分两类：一类是实证研究，蔺亚琼、李紫玲提出知识生产视角下博士生科研的两种模式：个体模式和团队模型，并系统解析了这两种模式的内涵及运行机制[①]；包志梅通过问卷调查发现：博士生科研训练对博士生科研兴趣的形成、科研能力的提升、科研方法的掌握具有重要影响[②]；郝彤亮等人通过实证调查研究发现：参与科研项目是博士生科研训练最有效的方式[③]；邝宏达、李林英通过实证调查研究发现：博士生的科研训练与博士生学术志趣呈显著正相关[④]；刘玮通过对某高校的博士生延期毕业数据进行深入剖析，归纳出博士生延期毕业的特征，并基于这些特征，提出系统的科研训练能够显著提升博士生的科研能力，进而保证博士生顺利毕业[⑤]；李永刚通过调查研究发现：在博士生学术成长的关键期，应实行高强度、高难度与强支持的学术训练模式，并系统阐释了何为高强度、何为高难度、何为强支持[⑥]。另一类是个案研究，于书林、乔雪峰通过对中国香港某高校的个案分析发现，内嵌的科研训练模式能够显著提升博士生的科研能力，并介绍了内嵌的科研训练模式的运行

① 蔺亚琼，李紫玲.知识生产视角下博士生科研训练的两种模式 [J].中国高教研究，2021（2）：84-90.
② 包志梅.博士生课程学习与科研活动关系密切度及其对科研能力的影响 [J].学位与研究生教育，2021（1）：68-77.
③ 郝彤亮，杨雨萌，孙维.博士生科研项目参与对科研创新能力影响的实证研究 [J].高教探索，2020（9）：50-57.
④ 邝宏达，李林英.理工科博士生入学后学术职业志趣变化特征及教育对策 [J].研究生教育研究，2019（6）：26-34.
⑤ 刘玮.延期毕业博士生的主要特征研究—基于某重点高校数据分析 [J].中国青年研究，2016（1）：44-48.
⑥ 李永刚.阈限过渡：博士生学术成长的关键期及其跨越—以理科博士生为例 [J].高等教育研究，2019（12）：58-67.

机制^①；赵金秀等人系统剖析了浙江大学"研本互动式"科研训练模式，并指出"研本互动式"科研训练模式在一定程度上提升了博士生科研能力^②。

在对国外独具特色的科研训练模式研究上，学者们主要对美国博士生科研训练模式进行了系统探究，原因在于美国独特的博士生科研训练方式是保障其博士生教育始终处于国际领先水平以及博士生的科研创新能力较强的关键性因素，其独特的科研训练模式值得参考与借鉴。江萍系统阐释了美国哈佛大学文科博士生科研训练的特点，并对其博士生课程、教学、导师指导、科研环境、科研支持、科研评价进行了深度解析^③；肖玮萍指出美国博士生科研训练主要以研讨班为主，以师生、生生互动为依托，以科研项目为支撑，以学术交流与合作为平台，这些独特的科研训练方式促进了美国博士生教育的成功^④；肖玮萍还对日本的博士生科研训练方式进行了分析，她指出日本的"课程教学""课题研讨""学术共同体""工企的科研训练"等科研训练模式在很大程度上提升了博士生的科研创新能力^⑤；李新翔系统论述了美国哈佛大学博士生独特的科研训练方式，并总结出其科研训练的特点包括广泛阅读经典文献、科研训练与实践有机融合、充分发挥博士生导师的指导作用^⑥。

（4）博士生科研激励研究

适当的科研激励可以激发博士生的科研动力，使其积极主动地开展科

① 于书林，乔雪峰.博士生资格考试：过滤器还是导航仪[J].学位与研究生教育，2012（9）：64-67.
② 赵金秀，卢文军，蒋建文.研究型大学研、本互动式学生科研训练新模式[J].高教探索，2005（7）：70-71.
③ 江萍.美国文科博士生科研训练的特点与启示—以哈佛大学为例[J].高等农业教育，2012（9）：91-95.
④ 肖玮萍.美国博士生教育之科研训练特色及对我国的启示[J].教育与考试，2010（4）：83-86.
⑤ 肖玮萍.美国和日本博士生教育的科研训练特色及启示[J].大学（学术版），2011（2）：80-85.
⑥ 李新翔.哈佛大学博士生科研训练方式研究[D].山东：山东师范大学，2011：34-35.

研，进而提升其科研产出率。分析相关文献发现，学者们主要对博士生科研激励机制进行了系统研究。

对博士生科研激励机制研究较为系统、深入的是学者彭国华，在其博士学位论文中就对高校理工科博士生科研激励机制进行了系统探究，基于人本、情感等原则，运用实证研究法构建出了理工科博士生科研激励模型，并对模型的机理、运行机制、构成要素进行了剖析[①]；彭国华、雷涯邻运用自编调查问卷对 16 所高校的 1100 名理工科博士生进行问卷调查，研究结果表明：不同激励方式对不同学科背景的理工博士生产生了不同的效应[②]；彭国华等人通过实证调查研究，呈现出高校理工科博士生科研激励现状，了解高校在理工科博士生科研激励中存在的问题，并深入探析问题背后的成因，进而提出了针对性的策略[③]；李艳丽等人指出适当的科研激励能够促进博士生的科研积极性[④]；谢梦、王顶明通过以 T 大学为个案，对 T 大学不同学科的博士生激励机制进行了深入研究，研究结果表明：不同学科的博士生激励机制既存在共性又有一定的差异，各高校在构建博士生科研激励机制时应充分考虑学科的共性与差异[⑤]。

近年来，也有学者们注意到国家奖学金、学业奖学金、专项奖学金、科研奖学金等研究生奖学金对博士生科研积极性激励的作用机制，强调国家奖学金、助学金等激励方式确实能够在一定程度上提升博士生科研的积极性。但各高校在对博士生进行物质激励时，物质激励绝不能过度，否则将导致博士生科研功利化倾向。李航等人通过以 1502 名在读博士生为研究

① 彭国华．我国高校理工科博士生科研激励机制研究 [D]．北京：中国地质大学，2010：152-154.

② 彭国华，雷涯邻．我国高校理工科博士生科研激励因素实证研究 [J]．科学学与科学技术管理，2012（3）：80-85.

③ 彭国华，雷涯邻，李爱民．我国高校理工科博士生科研激励实证研究与启示 [J]．科学学研究，2012（12）：80-85.

④ 李艳丽，王俊，胡涛，孟林．构建以科研为导向的博士生选拔和激励机制—基于博士生科研绩效测度和影响因素的分析 [J]．学位与研究生教育，2014（8）：43-46.

⑤ 谢梦，王顶明．学科比较视角下的博士生激励机制研究 [J]．学位与研究生教育，2014（12）：41-46.

对象进行的调查发现，博士生助学金激励机制对博士生积极主动地开展科研的激励效应明显[1]；洪柳指出，尽管我国研究国家奖学金制度对研究生科研积极性（特别是博士研究生）有积极的促进作用，但由于有些高校研究生国家奖学金评审过程中存在一定的问题，如评价指标设置不合理等问题，导致了研究生国家奖学金制度对研究生的科研产生了负面影响[2]。

综上所述，国内学者围绕博士生科研的相关研究已取得了一定的进展，相关研究成果不仅极大丰富了博士生教育的理论体系，同时也在推动博士生积极参与科研活动起到一定的积极效果。但国内该领域研究仍然存在以下可拓展的空间：首先，从研究对象上看，学者们较为偏重对理工科博士生的研究，忽视了对人文与社会科学博士生的研究；其次，从研究方法上看，学者们主要采取量化研究，很少涉及质性研究；最后，从研究内容上来看，学者们较为注重宏观层面的整体把握，缺乏微观层面的深入剖析。由此可见，学者们未来对博士生科研进行研究时应注重研究对象的广泛性、研究方法的多样性与适切性、研究内容的深入性。

2. 科研动力研究

通过统计 2000—2021 年以"科研动力"为主题的 CNKI 载文量发现（受数据检索时间限制，2021 年相关文献数量不完整），从 2000 年开始年度发文量在逐步攀升，2000—2008 年增长幅度较为平缓，年均发文量约 55 篇；2008—2009 年发文量大幅度增长，由 74 篇增长至 102 篇；2009—2018 年增长幅度较为平缓，年均发文量约 112 篇；2018—2019 年，发文量快速增长，由 110 篇增长至 163 篇；2019 年之后发文量又回归平缓阶段。总体上来看，2000—2021 年 CNKI 数据库刊载的关于"科研动力"相关文献的发文态势处于稳步增长阶段，表明了学者们对科研动力的关注度持续升高，相关研究成果不断涌现，研究的深度和广度也逐步拓宽。具体年度载文量

---

① 李航，李庆，郭云. 博士研究生助学金激励机制及其影响因素分析 [J]. 现代教育科学，2021（1）：108-114.

② 洪柳. 我国研究生国家奖学金制度现存问题研究—以美国科学基金会研究生国家奖学金为借鉴 [J]. 学位与研究生教育，2018（12）：67-72.

如图 0-3 所示。

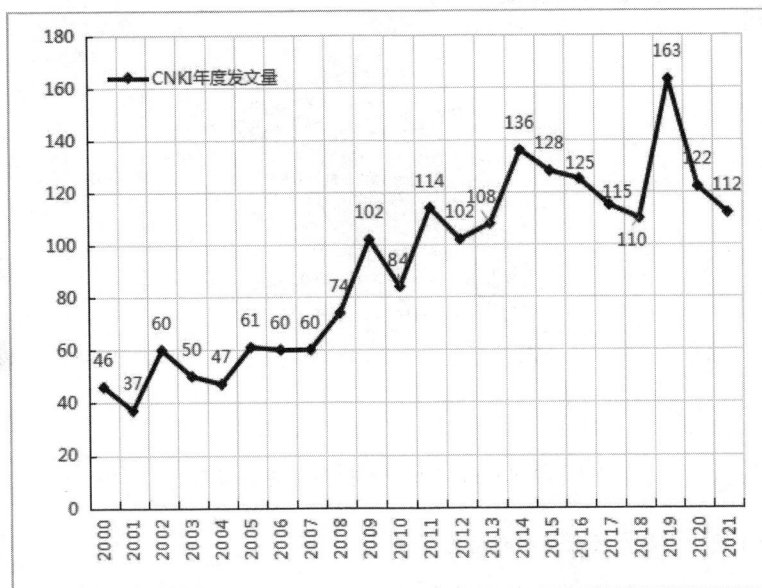

图 0-3 "科研动力"相关文献年度发文量统计图

为探寻"科研动力"研究领域的热点主题，运用 CiteSpace 软件绘制关键词共现知识图谱（如图 0-4 所示），因前面已经系统介绍了 CiteSpace 软件的功能和使用方式，故这里不再赘述。观察知识图谱，结合频次和中心性指标发现，频次和中心性较高的关键词分别为动力机制（83，0.09）、高校（43，0.18）、动力（39,0.12）、对策（35，0.08）、高职院校（30，0.11）、科研（26，0.04）、运行机制（21，0.05）、科学研究（17，0.03）、教师（13，0.09）、影响因素（13，0.05）、地方高校（12，0.04）、青年教师（10，0.02），对这些关键词进行反复筛选、分析，剔除与研究主题不直接相关或重复的检索主题词（如"动力""对策""科研""科学研究"等）。同时，结合其他数据库、网站以及该领域相关的书籍，发现近年来学者们对科研动力的研究主要聚焦于地方本科高校教师（主要是青年教师）的科研动力研究和高职院校教师的科研动力研究。

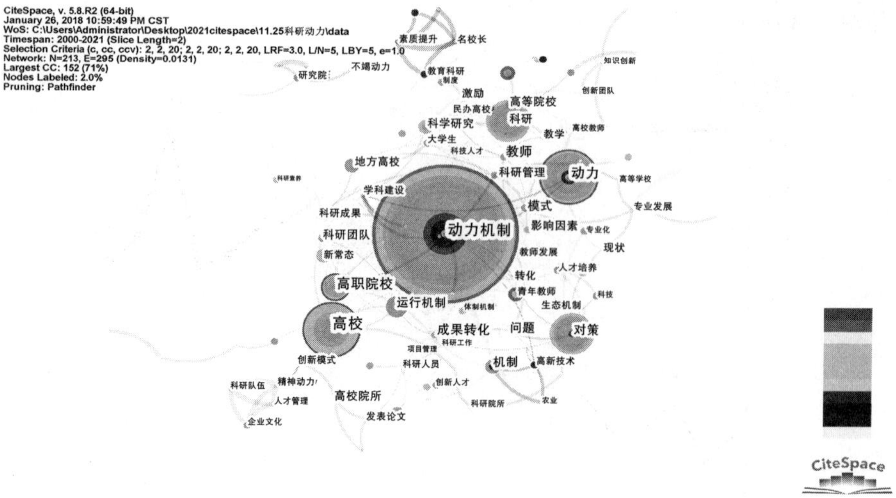

图 0-4 "科研动力"关键词共现知识图谱

（1）地方本科高校教师科研动力研究

科研动力是影响地方高校教师科研参与度和投入度的关键性因素。科研动力强的教师往往在科研中的参与度和投入度较高，能够积极主动开展科研。科研动力不足的教师在科研中的参与度和投入度相对较低，科研产出率也相对较低。近年来，学者们对地方高校教师（尤其是青年教师）科研动力的关注度越来越高，分析相关研究成果发现，学者们对地方本科高校教师科研动力的研究主要聚焦在三方面：地方高校教师科研动力现状、地方高校教师科研动力的影响因素、地方高校教师科研动力机制。

在地方高校教师科研动力现状研究上。宋强通过调查研究发现：高校文科教师普遍存在内源性科研动力缺乏、科研构想与真身科研能力不匹配等问题[1]；陈清森发现目前应用型本科院校青年教师的科研动力普遍不足，缺乏科研热情，将科研视为沉重的"负担"，想方设法"逃离"科研。例如，有的教师为了逃避科研任务用教学工作量来抵消科研工作量，还有的教师

---

[1]　宋强. 国际视野下高校文科教师科研动力及引导机制 [J]. 东北师大学报（哲学社会科学版），2015（5）：216-220.

为了不做科研，在论文发表上"搭便车""蹭署名"[1]；童洁指出时下高校科研团队中的成员科研动力普遍不足，这将直接影响科研团队的运转和团队成员的科研成果产出率[2]。

关于地方高校教师科研动力的影响因素研究。陈和、刘交交运用委托代理模型对高校科研团队成员的科研动力影响因素进行系统探析，结果显示：高校科研团队成员的科研能力和科研成果分配份额与其科研动力呈显著正相关，科研团队成员的科研能力越强、科研成果分配份额越合理，其科研动力越强，反之其科研动力越弱[3]；陈国庆等人指出教学和科研的冲突是阻碍应用型民办本科高校教师科研动力产生的关键性因素[4]；李文梅通过实证调查发现高校外语教师科研倦怠与科研动力呈显著负相关，即科研倦怠感越强，其科研动力就越弱[5]。

关于地方高校教师科研动力机制的研究主要分三类：实证研究、个案研究以及理论思辨研究。在实证研究上，葛秋良构建出了五位一体的本科高校科研动力机制，具体包括以培育科研主动力为导向，发挥政策倾斜作用，营造浓郁的科研氛围，将科研压力或科研阻力内化为科研动力，在科研中渗透更多的人文关怀[6]；宋强通过实证研究构建出了高校文科教师的"动力释放＋动力引导"机制[7]。在个案研究上，杨斯喻、周详基于双因素理论，以S大学为个案系统研究了高校不同基层学术组织教师的科研动力差异机

① 陈清森.应用型本科高校青年教师科研能力发展实证研究[J].中国成人教育，2018（11）：132-135.

② 童洁.高校科研团队建设的现状、问题及对策[J].教育观察，2019（31）：34-36.

③ 陈和，刘交交.基于人力资本视角的高校科研团队成员科研动力影响因素研究[J].科技管理研究，2018（19）：89-95.

④ 陈国庆，赵睿，何秋洁.应用型民办高校教师科研力提升动力机制及实现路径探讨[J].黑龙江教师发展学院学报，2021（5）：4-6.

⑤ 李文梅.高校外语教师科研倦怠的实证研究[J].中北大学学报（社会科学版），2016（6）：30-35.

⑥ 葛秋良.关于新建本科院校教师科研动力的调查与分析[J].惠州学院学报（社会科学版），2012（1）：110-114.

⑦ 宋强.国际视野下高校文科教师科研动力及引导机制[J].东北师大学报（哲学社会科学版），2015（5）：216-220.

制，研究结果显示：专业型基层学术组织教师的科研动力主要来源于激励因素，即科研本身的因素，综合型基层学术组织教师的科研动力主要来源于保健因素，即科研的外部支撑条件①。在理论思辨研究上，范五三、谢兴政构建出了高校科研育人体系的动力机制，包括正确政治方向的引导机制和遵循个体需求的内驱机制②；陈国庆等人构建出了三位一体的应用型民办本科高校教师的科研动力机制，具体包括分类科研管理机制、跨学科或地域科研交流与合作机制、动态的科研激励机制③。

（2）高职院校教师科研动力研究

受高职院校传统的"重教学、轻科研"风气之影响，高职院校教师普遍对科研的重视程度不够，其科研成果产出率相对较低。科研动力是影响高职院校教师科研成果产出的关键性因素，激发高职院校教师的科研动力以促进其科研成果的加速产出已成为高职院校内涵式发展的必由之路。近年来，学者们开始对高职院校教师的科研动力进行广泛研究，相关研究成果不断涌现。分析这些研究成果发现，学者们通过调查研究发现当前高职院校教师的科研动力普遍不足。由是，学者们主要对高职院校教师科研动力的影响因素和提升策略进行了系统探析，以期切实提升高职院校教师的科研动力。

关于高职院校教师科研动力的影响因素与提升策略研究上。曹钰指出高职院校科研团队（主要指教师）科研动力的影响因素主要包括团队成员的科研能力、科研氛围、科研激励与保障机制等。为提升高职院校科研团队成员的科研动力，应建立激励、培育、评价、管理、交流与合作五位一

① 杨斯喻，周详. 高校基层学术组织教师科研动力机制差异分析 [J]. 黑龙江高教研究，2018（4）：90-95.

② 范五三，谢兴政. 新时代高校构建科研育人体系的动力机制 [J]. 中国高校科技，2018（7）：40-47.

③ 陈国庆，赵睿，何秋洁. 应用型民办高校教师科研力提升动力机制及实现路径探讨 [J]. 黑龙江教师发展学院学报，2021（5）：4-6.

体的科研团队创新动力机制[①]；何玉宏等人认为高职院校教师科研动力不足的主要原因包括科研资源匮乏、科研管理混乱、科研环境较差等，提升高职院校教师科研动力的路径包括：第一，政府要加大对高职院校科研资金的投入力度，为教师提供充足的科研资源平台。第二，完善科研管理制度。第三，营造浓郁的科研氛围。第四，提升教师的科研积极性[②]。黄美玲等人基于当前高职院校科研管理之现状，构建出了基于高职院校教师专业发展的科研管理模式，并对科研管理模式构成要素进行了系统解析[③]；方美君指出科研是高职院校可持续发展的动力，提升高职院校教师的科研动力是当前高职院校的重点任务，影响高职院校教师科研动力的因素包括科研环境、科研管理、科研评价、科研基础设施配备等[④]；仪淑丽、李祥富指出科研动力的缺失是桎梏高职院校教师顺利开展科研的重要因素。高职院校要在培育高职院校教师的兴趣中，逐步激发其科研动力，这样生成的动力才稳定[⑤]。

综上所述，目前学界关于科研动力研究的成果颇丰，在一定程度上丰富了科研动力研究的理论体系。但从研究对象上来看，学者们偏重于对高校教师（尤其是青年教师）科研动力的研究，忽视了对其他群体科研动力的研究，如硕士生、博士生等群体；在研究方法上，研究方法较为单一，学者们主要采取量化研究的方法，很少采用质性研究或质性与量化相结合的研究方法；在研究内容上，学者们较为注重宏观层面的整体把握，如对高校教师科研动力的现状、影响因素等问题进行研究，缺乏微观层面的深

① 曹钰.高等职业院校科研团队创新动力机制研究[J].辽宁行政学院学报，2014（4）：104-106.

② 何玉宏，刘方，张静华.高职院校科研动力不足的成因及激励途径[J].江苏社会科学，2009（7）：151-155.

③ 黄美玲，付达杰，唐琳.基于教师专业发展的高职院校科研管理模式研究[J].工业和信息化教育，2013（5）：16-19.

④ 方美君.科研工作室高职教育可持续发展的动力[J].金华职业技术学院学报，2004（2）：93-95.

⑤ 仪淑丽，李祥富.高职院校教师科研瓶颈、制约因素与应对策略[J].职业技术教育，2018（11）：58-60.

入剖析。

（二）国外文献综述

分析相关外文文献发现，国外学者们对博士生科研动力的研究尚未形成完善的理论体系，对科研动力的研究大多夹杂于其他研究主题之中，如在探讨博士生的科研动机和科研兴趣时，会提及博士生的科研动机、科研兴趣与科研动力间的关系。时下，随着国际竞争的日趋激烈，为应对时代的挑战、提高国家核心竞争力，各国对博士生的科研能力培养极为重视，有的国家甚至将培养博士生的科研创新能力上升至国家战略层面。近年来，国外学者们通过研究逐步发现博士生的科研动力是提升其科研创新能力的决定性因素。瓦卡罗（Vaccaro）通过调查研究发现：博士生的科学研究内在推动力能够提高博士生科研成果产出量，在一定程度上能够提升其科研能力，高校应该通过有效的方式激发博士生的科学研究内在推动力[1]。泰勒（Taylor）通过实证调查研究发现，博士生内在的学术抱负或内在的动力与其科研能力存在显著正相关关系，博士生内在的学术抱负或内在的动力越强，其科研能力越强。反之，博士生内在的学术抱负或内在的动力越弱，其科研能力越弱[2]。目前，国外学者们虽然对博士生的科研动力研究开始逐步重视，但遗憾的是尚未形成完善的研究体系，这也为后续学者对其深入研究留下了一定的研究空间。纵观国外相关研究成果不难发现，学者们主要对博士生的科研能力、科研绩效进行了系统深入的研究。

在博士生科研能力研究上。学者们主要认为科研训练、导师指导等因素对博士生科研能力的提升至关重要。美国著名心理学家杰尔索（Gelso）提出了科研训练环境理论，指出科研训练环境对博士生科研兴趣和科研能

[1] Vaccaro.The relationship between researchself-efficacy,perceptions of the research trainingenvironment and interest in research in counselor education doctoral students [D].University of Central Florida,2009:12-17.

[2] Taylor.Changes in Doctoral Education:Implications for supervisors in developing early career researcher[J].International Journal for Researcher Development,2012（2）:120.

力的培养具有重要的影响。通常而言，博士生在良好舒适的科研训练环境下能够产生浓烈的科研兴趣，浓烈的科研兴趣会进一步促进博士生积极的科研行动，在积极的科研动中博士生的科研能力将得到一定的提升[1]；卡恩、杰弗里（Kahn,Jeffrey）通过对美国心理学专业的博士生进行大规模问卷调查发现，高水平、系统的科研训练能够显著提高博士生的科研能力[2]；卡瑞恩（Crane）通过对 155 名不同领域的科学家调查发现，155 名科学家的科研能力与其在研究生（主要博士研究生）阶段高水平的科研训练呈正相关。但过度的科研训练反而会对博士生的科研能力产生负面影响，因此在对博士生进行科研训练时应掌握一定的"度"[3]；西薇（Shivy）等人指出有效的科研训练能够提升博士生的科研能力，有效的科研训练具体包括参与课题研究、组建科研团体、撰写高水平科研论文、做实验等[4]；日本学者芝山、小林（Shibayamas,Kobayashiy）通过调查研究发现，博士生导师的指导对博士生的写作能力能够产生显著影响，博士生导师指导水平越高、指导次数越多、对博士生的支持力度越大，博士生的写作能力越强[5]；西斯（Heath）认为博士生导师对博士生的指导至关重要，若博士生导师在博士生在读期间采取放任式管理，对博士生的指导较少，博士生的写作能力、实验能力以及创新能力将会得到大幅度提升，那么可认定为这样的博士生教育是失败的[6]；路易基、福肯、杰赛内（Rooijev ,Fokkens ,Jans-ene）等人通过对荷

① Gelso,Baumann,Chui,et al.The making of a scientist –psychotherapist [J]. Psychotherapy,2013（2）:139–149.

② Kahn,Jeffrey.Predicting the scholarly activity of counseling psychology students[J].Journal of Counseling Psychology,2001(3): 344–354.

③ Diana Crane.Scientists at Major and Minor Universities: A Study of Productivity and Recognition[J].American Sociological Review,1965(5): 699–714.

④ Shivy,Worthington,Birtel Wallis,et al.Doctoral Research Training Environments (RTEs): Implications for the Teaching of Psychology[J].Teaching of Psychology，2003(4) :297–302.

⑤ Shibayamas,Kobayashiy.Impact of Ph.D Training:A Comprehe nsive Analysis Based on a Japanese National Doctoral Survey[J].Scientometrics,2017(1):387–415.

⑥ Heath.A Quantitative Analysis of Ph.D Students' View of Supervision[J]. HigherEducationResearch& Development, 2002 (1) :41–53.

兰高校在读博士生的学业满意度调查发现，博士生导师的支持与博士生的学业满意度呈正相关，博士生导师的支持力度越强，博士生的学业满意度越高，博士生导师的支持力度越弱，博士生的学业满意度越低。博士生导师的支持指的是对博士生全方位的支持，既包括对学业的支持，又包括一定的物质支持与心理支持，其中心理支持尤为重要，缺少心理支持，物质支持和学业支持便会失去意义 ①；瓦来（Valero）指出博士生导师的有效指导能够显著缩短博士生修业年限，使博士生顺利获得博士学位 ②。

在博士生科研绩效研究上。学者们主要对博士生科研绩效的评价方法和影响因素进行系统探究。关于博士生科研绩效的评价方法研究，加利尔德（Garfield）指出可通过文章发表刊物的级别来评价博士生的科研绩效，例如 SCI 级别能够有效反映出博士生的科研绩效 ③；格林（Green）等人通过构建出 GVCI 综合指数来评价博士生的科研绩效 ④。关于博士生科研绩效的影响因素研究，学者们认为影响博士生科研绩效的因素主要包括个体因素和博士生导师因素。个体因素包括性别、年龄、婚否、科研动机、科研兴趣、科研热情、前置学历等，博士生导师因素包括博士生导师的指导频次、指导能力、自身修养、对学生的爱与关照等。布莱克本、劳伦斯（Blackburn,Lawrence）认为博士生的科研动机对博士生的科研绩效具有重大影响，博士生的科研动机越强，博士生的科研绩效越高 ⑤；秋姆维查（Chumwichan）

---

① Rooijev ,Fokkens ,Jans-ene.Factors that Influence Ph.D Candidates' Success: The Importance of Ph. D Project Characteristics[J]. Studies in Continuing Education,2019 (12):1-20.

② Valero.Dublin Affecting factors Time-to-degreeand Completion Rates of Droplets Students at One Land- Study on the mechanism of granulation [J].Journal of Higher Education, 2016(3):341-367.

③ Green. Citation indexing:its theory and applications in science, technology[M].New York:Free Press, 1979:110.

④ Green. Evaluating scholarly performance:the productivity of graduates of social work doctoral programs[J].The Social Service Review,1992(3):441-466.

⑤ Blackburn,Lawrence.Faculty at work:Motivation,Expection,Satisfaction[M].Johns Hopkins University Press,Baltimore,1995:87.

等人通过调研发现：研究生（特别是博士生研究生）的自我效能感、科研动机、科研兴趣、科研热情能够显著影响其科研产出，研究生的自我效能感、科研动机等越强，其科研产出率相对越高[①]；福克斯（Fox）认为性别、科研能力、科研爱好是影响博士生科研绩效的三大主要因素[②]；艾夫斯（Ives）等人通过调查研究发现，博士生导师的指导与博士生科研绩效呈显著正相关关系[③]。

综上所述，国外学者对博士生科研问题的研究主要聚焦于博士生的科研能力和博士生的科研绩效上。对博士生科研动力的研究虽未形成完善的研究体系，但近年来，学者们逐步意识到博士生的科研动力对于博士生科研能力以及博士生教育质量的提升至关重要，博士生科研动力研究已成为一些学者的主要研究方向，未来关于博士生科研动力的研究成果也将不断增多。

（三）已有研究评析

从已有研究来看，国内外学者们对博士生科研的研究主要聚焦于博士生的科研能力、科研绩效、科研训练、科研激励方面。对科研动力的研究主要对高校教师（尤其是青年教师）的科研动力问题进行了系统探究。已有研究成果在一定程度上丰富了博士生教育的理论体系，为本研究提供了一定的理论视角和理论基础。但还存在以下几方面的问题：

一是在研究对象和研究内容上，已有研究注重对高校教师科研动力的研究，鲜少有专门针对博士生这一群体科研动力问题的研究，对地方高校学术型博士生科研动力问题的研究更是寥寥无几，研究内容相对零散不成体系，而恰恰学术型博士生科研动力问题至关重要。首先，学术型博士生

① ChumwichanS,SiriparpT. Influence of Research Training Environment on Research Interest in Graduate Students[J].Procedia Social and Behavioral Sciences,2016(217):950 −957.

② Fox. Publication productivity among scientists:a critical review[J]. Social Studies of Science，1983（2）：285−305.

③ Ives, Rowley.Supervisor selection or allocation and continuity of supervision: PhD students' progress and outcomes[J]. Studies in Higher Education,2005(5) :535−555.

与科研的关系最为紧密，其主要任务是进行科研训练，科研动力是影响其开展科研的关键性因素。倘若学术型博士生的科研动力不足，其将产生负向的、消极的科研行为，进而直接影响其科研产出。其次，学术型博士生的科研动力强弱将直接影响其学术职业取向，倘若学术型博士生的科研动力不足，其将丧失科研信心，产生科研倦怠感，甚至会萌生"逃离科研"的想法。那么大多数学术型博士生毕业后将不会选择以学术为业，最终的结果是造成了高校或科研院所高端人才紧缺、师资队伍结构失衡的困局。最后，实际上，高校教师的职业生涯起点在博士生教育阶段就已开始，科研动力的孕育与激发不能等到高校教师阶段才开始，而是在博士阶段就应得到很好的孕育和激发。其主要原因在于科研动力的生成与激发是一个动态的连贯过程，需要长时间的内在积淀，是不能一蹴而就获得的。和准高校教师相比，由于没有家庭琐事的羁绊、教学的压力等，学术型博士生具有得天独厚的学习、生活以及科研条件，其对科研的投入度和参与度相对较高。因此，博士时期是激发科研动力的关键期和黄金期，若在这一关键期和黄金期学术型博士生的科研动力未能得到很好的孕育与激发，其毕业后进入高校成为新手教师，科研动力也很难得到孕育与激发，这将导致其日后专业发展受限。

二是在研究方法上，研究方法相对较为单一，仅采用量化研究方法，缺少质性研究方法。关于博士生科研动力问题的系统研究仅有3篇文献（CNKI检索，检索时间截至2021年12月31日）：《博士生科研动力机制的双因素分析——以Z大学为例》《研究型大学博士研究生科研驱动力分析与思考——以Z大学为例》《博士研究生科研动力影响因素研究》，这3篇文献为博士生科研动力问题研究提供了一定的研究思路和框架，但其在研究方法上仅采用以个案研究法为主的量化研究，缺少一定的质性研究。此外，已有研究主要从宏观层面指出了哪些因素影响着博士生的科研动力，并未系统阐明具体因素包括什么以及这些因素间是如何相互作用的。

综上，本研究专门聚焦于地方高校学术型博士生科研动力问题的研究，从学术型博士生最真实的生活和科研状态出发，综合运用扎根理论研究方法、访谈法、问卷调查法、参与式观察法等质性和量化相结合的研究方法，构建地方高校学术型博士生科研动力理论模型。对科研动力理论模型的结构要素、作用方式进行深入系统的剖析，并对科研动力模型进行系统的检验（原始资料丰富性检验、概念系统性检验、理论性检验、应用性检验），以验证其科学性、合理性与应用推广价值。以通过检验的科研动力模型的结构要素为依据，编制《地方高校学术型博士生科研动力情况调查问卷》，对时下全国地方高校学术型博士生的科研动力情况进行大规模调查，以掌握地方高校学术型博士生科研动力的现状，了解地方高校学术型博士生真实存在科研动力方面的问题，深入剖析问题背后的成因，最终提出提升地方高校学术型博士生科研动力的针对性策略，对切实激发地方高校学术型博士生的科研动力和提升博士生的培养质量具有重大的价值与现实意义。

四、核心概念界定

概念是普遍性的规定，其本质是由不同的且具有一定普遍关系的核心子概念构成主概念[①]。在本研究中，"地方高校学术型博士生科研动力"这一主概念可分解为三个核心子概念，分别是"地方高校""学术型博士生""科研动力"。

（一）地方高校

地方高校是指由各省、市、自治区、直辖市根据当地经济和社会发展状况而建立的区域性高等院校[②]。我国地方高校主要分为两类：一类是部委

---

① ［德］黑格尔.逻辑学（下卷）[M].杨一之，译.北京：商务印书馆，2015：265-266.

② 何晋秋等.地方高校应在我国社会经济发展中发挥重要作用 [R].教育部科技委专家建议，2004（3）：5.

直属高校，由国家和地方共建，主要以地方管理为主，遇重大决策事件须由国家和地方共同商议决定，财政拨款主要来源于国家。另一类是省属与省直辖市属高校，主要由地方政府进行管理，财政拨款也主要来源于地方政府。随着高等教育体制深化改革的不断推进、高等教育政策的不断调整，国家将许多部委直属高校的管理权下放给地方政府，这也使得地方高校的数量逐年攀升。通过教育部《2020 年全国教育事业发展统计公报》可知，截至 2020 年全国普通高校共 2738 所[①]。其中，教育部直属高校 76 所，其他部委直属高校 41 所，地方普通高校 2621 所，相比 2019 年增加 50 所，地方高校的数量占全国普通高校数量的 95.73%。一定程度上说明了地方高校目前占据全国高校的"半壁江山"，在区域人才培养、经济发展中发挥着重大作用。

地方高校具有三大特性：一是服务于区域经济发展。地方高校培育的人才主要为本区域的经济发展服务，促进区域经济水平的提升，这是地方高校独具特色、区别于"双一流"院校的显著特性。二是人才培养的应用导向。地方高校主要培养能够为区域经济发展服务而且具有实践能力、能够解决现实问题的创新型人才。在人才培养过程中也更注重应用性、创新性以及实践性，在科研过程中注重理论和实践的结合，更为注重科研的应用价值。三是财政来源相对单一。地方高校的财政主要来源于地方政府拨款，很少能获得国家的财政补贴。由于区域经济发展不平衡，许多政府无法提供地方高校发展所需的经费，从而造成了地方高校发展受限以及发展缓慢等一系列问题。时下，我国地方政府实际提供的财政支持与地方高校发展所需的财政支持间的矛盾仍是地方高校发展的主要矛盾，地方高校的财政来源若不能实现多元化，其发展也将持续受阻。近年来，随着地方高校内部治理成效的增强、综合实力的提升、办学定位的不断调整以及地方政府支持力度的增强，地方高校发展迅猛，正逐步向建设一批国内及国际高水平大学发起努力。

---

① 中华人民共和国教育部.2020 年全国教育事业发展统计公报 [R]. http://www.moe.gov.cn/jyb_sjzl/sjzl_fztjgb/202108/t20210827_555004.html.

本研究所指的地方高校既包括部委直属高校，又包括省属与省直辖市属高校。这些高校必须具备两个条件：一是具有博士学位授权点；二是开展学术型博士生教育。

（二）学术型博士生

目前，我国开展的博士生教育主要包括学术型博士生教育和专业型博士生教育，两种博士生教育授予的学位类型分别是学术博士学位、专业博士学位。例如，在教育学学科领域中，授予的学术学位称为教育学博士学位（Ph.D.），授予的专业学位称为教育博士专业学位（Ed.D.）。学术型博士生教育主要以学术研究为导向，注重理论研究和博士生理论思辨能力的培养，旨在培养某领域的学术研究人才。接受学术型博士生教育的研究生称为学术型博士生，其学制一般为3-4年。专业型博士生教育主要以应用性、实践性和跨学科性为导向，注重培养博士生的实践能力，使博士生能够运用专业知识解决某领域的实际问题，旨在培养某领域的研究型专业人才。接受专业型博士生教育的研究生称为专业型博士生，其学制一般为4-5年。

纵观国外博士生教育的发展，由于国际竞争日趋激烈、社会需求愈加多元化，博士学位类型也由单一逐步向多元化发展。目前，国外的博士学位类型主要包括三种：学术型学位、专业学位、实践型学位。不同国家对不同的博士学位类型具有不同的定义。例如，就学术型博士学位而言，美国将学术型博士学位界定为"学术型博士生撰写博士学位论文，并顺利通过学位论文答辩以及通过各项考核而获得的学位"。英国将学术型博士学位界定为"学术型博士生提交原创性研究成果，科研成果得到学术委员会专家的认可后而获得的学位"。从国外目前正开展的博士生教育来看，学术型博士生教育占主体。统计美国近十年的博士学位授予情况可发现，授予学术型博士学位的人数占学位授予总人数的97.21%。反观我国的博士生教育，虽然专业型博士生招生数量在逐年激增，但从整体来看，学术型博士生教育也仍占据主体地位，学术型博士生的数量仍占首位。

本研究所指的学术型博士生是以全日制的培养方式在地方高校进行生

活、学习及科研的博士生，既包括非定向就业又包括定向就业，学制为三年或四年。

（三）科研动力

界定科研动力，首先要明晰何为"科研"？何为"动力"？科学研究简称科研，科学研究的英文单词为 research，其前缀 re 表示再次、反复，search 表示探究、研究、探索、探求，两个词组合在一起的意思为反复的探究。联合国教科文组织认为，"科学研究是科研人员为增加科技知识和探索新的研究领域而进行的创造性活动"。日本将科研定义为"研究与开发（RD）"。英国《牛津大辞典》将科学研究定义为"个体依据自身知识与技能进行创造性地活动，产出原创性成果，并且成果能够为社会、为国家、为全人类服务"。美国资源委员会将科学研究定义为"在科学领域的检索和应用"。我国教育部将科学研究定义为"为获得知识以及运用这些知识发明新技术而进行的系统的创造性工作"①。通过对比国内外对科学研究的定义可发现，科学研究主要包括两大核心意涵：一是科学研究是创造性的活动；二是从事科学研究的人必须具备创新思维。由于研究内容的不同，可将科学研究分为基础研究、应用研究、技术开发研究三类。这三类科学研究的成果表现形式也不尽相同，但均要求原创性。基础研究的研究成果多以论文、著作、项目为主。应用研究的研究成果主要以论文、著作、研究报告以及发明专利为主。技术开发研究主要以发明专利、新型技术为主。本研究所指的科学研究（简称科研）是地方高校学术型博士生进行的创造性学术活动，既包括基础研究，又包括应用研究与技术开发研究。

在《辞海》中，"动"具有发动、推动、变化、运动等意，"力"是指能够引起物体的形态、性质等发生变化的作用②。"动力"是指推动事物发展

---

① 360 百科"科学研究"词条 [DB/OL].https://www.baike.so.com/doc/5978478-6191439.html.

② 夏征农，陈至立.《辞海》（词语分册 E 册）[M]. 上海：上海辞书出版社，1979：459.

变化的力量与作用，动力普遍存在于事物的发展变化中，推动着其不断向前发展，反过来事物在不断发展变化过程中也不断促使动力发生变化，二者相互依存。提起动力，人们常常将其与动机相混淆，因此有必要明晰二者的关系。动机是个体产生某种行动的心理状态，而动力是推动事物发展变化的力量与作用。动力和动机既有相通之处又有区别。一般而言，动力决定动机的强弱与方向，动力与动机互为因果。动力是因，动机是果。动力的英文单词为 motivation，动机的英文单词为 motive。由是，除专门的概念辨析研究外，在一般研究中二者不加以严格区分。

关于科研动力的概念，有学者将科研动力分为正向动力与负向动力。正向动力指的是促进科学研究正向发展的推动力量，负向动力是指阻碍科学研究正向发展的力量。还有学者指出科研动力是由于个体具有一定的科研需求而产生的内在推动力量。也有学者将科研动力分为内部动力和外部动力，内部动力是指由个体自身的需求、兴趣爱好等产生的驱动力，外部动力是指由外部的利益、激励等刺激而产生的驱动力。在定义科研动力时，许多学者均提到个体的需要是促使其产生科研动力的重要因素。实际上，个体由需要产生的仅仅是科研期待或科研意愿，还不能算为科研动力，只有这种需要与外界目标建立有机联系时，才能够产生真正的科研动力。当个体的需要处于缺失或不满足状态时，为达到心理的满足、实现预期科研目标，个体需不断地努力，从而产生了一定的科研动力。那么个体的需要究竟来源于何处？深入分析后发现，个体的需要主要有两大来源：一是来源于个体间的不断对比，既包括与他人的对比，也包括与自己的对比，既包括与现在的自己对比，又包括与过去的自己对比。二是外部环境对个体提出的新要求与新挑战，个体为更好地应对新挑战与新要求，产生了新的需求。基于以上分析，本研究将科研动力定义为"地方高校学术型博士生由于未完成的科研现实状态和追求完美的科研心理状态间的差距而产生的推动学术型博士生不断开展科研的力量。"

五、理论基础

本研究的理论基础主要有两方面作用，一方面是为扎根理论研究前期的访谈提供一定的理论框架与范围，避免研究者漫无目的地访谈，使研究更加科学、合理。另一方面是对运用扎根理论构建出的地方高校学术型博士生科研动力理论模型进行理论性检验。由于地方高校学术型博士生科研动力具有主观性、稳定性等特点，因此在选取理论视角时必须要以"学术型博士生"为中心，统整其发展的内外部环境因素。基于此，本研究主要选取个人—环境匹配理论、场动力理论、双因素理论、需要层次理论作为研究的理论基础。

（一）个人—环境匹配理论

个人—环境匹配的概念最早由帕森斯（parsons）提出，他认为个体与职业相匹配的核心在于个体的认知、能力与外部环境间的匹配程度，个体要适应环境，环境也要满足个体的需求，只有二者同时具备，才能在最大程度上激发个体的潜能，使得个体与职业具有较高的匹配度[1]。此后，随着学者们对其广泛研究，个人—环境匹配逐步形成理论体系。勒温（Lewin,）系统阐释了环境对个体行为的影响[2]，但其研究的重点更加强调整体环境对个体的影响，并未对个体的内部特质和环境的内部结构之间的作用机制进行深入剖析。施耐德（Schneider）提出了吸引—选择—消耗模型，该模型

---

[1] Chio.Person-environment fit and creative behavior Differential impacts of supplies-values and demands-abilities versions of fit[J].Human,2004(5):531-552.

[2] Lewin.Resolving Social Conflicts[M].New York:Harpper and Brother Publishers: 1948:10-12.

系统阐释了个体的特征与环境要素间的作用机制。其中,个体的特征包括知识、能力、情感、价值观、需求等,环境要素包括组织管理强度、刺激程度等[①]。卡波（Cable）认为个体特质、个体期待与组织酬劳的匹配度对组织吸引力具有较强的影响。反过来,组织吸引力在一定程度上也促进着个体特质与个体期待的变化[②]。

深度解析个人—环境匹配理论会发现,该理论具有双重意蕴:一方面,个人—环境匹配理论是个体和外部环境的单一维度或多重维度间相契合时二者间的一致性或同一性。其中,外部环境主要指职业、组织、群体及人,相对应的匹配包括人与职业、人与组织、人与人、人与群体的匹配,匹配程度越高,个体的潜能越能得到有效发挥。另一方面,个人—环境匹配理论是指在得到相对重要的选择结果时个体与环境相匹配的程度。例如,克里斯汀（Kristof）将个人—环境匹配理论分为相似性匹配与互补性匹配,相似性匹配是指个体的内部特质（兴趣、性格、人格、情感等）与组织的内部特征（文化、管理、竞争等）相契合的程度。互补性匹配是指个体的内部需求与组织的供给条件相互补,组织提供的条件恰好满足个体的需求[③]。从个人—环境匹配理论的双重意蕴中可看出,二者均强调个体与群体（环境）的相互作用,而非个体与环境的单独作用,环境在个体的发展中具有重要的作用。二者的区别在于,前者从宏观上阐释了个体与环境的相互作用,后者则具体说明了个体的哪些特质与哪些环境要素相互作用以及它们之间是如何作用的。关于个人—环境匹配理论的结构要素具体可分为个人的结构要素与环境的结构要素。个人的结构要素主要包括能力、价值观、情感、态度、动机、个性、人格、需求等。环境的结构要素主要包括职业、组织、群体、管理、运行等。苏珊认为,个人—环

① Schneider.The People Make the Place[J].Personnel Psychology,1987(3):436-454.

② Danel,Cable.Pay Preferences and Job Search Decisions:A Person-organization Fit Perpective[J].Personnel Psychology,1994(2):316-351.

③ Jansen,Brown.Toward a multidimensional theory of person-environment fit[J].Journal of Managerial Issues,2006(18):193-212

境匹配理论的结构要素包括个体的需求和组织的支撑。对相关文献分析后发现，近年来学者们对个人—环境匹配理论的结构要素研究如表 0-1 所示，限于论文篇幅，仅列举具有代表性学者的观点。

表 0-1 个人—环境匹配理论的结构要素统计表

代表性学者	具体结构要素
乔（chio,2004）	能力、需求、组织供给
乔等人（chio,2005）	能力、需求、组织供给、组织承诺
关口（Sekiguchi,2006）	职业、组织、群体、人
瑞安（Ryan,2009）	组织、职业、群体
艾哈麦德（Ahmad,2010）	组织规模，个人的敏锐程度、个人的需求程度、个人的情感态度
苏珊（Sussan,2010）	个体的需求、组织的支撑
金国（Jinkook,2011）	工作、个体、组织、职业、需求、心理状态、情感归属

个人—环境匹配理论中的个人—环境匹配度测量主要分三种：直接测量、间接测量、综合测量。直接测量又称感知测量，它是指个体对自身与组织间的匹配程度进行评估，匹配程度完全由自身的评估决定，这种测量方式充分尊重了个体的需求，但带有一定的主观性，科学性有待提升。间接测量又称实际测量，它是指分别对个体的特征以及外部环境的要素进行准确评估，然后通过对比评估结果得出个体与环境间的匹配度，间接测量在一定程度上能够弥补直接测量的不足，但仍带有一定的主观色彩，评估缺乏科学依据。综合测量是指对个人的结构要素以及环境的结构要素进行系统科学的测量。其中，最为经典的是 P-Efit 多维度综合测量方法，P-Efit 通过为个人以及环境的结构要素设置不同的评估指标与权重，即 P-Efit=S1·P-V+ S2·P-Z+ S3·P-0+ S4·P-G+ S5·P-P。其中，S1-S5 代表权重，依据不同的权重赋予不同的分值，最终依据总分值对个人与环境间的匹配度进行科学评估[①]。相比直接测量与间接测量而言，综合测量更具科学性和客观性。因此，学者们在对个人—环境的匹配度进行测量时主

---

① Jansen,Brown.Toward a multidimensional theory of person-environment fit[J].Journal of Managerial Issues，2006(18):193-212.

要以综合测量为主，辅以直接测量和间接测量。

个人—环境匹配理论中指出，影响个人—环境匹配的因素主要包括个体因素、组织因素、文化因素三类[①]。个体因素主要包括个体的目标、特征、情感、态度以及价值观，其中个体的价值观与目标设定的影响最为深刻。组织因素主要包括组织社会化与人类资源管理，其中组织社会化的影响最为深刻。原因在于个体的组织社会化过程本身与个人—环境匹配的过程相契合，或者可认为个体的组织社会化过程就是个人与环境相匹配的过程。文化因素主要包括传统文化、社会文化、显性文化、隐性文化，其中社会文化的影响最为深刻。

本研究选取个人—环境匹配理论，其缘由包括两方面：一方面，该理论系统阐释了外部环境对个体发展具有重大作用，个体与环境间的匹配程度决定个体潜能的发挥程度，该理论更加强调个体与组织、群体的交互作用，而非个体或环境的单独作用。那么对于地方高校学术型博士生的科研而言，外部环境在地方高校学术型博士生的科研中同样具有重大的作用，学术型博士生科研动力的强弱程度在很大程度上取决于学术型博士生与外部环境间的匹配程度。另一方面，该理论指出影响个人—环境匹配的因素主要包括个体因素、组织因素与文化因素，那么借助该理论分析框架，影响地方高校学术型博士生科研的因素可能包括学术型博士生的价值观、情感、需求、组织与管理、地方高校的校园文化等，这为扎根理论研究的前期访谈提供一定的框架与范围。

（二）场动力理论

德国社会心理学家勒温（Lewin）首次提出场动力理论，该理论系统阐释了个体行为动力产生、发展与变化的深层次原因，场动力理论可分为场论和动力论。该理论的内核是将个体行为的变化置于个体的内部需求动力

---

① Tomoki.How organizations promote person—environment fit: using the case of Japanese firms to illustrate institutional and cultural influences[J].Asia Pacific J Manage,2006(23): 47-69.

与外部发展动力的双重影响中去审视。勒温将场动力理论中的"场"分为心理场和环境场。心理场是指引起个体行为发生与改变的心理状态。环境场是指引起个体行为发生与变化的物理空间（外部环境）。勒温指出，个体行为动力的产生、发展与变化的过程即是个体与外部环境的交互过程中，要想探析个体行为动力的产生、发展与变化的深层次原因，就必须将个体与外部环境交互的过程视为有机整体，而这个有机整体就是环境场与心理场。换言之，个体的行为动力是在心理场与环境场的相互作用中产生的。由此可看出，个体的心理场和环境场并非单独作用，而是二者相互依存、相互共生、共同作用。个体的心理场和环境场之间具有一定的关联机制，二者是动态变化的，个体一切行为动力都是在二者动态变化中产生与发展。为了科学合理地反映出个体行为动力的变化是环境场与心理场交互作用的结果，勒温提出了场动力理论的数学公式：B=f（P，E）=f（IS）。其中，B表示个体行为的向量（矢量，既有大小又有特定的方向），f表示函数关系，P表示个体的心理状态（"心理场"），E表示外部环境（"环境场"），IS表示物理空间，这个物理空间相对较稳定，不会轻易发生改变[1]。这个数学公式具体可解析为：个体的行为是在一定的物理空间中产生的，它是物理空间、个体与环境的函数。个体的行为是外部环境与个体内部的需求相互作用的"产物"，个体内部的需求是行为产生的原动力与基础条件，外部环境刺激是个体行为产生的诱发条件，外部环境刺激与个体内部的需求共同促使个体的行为产生动力。

场动力理论指出，促使个体产生动力的根源是个体的心理需求。当个体产生一定的心理需求时，此时心理处于紧张的状态，各种心理要素相互交织组成心理紧张系统。为了缓解、消除这种心理紧张状态，个体内部会产生不同的动力，此时的动力是源源不断的，直至心理紧张状态消失、心理达到平衡[2]。个体缓解、消除心理紧张状态主要依靠目标的确定，个体的

① Lewin.Field Theory in Social Science[M].New York:Harpper and Brother publishers, 1951:238-242.

② 高觉敷.西方社会心理学发展史[M].北京：人民教育出版社，1991：141-144.

（心理）需求与厘定的目标之间具有一定的作用力，勒温将其称为引拒值。若引拒值是正向的，则二者之间产生的作用力具有促进的作用，反之引拒值是负向的，则二者之间产生的作用力具有阻碍的作用[①]。这好比一个人在饥饿和口渴的状态下，对食物和水的需求度增强，此时食物和水对其诱惑力逐步增强，反过来食物和水对其诱惑力越强，人的对食物和水的需求度越强。以上是勒温提出的经典的"心理紧张说"。勒温还提出了"导火线说"，他将个体的心理需求看作是内部驱动力，将外部环境比拟为导火线，个体的行为动力产生主要依靠于内部心理需求与外部"导火线"间的作用关系。若个体的内部心理需求不强烈，那么再具燃爆性的"导火线"也不会引起个体心理需求的变化，也不会促使个体产生行为动力。反之，若个体的内部心理需求非常强烈，那么微弱的"火苗"也会引起个体心理需求的变化，进而促使个体产生行为动力[②]。由此可看出，心理需求与外部环境间的相互作用是个体行为动力产生的必要条件，心理需求是个体行为动力产生的根源，外部环境是个体行为动力产生的诱发条件，二者是依存共生的关系。

场动力理论从"场"（心理场、环境场）的视域下审视个体行为动力的产生与发展，指出个体行为动力具有整体性、关系性等特征。个体行为动力产生的根源是个体的内部心理需求，个体产生行为动力的本质是内部需求与外部环境间的相互作用而产生的心理紧张系统。该理论还系统解析了个体行为动力产生的内部心理机制与外部环境的关联要素，并指出二者具有一定的内在逻辑关系，二者相互促进、共同作用。

本研究选取场动力理论作为主要的研究基础，其原因主要包括三方面：第一，从场动力理论的视域审视地方高校学术型博士生科研动力的产生过程，地方高校学术型博士生的科研动力主要源于地方高校学术型博士生与科研紧密相关的心理需求，而这种心理需求与地方高校学术型博士生实际的科研现状不匹配或相悖。因此，地方高校学术型博士生的心理会处于紧

① 申荷永. 论勒温心理学中的动力 [J]. 心理学报，1991（3）：306-312.
② 彭国华. 我国高校理工科博士研究生科研激励机制研究 [M]. 北京：地质出版社，2012：15.

张状态，为了缓解、消除这种心理紧张状态，学术型博士生内部会产生一定的科研动力。第二，场动力理论指出地方高校学术型博士生科研动力的产生与发展主要是个体内部的心理需求与外部环境间相互作用的结果，该理论从整体的视角和关系的视角剖析了地方高校学术型博士生科研动力产生与发展的本质，为突破传统主客体二元思想的限制提供依据。运用该理论的"导火线说"解析地方高校学术型博士生的科研过程，具体可将其解析为：地方高校学术型博士生的心理需求是一种内部驱动力，外部环境是"导火线"。地方高校学术型博士生科研动力的产生主要依靠学术型博士生的内部心理需求与外部"导火线"间的作用关系，倘若学术型博士生的内部心理需求不强烈，那么再具燃爆性的"导火线"也不会引起学术型博士生心理需求的变化，也不会促使其产生一定的科研动力。反之，学术型博士生的内部心理需求非常强烈，那么微弱的"火苗"也会引起学术型博士生心理需求的变化，进而促使其产生一定的科研动力。第三，场动力理论具体解释了个体行为动力产生的内部心理机制与外部环境的关联要素以及二者间的内在逻辑关系，使得个体的内部需求与外部环境相互交融，突破了将地方高校学术型博士生的科研动力简单、机械地分为内部动力与外部动力的传统模式，为本研究后续地方高校学术型博士生科研动力理论模型的建构提供依据和参照。

（三）双因素理论

美国著名心理学家赫茨伯格（Herzberg）对200余名会计师和工程师进行了深入调查研究，调查的内容为：在工作过程中，哪些因素能够激发他们的工作热情，哪些因素能够消解他们的工作热情。通过对调查结果对比分析发现，始终有一些因素能够激发这些人的工作热情，让其感到非常满意，这些因素包括获得鼓励与认可、阶段性成就、自身责任意识、团队意识、协作精神、获得成长与发展的需求与渴望。然而，也始终有一些因素消解了这些人的工作热情，让其感到非常不满，这些因素包括工资待遇、政策、组织与管理、资源平台、工作环境、文化氛围等。之后赫兹伯格对研究结果进行了进一步的完善，最终提出了著名的双因素理论。

双因素理论指出，有两类因素影响着个体工作的积极性和满意度，一类是引起个体不满情绪、降低其工作积极性的因素，如组织管理、工资待遇、工作环境、文化氛围、政策扶持等，这些因素称为保健因素。另一类是促使个体满意度和工作积极性提升的因素，如责任意识、成就感、自我发展的需求、获得鼓励与认可、对未来的期许等，这些因素称为激励因素[①]。在个体工作过程中，应着重强化激励因素并改善保健因素，因为保健因素的改善仅仅能够预防或消除其带来的一系列负面影响，并不能真正地促使个体工作积极性的提升以及工作满意度的增强。而激励因素则能够促使个体工作积极性和满意度发生质的变化，强化激励因素能够真正地激发个体的工作积极性，提升个体的工作热情。激励因素是内部因素，保健因素是外部因素，双因素理论更加强调激励因素的作用，但也肯定了保健因素的重要价值与意义。

双因素理论的突出贡献主要表现在两方面：一方面，传统理论认为与"满意"相对的是"不满意"，双因素理论彻底打破了传统理论对"满意"这一概念的认知与定义，赋予了"满意"与"不满意"新的意涵，提出与"满意"相对的是"没有满意"，与"不满意"相对的是"没有不满意"。其对"满意""不满意""没有满意""没有不满意"的具体划分如图0-5所示。另一方面，双因素理论以工作划分激励边界，提出了激励因素和保健因素，更加强调激励因素的作用，为个体激励的相关研究提供了理论参照[②]。

---

① ［美］赫茨伯格.赫茨伯格的双因素理论 [M].张湛，译.北京：中国人民大学出版社，2009：98-103.

② 曲静，陈树文.三因素理论——基于对双因素理论的反思与改进 [J].大连理工大学学报（社会科学版），2016（3）：90-94.

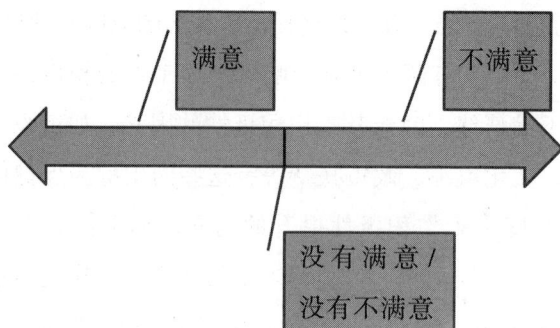

图 0-5 赫兹伯格关于满意与不满意的定义图

本研究选取双因素理论作为研究的理论基础，其缘由是双因素理论的提出是以会计师、工程师为主要的研究样本，这些人员从事一定的脑力劳动工作，该理论的研究对象也更适合于从事脑力劳动的人员。而地方高校学术型博士生是高层次、高水平的脑力劳动者。所以，该理论适用于地方高校学术型博士生这一群体。本研究认为地方高校学术型博士生在科研过程中只有达到双因素理论中的"满意"和消除"不满意"，其才能够积极主动地开展科研，其科研之路也会更加"通畅"。地方高校学术型博士生在科研过程中，保健因素主要包括地方高校的组织与管理、科研资源平台、出台的各项科研政策、科研奖励、科研荣誉称号等，当这些保健因素缺失或未到达满足时，地方高校学术型博士生会产生"不满意感"，当保健因素得到改善或达到满足时，学术型博士生的"不满意感"会减少，但并不意味着"满意感"会增加。地方高校学术型博士生在科研的激励因素主要包括学术型博士生自身对科研的渴望与热情、责任意识、获得周围人（主要指博士生导师）的鼓励与认可等。当激励因素得到满足时，地方高校学术型博士生才能够真正地产生"满意感"，从而能够带着科研热情积极地开展科研，并且在科研中表现出强大的创造力。由是，在地方高校学术型博士生科研过程中，应该以满足激励因素为基础，并将激励因素和保健因素有机结合，从而使保健因素逐步转化为激励因素，最大限度地激发地方高校学术型博士生的科研动力，使其能够积极主动地开展科研。

（四）需要层次理论

马斯洛的需要层次理论指出，个体的一切行为均由需要引起，人的需要主要分为七个层次：生理的需要、安全的需求、归属与爱的需要、尊重的需要、认知与理解的需要、审美的需要、自我实现的需要，这七个层次的需要依次递进、相互联系，共同组成一个有机整体，从而促进个体行为的产生[①]。马斯洛将这七个层次的需要分为两类：一类是缺失性需要，也称为低层次需要，主要包括生理的需要、安全的需要、归属与爱的需要、尊重的需要，缺失性需要缺乏或达不到满足，个体的身心将受到极大损害，容易产生负向的行为。另一类是生长性需要，也称为高层次需要，主要包括认知与理解的需要、审美的需要、自我实现的需要，其中，自我实现的需要是整个需要层次系统中最高层次的需要，也是人们致力追求的需要，生长性需要是个体实现生命价值的需要，若个体具备生长性需求，其更加容易体会到生命的真谛，内心世界也更加丰富，会有较强的幸福感[②]。缺失性需要与生长性需要是依存共生的关系，缺失性需要是基础，生长性需要是最高的目标指向。只有满足缺失性需要，个体才会具备生长性需要，若个体具有一定的生长性需要，反过来也会刺激缺失性需要的变化。例如，一个连生存问题都不能解决的人，是不会有归属与爱以及自尊的需要，自我实现的需要便无从谈起。具体的需要层次如图 0-6 所示。

---

① 杨鑫辉. 新编心理学史 [M]. 广州：暨南大学出版社，2003：373-376.
② 许燕. 人格心理学 [M]. 北京：北京师范大学出版社，2009：315.

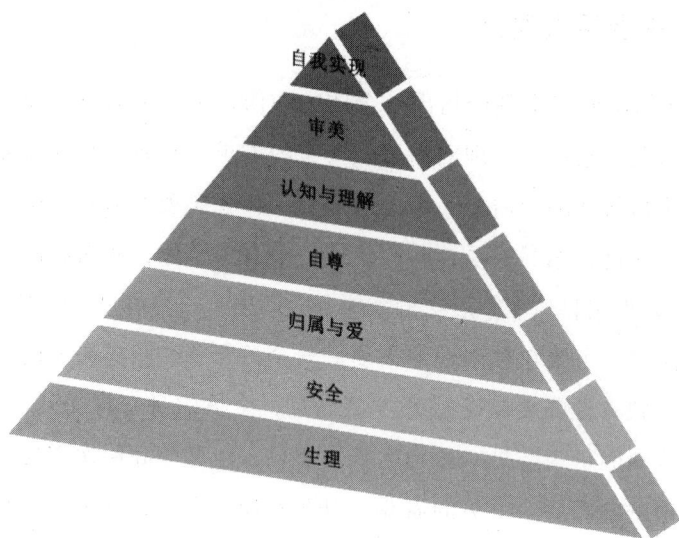

图 0-6 需要层次理论图

　　生理的需要是最低层次的需要，也是最基础的需要，主要表现在衣、食、住、行的满足，若生理的需要得不到保障，其他层次的需要便无从谈起；安全的需要是对生存保障的追求，主要包括人身安全、财产安全、信息安全、交通安全等；归属与爱的需要是指个体寻求周围人的认可与鼓励，从而获得一定的归属感，主要表现在个体对亲情、爱情与友情的追求；尊重的需要是指个体能够自我尊重以及寻求外界的尊重；认知和理解的需要是指个体寻求对未知世界的不断探索，在不断探索中对事物逐步形成一定的认知与理解；审美的需要是指个体对美好事物的追求与向往，能够对事物进行欣赏性评价，并用"美"的目光审视一切事物，以发现事物的"美"；自我实现的需要是指个体迫切需要获得自身的成长与发展以及自身社会价值的实现，追求生命意义的丰富与生命价值的提升，它是最高层次的需要，也是人们竭尽所能和致力追求的需要。

　　本研究选取需要层次理论作为研究的理论基础，其缘由在于相比于本科生、硕士生，博士生的学历层次最高、心理也相对较为成熟，其内心需要也呈现出多样化的特点，更加追求自我实现的需要，尤其在博士生科研过程中，其会更加追求在科研中获得成长与发展，能够为社会贡献力量，实现自身的社会价值。需要层次理论很好地解释了地方高校学术型博士生科研的内在动机，在地方高校学术型博士生科研过程中，博士生自身需要的多样性与层次性揭示了科研动力的变化规律。内心需要是地方高校学术型博士生科研的动力源，需要的层次直接反映出了学术型博士生科研动力的层次。随着地方高校学术型博士生科研动力层次的提升，其在科研中对外部刺激的依赖逐步降低，相比于外部刺激（物质奖励、文化氛围、精神激励等），地方高校学术型博士生由于对自我实现的追求所产生的科研动力会更加稳定、持久。

六、研究思路与方法

（一）研究思路

本研究选取地方高校学术型博士生作为研究对象，主要探究了地方高校学术型博士生的科研动力问题。研究按照"提出问题—模型建构—模型检验—发现问题—归因分析—解决问题"的技术路线有序展开，具体研究思路如图0-7所示。

首先，提出问题。通过梳理、分析国内外有关博士生科研及科研动力的文献，明晰了研究地方高校学术型博士生科研动力问题的重要价值和意义，论证了研究地方高校学术型博士生科研动力问题的重要性。

其次，模型建构。基于个人—环境匹配理论、双因素（激励—保健）理论、场动力理论、需要层次理论编制"地方高校学术型博士生科研动力问题研究"的初始访谈提纲，随着访谈的不断深入对访谈提纲进行修改完善。本研究共选取了13所地方高校的37名学术型博士生作为研究对象进行深度访谈，并在访谈期间伴以参与式观察。通过深度访谈和参与式观察收集了丰富的原始资料，以丰富的原始资料为基础，运用扎根理论研究方法进行三级编码（开放编码、主轴编码、选择编码），建构出地方高校学术型博士生科研动力理论模型，然后系统解释了科研动力理论模型的结构要素，并对科研动力理论模型的运行方式及其结构要素间的作用方式进行了深度剖析。

再次，模型检验。严格遵循"程序化扎根理论"检验的四项标准对已建构的地方高校学术型博士生科研动力理论模型进行原始资料丰富性检验、概念系统性检验、理论性检验和应用性检验，以保证建构的地方高校学术型博士生科研动力理论模型的科学性、合理性以及应用推广价值。其中，应用性检验部分以科研动力模型的构成要素为主要指标编制了《地方高校学术型博士生科研动力情况调查问卷》，运用问卷的第二部分——"地方高校学术型博士生科研动力量表"进行问卷调查，对问卷调查结果进行了结构方程模型检验。

然后，现状调查，发现问题，归因分析。运用《地方高校学术型博士生科研动力情况调查问卷》对我国13所地方高校的786名学术型博士生进行大规模问卷调查，获悉地方高校学术型博士生科研动力的现状。用本研究建构的地方高校学术型博士生科研动力模型与实然状态下的地方高校学术型博士生科研动力真实情况进行仔细对照，发现目前地方高校学术型博士生科研动力方面存在的问题，依据问卷调查结果深度剖析学术型博士生科研动力问题产生的根本性原因。

最后，解决问题，提出针对性策略。依据大规模实证调查研究发现的地方高校学术型博士生科研动力方面存在的问题及问题产生的根本性原因，从多视角提出促进地方高校学术型博士生科研动力提升的针对性策略。

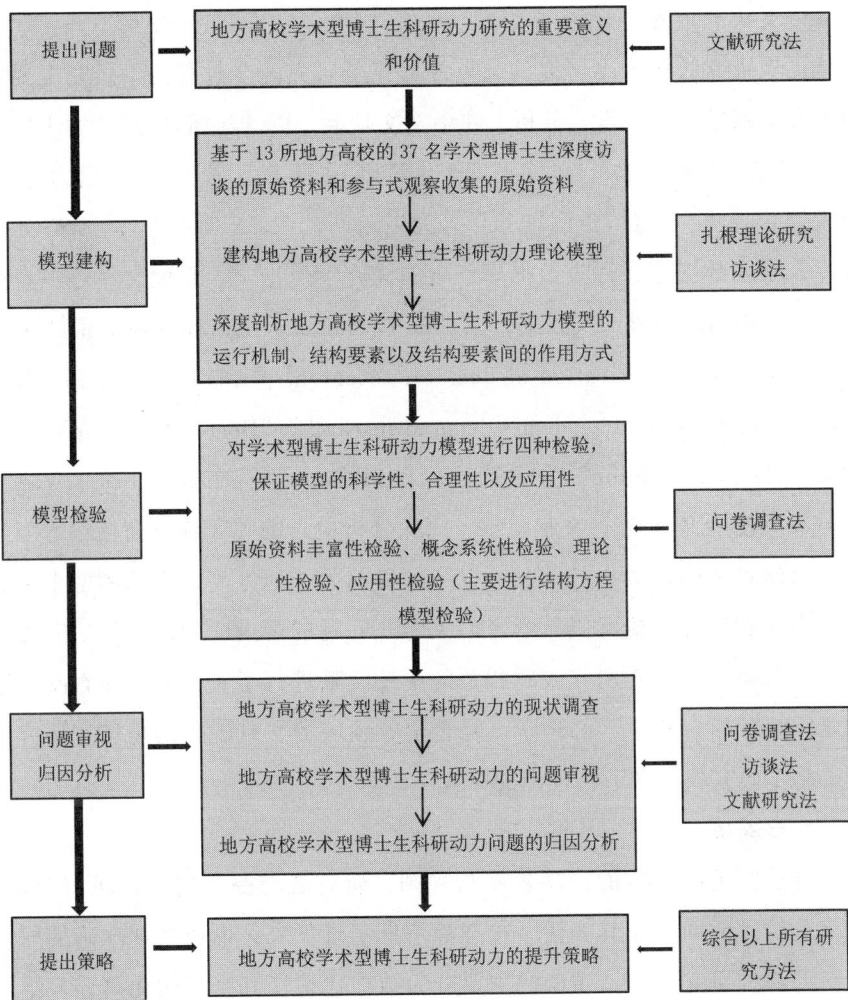

图 0-7 地方高校学术型博士生科研动力研究技术路线图

（二）研究方法

根据研究主题与研究目标，本研究综合运用了文献研究法、访谈法、扎根理论研究方法、问卷调查法、参与式观察法对地方高校学术型博士生科研动力问题进行了系统深入的研究。其中，扎根理论研究方法是本研究的核心。

1. 文献研究法

文献研究法作为本研究的起点，贯穿于研究的全过程。本研究主要对中外文文献进行了检索、分析。在中文文献上，以"科研动力""博士生科研""博士生科研动力""学术型博士生科研""学术型博士生科研动力""博士生培养""学术型博士生培养"等为主题词，在 CNKI 数据库、CSSCI 数据库、维普数据库、万方数据库、全国优秀学位论文、百度文库等平台上进行文献检索。在外文文献上，以"Motivation of scientific research""Doctoral research""Motivation of doctoral research""Academic doctoral research""Motivation of academic doctoral research""Doctoral training""Academic doctoral training"为主题词，在 Proquest、Springer、Eric、Web of science 等数据库上进行文献检索。深入分析检索的关于地方高校学术型博士生科研动力问题的中外文献，以了解目前关于地方高校学术型博士生科研动力问题研究的概况以及学者们关于此问题的观点，为进一步研究奠定坚实的基础。除了对研究主题相关的中外文献进行了查阅外，还查阅了管理学、统计学、哲学、心理学、社会学等领域的文献，目的是拓宽研究视野，为本研究找到合适的理论支撑。

2. 访谈法

访谈法是按一定的访谈程序与规则，研究者与受访者当面进行交流，并将受访者的回答及其表情、神态等信息记录下来，形成客观准确的原始资料的一种研究方法。访谈法主要分为结构化访谈和半结构化访谈。结构化访谈是严格按照访谈流程进行且对访谈全过程高度控制的访谈方式。半结构化访谈是对访谈全过程不进行高度控制的粗线条式的访谈方式。本研究采取半结构化访谈的方式，对全国 13 所地方高校的 37 名学术型博士生进行深度访谈，为扎根理论研究方法的具体运用收集丰富的原始资料。

3. 扎根理论研究方法

扎根理论研究是自下而上逐步建构理论的质性研究方法。运用扎根理论研究方法进行研究之前，一般没有预设的理论假设，它的核心在于从丰富的原始资料中逐步建构理论，不仅强调经验性，还注重从经验资料中提炼、抽象、概括出理论。由是，扎根理论研究方法常被认为较巧妙地解决了理论与经验间的关系问题①。扎根理论研究方法的基本程序是：首先，收集原始资料；其次，整合原始资料，将原始资料进行文本化处理；再次，比较、分析原始资料文本；最后，建构出实质性理论。本研究主要基于我国 13 所地方高校 37 名学术型博士生的访谈资料，运用扎根理论研究方法构建出地方高校学术型博士生科研动力理论模型。

4. 问卷调查法

问卷调查法是指设计与研究主题密切相关的问题以收集客观的数据，并对数据进行处理、分析的研究方法。本研究使用问卷调查法旨在达到三方面目的：一是对运用扎根理论研究方法构建的地方高校学术型博士生科研动力理论模型进行应用性检验。二是获悉时下我国地方高校学术型博士生科研动力总体情况，并从中发现学术型博士生存在科研动力方面的问题。三是了解地方高校学术型博士生科研动力的影响因素，帮助研究者深入剖析地方高校学术型博士生科研动力问题背后的成因，为提出地方高校学术型博士生科研动力的提升策略提供参考依据。

5. 参与式观察法

参与式观察指的是观察者与被观察者相互接触中，对被观察者的言行（包括表情、动作、言语等）进行深入观察，以换取客观、真实、准确的资料。为保证获取资料的准确性与客观性，参与式观察过程中，观察者一般不能暴露自己的身份与研究目的。本研究主要对前期目的性抽样抽取的辽宁省 S 大学的 4 名学术型博士生的生活、学习和科研情况进行了参与式观察，以了解地方高校学术型博士生科研、生活及学习等情况的真实样态。在参与式观察期间，研究者撰写了大量的观察记录、反思记录，这也为地方高校学术型博士生科研动力理论模型的建构提供了有力支撑。

---

① 陈向明. 质的研究方法与社会科学研究 [M]. 北京：教育科学出版社，2000：325-334.

本章小结

本章首先阐释了本研究的研究背景与缘起，主要包括三方面：博士生教育在建设创新型国家中的战略地位愈加凸显、学术型博士生已成为地方高校科研产出的重要生力军、科研动力是制约地方高校学术型博士生科研成效的关键性因素，并指出了本研究的研究目的与研究意义（理论意义、实践意义）；其次，对博士生科研、科研动力研究领域的国内外相关文献进行综述，并对国内外已有研究进行评析；再次，对"地方高校学术型博士生科研动力研究"这一主概念的三个核心概念"地方高校""学术型博士生""科研动力"进行了界定，主要明晰了何为科研动力以及本研究如何界定科研动力；然后，指出本研究共有四个理论基础：个人—环境匹配理论、场动力理论、双因素理论、需要层次理论，并对这四个理论基础的观点进行深入剖析以及阐释了本研究应用这四个理论基础的主要缘由；最后，指明了本研究的研究思路与研究方法：本研究选取地方高校学术型博士生为研究对象，主要采用扎根理论研究方法、问卷调查法、访谈法、参与式观察法、文献法，探究了地方高校学术型博士生的科研动力问题，研究按照"提出问题—模型建构—模型检验—发现问题—归因分析—解决问题"的技术路线有序展开。

第一章
基于扎根理论的地方高校学术型博士生科研动力模型建构

一、扎根理论研究方法的运用

（一）扎根理论研究思路

1967 年，格拉泽（Glaser）与施特劳斯（Strauss）首次提出扎根理论。当前该理论作为一种研究路径或范式，已经成为质性研究领域中一种常用的、经典的及独具特色的研究方法。扎根理论研究方法与其他质性研究方法的最大不同在于其强调"理论根植于实践"，它的核心旨归是从原始资料中逐步构建理论。研究者在研究开始前没有预设的理论假设，直接进行实际观察或考察。强调从原始资料入手，对其进行科学的归纳、总结、概括，注重从经验事实中浓缩、提炼出新的概念与思想，在此过程中需要通过自下而上的方式反复地对原始资料进行提炼与浓缩，最终上升为理论[①]。运用

---

① ［美］朱丽叶·科宾，安塞尔姆·施特劳斯. 质性研究的基础：形成扎根理论的程序与方法 [M]. 朱光明，译. 重庆：重庆大学出版社，2015：1-10.

扎根理论建构理论时需要注意以下几方面：首先，运用扎根理论时要始终保持敏锐度，在研究的各个环节都要时刻关注现有的和原始资料中藏匿的理论，随时获取即将建构理论的各条线索和一切可能的信息。其次，在整理分析原始资料时，要根据概念的类属将原始资料进行横向与纵向的全方位比较，将概念的类属及其属性进行深入提炼、整合，建构出初步的理论后在对原始资料进行检验，不断优化现有理论，最终呈现出原始资料、概念类属、概念类属的属性、各概念类属间、各概念类属的属性间的关系特征。最后，扎根理论研究的结果是对现实的理论呈现，这就要求研究者要具备良好的文献阅读能力与高度概括能力，研究者要采用高度概括与凝练的语言对研究结果进行分析与表述①。

扎根理论研究需要研究者根据研究需要，对不同阶段的研究进展进行实时调整，是一个逐步深入的动态研究过程。目前，扎根理论研究主要包括三种类型：经典扎根理论、程序化扎根理论与建构主义扎根理论。本研究主要采用程序化扎根理论研究方法，考察地方高校学术型博士生科研动力的现实样态，深入分析科研动力变化过程，挖掘内在的动力发生、发展及运行规律，再以场动力论、双因素理论、需要层次理论、个人—环境匹配理论为理论基础分析地方高校学术型博士生科研动力模型，最后对该理论模型进行系统的实证检验。

程序化扎根理论研究包括四个步骤：开放编码、主轴编码、选择编码、理论构建。首先，开放编码。开放编码是一个反复阅读原始资料，逐段、逐句、逐词、逐字对原始资料分析，并以组合方式将原始资料整合起来的过程，其目的是将原始资料概念化②；其次，主轴编码。在开放编码形成概念的基础上，进一步对概念进行归纳、浓缩、提炼，形成高一级的概念，即范畴，并在此过程中建立范畴与概念间的有机联系；再次，选择编码，分析各范畴间的关系，从中找到"核心范畴"，作为建构理论模型的前提保

---

① 陈向明. 教师如何做质的研究 [M]. 北京：教育科学出版社，2001：200-207.
② [美] 凯西·卡麦滋. 建构扎根理论：质性研究实践指南 [M]. 边国英，译. 重庆：重庆大学出版社，2009：9-71.

障。须注意的是，核心范畴与理论模型构建之间是充要条件关系。若核心范畴未达到饱和状态，研究者需要重新收集资料，并对这些资料进行重新编码，直至核心范畴饱和，才可以建构理论模型[①]；最后，理论建构，利用关系网络图、表等多种形式将原始资料编码后形成的概念、范畴、核心范畴间的逻辑关系呈现出来，建构出理论模型，并不断依据已有文献对模型进行修正与完善，以保证其科学合理性和应用推广性。具体扎根理论研究思路如图1–1所示。

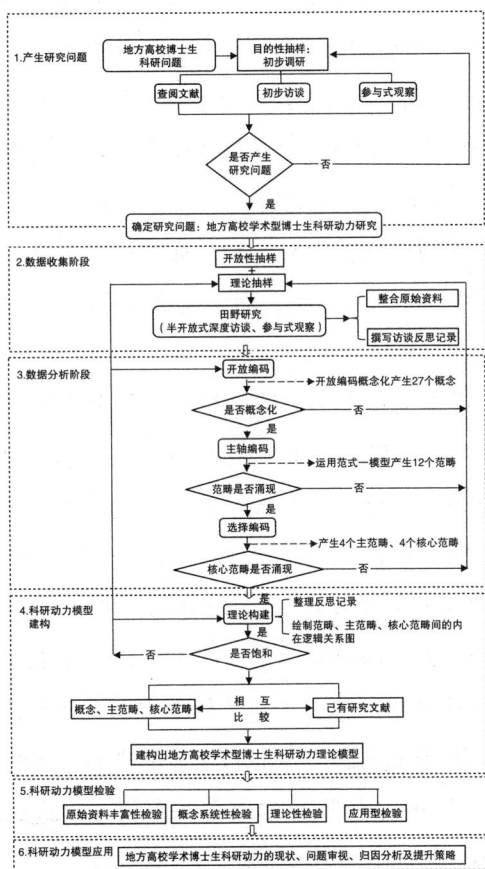

图1–1　扎根理论研究思路图

---

① 陈向明.扎根理论在中国教育研究中的运用探索[J].北京大学教育评论，2015（1）：2–15+188.

（二）扎根理论资料收集

1. 抽样方法

（1）目的性抽样

目的性抽样是指在未进行扎根理论研究前，由于其事先没有预设的研究假设，研究者带着对研究的热情与好奇心进入田野选择经典样本进行研究，目的是确定研究问题。本研究选取辽宁省 S 大学教育学、心理学、地理学专业的全日制学术型博士生作为目的性抽样的典型样本。S 大学的教育学、心理学、地理学是该校一级学科博士学位授权点，同时也是该省的"双一流"，该学科所在培养单位有近 20 余年的博士生培养经验，已形成了完备的博士生培养体系。前期运用开放式访谈法对 4 名全日制学术型博士生进行访谈，同时在教研室、实验室、工作室等学习现场进行参与式观察，以及通过其他生活场域中交流交往活动，如吃饭、逛街、聊天等，初步了解研究对象开展科研的动因与过程，为后续研究奠定坚实的基础。

（2）开放性抽样

开放性抽样对样本的选择不做明确规定，要求研究者尽量选择具有潜力且典型的研究样本，以获取丰富的原始资料[①]。在此阶段研究问题已明确，开放性抽样首先选取 2 名辽宁省 Z 大学医学类学术型博士生、2 名辽宁省 N 大学农学类学术型博士生、2 名黑龙江省 H 大学文科类学术型博士生、2 名山西省 S_2 大学理科类学术型博士生、2 名山西省 S_2 大学工科类学术型博士生、2 名河南省 H_2 大学商科类学术型博士生，共计 12 名学术型博士生。这 12 名学术型博士生的学科涵盖了自然科学类、人文与社会科学类、工学类、农学类、医学类。按此原则，又选取了湖北省 H_3 大学、浙江省 S_3 大学、江苏省 N_2 大学、上海市 S_4 大学的 12 名学术型博士生进行半结构式深度访谈。开放性抽样阶段共选取 24 个样本。

---

① ［美］朱丽叶·科宾，［美］安塞尔姆·施特劳斯. 质性研究的基础：形成扎根理论的程序与方法 [M]. 朱光明，译. 重庆：重庆大学出版社，2015：149-155.

（3）理论抽样

理论抽样是对开放性抽样获取到的原始资料分析后的抽样，目的是使编码过程中的范畴达到饱和①。理论抽样在本研究在主要有三方面应用：一是，由于在目的性抽样与开放性抽样阶段选取的 28（4+12+12）名学术型博士生来源于辽宁省、山西省、浙江省、江苏省、黑龙江省、河南省、湖北省、上海市，分别位于我国的东部、北部、中部地区，为保证研究样本的代表性与研究结论的准确性，更全面的了解我国地方高校学术型博士生科研动力的现实样态，又选取我国西部和南部 3 所高校（新疆 X 大学、深圳 S_5 大学、海南 H_4 大学）的 9 名学术型博士生作为访谈对象，并对其进行深度访谈，这样就保证了研究样本来源遍布我国的东部、西部、南部、北部以及中部。二是，在深度访谈过程中以及在访谈资料的整合、访谈记录撰写过程中，及时发现访谈中重复或缺失的内容，据此实时调整下一次访谈。三是，完成三级编码进行理论模型建构时，根据该研究领域的有关文献，不断地补充、修正与完善理论模型的概念及各个范畴。

2. 研究对象

本研究共选取我国 13 所地方高校的 37 名学术型博士生作为研究对象，研究对象来源分布广泛，遍布我国的东部、西部、南部、北部及中部地区，这些地区中既有教育发展水平较强的地区，也有教育发展水平相对较强的地区，还有教育发展水平一般的地区以及教育发展水平相对较弱的地区。具体包括：浙江省苏州市（3 人）、江苏省南京市（3 人）、上海市（3 人）、新疆维吾尔自治区（3 人）、广东省深圳市（3 人）、海南省海口市（3 人）、辽宁省沈阳市（4 人）、辽宁省大连市（4 人）、黑龙江省哈尔滨市（2 人）、山西省太原市（3 人）、河南省开封市（3 人）、湖北省武汉市（3 人）。研究对象的学科类别涵盖了自然科学类、人文与社会科学类、工学类、农学类、医学类。

① [美] 朱丽叶·科宾，[美] 安塞尔姆·施特劳斯. 质性研究的基础：形成扎根理论的程序与方法 [M]. 朱光明，译. 重庆：重庆大学出版社，2015：155-158.

3.原始资料收集方法

本研究主要采用半开放式深度访谈的方式收集原始资料,同时辅以参与式观察。

（1）深度访谈

基于场动力理论、双因素理论、个人—环境匹配理论、需要层次理论等理论基础及前期目的性抽样,在初步了解地方高校学术型博士生科研环境、科研过程及科研动因的基础上,编制初始访谈提纲。随着半开放式深度访谈的进行,不断地修正、完善初始访谈提纲,形成了最终版的访谈提纲,详见附录2。2020年5月至2021年12月,分别对我国13所地方高校的37名学术型博士生进行深度访谈,每次访谈时间在30分钟到90分钟左右。在征得访谈对象允许的情况下全程录音,并在访谈结束后及时将录音转换成文字。文字转换过程中,不断与访谈对象确定相关表述与观点,同时留心记录转换过程中闪现的想法和思考,以备后期的论文写作论证。最终,经筛选、编码处理,共计获得音频转录后的文字共234083字。受新冠疫情等客观因素所致,深度访谈主要以线上为主、线下为辅。线上主要采用微信视频、腾讯会议、QQ视频、电话等途径沟通。为保证研究的准确性,每次访谈后都会写反思记录,记录当时受访时每名博士生的语气、动作、表情等,以从中挖掘更深入的信息。13所地方高校的37名学术型博士生基本信息如表1-1所示。

表1-1 访谈对象基本信息表

编号	姓名	性别	年级	学科类别	学校	所属地区
1	XY	男	博一	人文与社会科学	S大学	辽宁大连
2	LR	女	博三	人文与社会科学	S大学	
3	ZZX	男	博二	自然科学	S大学	
4	LXG	男	博三	自然科学	S大学	
5	LF	女	博二	医学	Z大学	辽宁沈阳
6	MYG	女	博一	医学	Z大学	
7	HYY	男	博三	农学	N大学	
8	WQ	男	博三	农学	N大学	

编号	姓名	性别	年级	学科类别	学校	所属地区
9	WMY	女	博一	人文与社会科学	H 大学	黑龙江哈尔滨
10	LJL	男	博一	自然科学	H 大学	
11	YL	女	博一	人文与社会科学	S2 大学	山西太原
12	WZQ	男	博三	自然科学	S2 大学	
13	LYL	男	博四	工学	S2 大学	
14	SY	男	博一	自然科学	S5 大学	广东深圳
15	HJN	女	博二	自然科学	S5 大学	
16	LWZ	男	博三	工学	S5 大学	
17	ZCL	女	博一	人文与社会科学	H4 大学	海南海口
18	SZW	女	博三	人文与社会科学	H4 大学	
19	LP	男	博四	自然科学	H4 大学	
20	HYL	男	博一	工学	S3 大学	江苏苏州
21	SHP	女	博二	医学	S3 大学	
22	YZX	男	博四	自然科学	S3 大学	
23	ZXY	女	博一	人文与社会科学	N2 大学	江苏南京
24	XYF	男	博二	人文与社会科学	N2 大学	
25	LQF	男	博三	自然科学	N2 大学	
26	JH	女	博一	人文与社会科学	S4 大学	上海
27	ZLX	男	博二	自然科学	S4 大学	
28	LSY	女	博三	自然科学	S4 大学	
29	LRC	女	博一	人文与社会科学	X 大学	新疆
30	ZH	女	博二	人文与社会科学	X 大学	
31	WCX	男	博四	自然科学	X 大学	
32	HY	女	博二	人文与社会科学	H2 大学	河南开封
33	JX	男	博二	自然科学	H2 大学	
34	LLM	男	博四	工学	H2 大学	
35	DZX	女	博二	人文与社会科学	H3 大学	湖北武汉
36	HY	男	博三	工学	H3 大学	
37	LJT	男	博三	工学	H3 大学	

（2）参与式观察

本人对前期目的性抽样抽取的辽宁省 S 大学的 4 名学术型博士生的生活、学习和科研情况进行了参与式观察。S 大学 JY 学院为博士生设立"工作坊""学习坊""生活坊"，旨在通过为其提供得天独厚的学习、生活及科研条件，催生博士生产出更多优质的科研成果，促进博士生全面发展。"学习坊"和"工作坊"学术研究氛围浓厚，坊间许多博士生已独立发表高水平 CSSCI 论文数篇，科研成果丰硕。"生活坊"内生活气息浓厚，内设"茶歇室""健身房""乒乓球室""图书角""多媒体室""交谈室"，让博士生在紧张的学习之余能够放松身心。研究者定期去坊间与 4 名受访者一起学习、生活、谈心，切实感受、体味其科研和生活的全过程，以获取真实的数据资料，弥补深度访谈的不足。同时，研究者也与坊间 4 名受访者周围的博士生进行深入交流，以获取更加全面的信息。在参与式观察期间撰写了大量的观察记录、反思记录，为后续科研动力理论模型建构提供了有力支撑。

（三）扎根理论研究的信效度

信度和效度是判断一项研究是否具备可信度与有效性的重要指标。若一项研究的信度与效度得不到保证，那么该研究结果的有效性与准确性便无从谈起。运用扎根理论建构地方高校学术型博士生科研动力理论模型，主要通过以下方式保证研究的信效度。

1. 三角检验

质性研究的样本量一般在 5–25 个左右，若样本量达到 30 个可算为大样本，研究的信效度在一定程度也可得到保证[①]。那么，是否样本选取越多就越好呢？运用扎根理论建构地方高校学术型博士生科研动力理论模型选取多少样本为宜？扎根理论规定使原始数据的概念、范畴、主范畴、中心范畴等达到饱和状态的取样数为最佳取样数。按此原则，本研究选取了 13 所地方高校的 37 名学术型博士生进行深度访谈，原始数据的概念、范畴、主范畴、核心范畴也恰好达到饱和状态。除深度访谈外，还进行了参与式观察，查阅了国家出台的关于研究生（特别是博士生）教育相关政策文件

---

① 潘绥铭，姚星亮，黄盈盈.是"代表性"还是"代表什么"的问题——"最大差异的信息饱和法"及其方法论意义 [J].社会科学研究，2010（4）：108–115.

及这 13 所地方高校出台的关于博士生培养及科研管理的相关政策文件。最后将深度访谈、参与式观察、查阅政策文件收集到的资料进行对比和验证，确保这三种途径收集到的原始数据在逻辑上具有内在的一致性。

2. 理论性验证与应用性验证、质性与量化相结合的验证方式

利用扎根理论建构的地方高校学术型博士生科研动力理论模型是否科学准确以及是否具备应用推广价值，需要对建构的科研动力理论模型进行理论性验证和应用性验证。理论性验证主要通过本研究的理论基础以及回顾已有相关研究文献，与建构的科研动力理论模型不断进行比较，判断其准确性与可靠性。应用性验证主要检验建构的科研动力理论模型的应用推广价值，本研究的应用性验证主要体现在依据科研动力理论模型编制调查问卷，对我国地方高校学术型博士生科研动力的现状进行大规模实证调查，并对调查结果进行结构方程模型检验。扎根理论研究是一项质性研究，需要量化研究对其补充，通过对照二者的研究结果来保证研究的信效度。在科研动力理论模型的应用性检验阶段采用的结构方程模型检验属于量化研究。因此，在建构地方高校学术型博士生科研动力模型过程中既包括质性研究，又包括量化研究，很好地实现了质性研究和量化研究的有机融合，在一定程度上保证了该研究的信效度。

3. 对研究对象进行长期、持续的追踪与关注

对研究对象进行长期、持续的追踪与关注，还原研究对象的真实生活、学习及科研情境，有助于研究者全面了解研究对象的常态化情况，获取丰富、准确的原始资料，保证研究的信效度。在对 37 名学术型博士生进行持续追踪与关注过程中，逐步发现他们的科研动力是否会随时间的推移而发生变化，以及是何种诱因引起了这些变化。在近一年的关注和观察中，有的博士生由最开始"抗拒"科研转变成"接受"科研，最终"喜欢"科研，科研动力逐步增强，产出了高质量的科研成果。有的博士生由最开始"喜欢"科研逐步走向"抗拒"科研，科研动力逐步减弱，科研的积极性和热情也逐步降低。还有的博士生科研动力一直保持不变，对科研始终保持较高的积极性和热情。这些情况的变化均可作为本研究某些观点的验证性因

素。在长期持续关注期间，本人与 37 名学术型博士生通过微信、QQ、微博、腾讯会议及视频、电话、等方式建立了稳定的联系，不定时浏览其通过自媒体软件发布的动态、消息等，每周与其联系 2—3 次，其中至少 1 次视频连线，且每次联系后都会撰写备忘录，获取了真实丰富的原始资料，在一定程度上保证了本研究的信效度。

二、地方高校学术型博士生科研动力模型建构过程

本研究主要采用程序化扎根理论建构地方高校学术型博士生科研动力理论模型，具体分四个步骤：开放编码、主轴编码、选择编码、理论模型建构。

（一）开放编码

开放编码是指研究者持开放、包容之态度将原始资料打散、重组，赋予新概念，再以新方式组合起来的过程，核心目的是发现新概念[①]。研究者要对原始资料进行逐句、逐词、逐字分析，尽力挖掘原始资料背后藏匿的信息。在此过程中，脑海里不能有任何预设概念，要通过原始资料挖掘概念，而非带着概念分析资料。运用 NVivo 质性分析软件将 13 所地方高校的 37 名学术型博士生的访谈文本进行开放编码后，共提取 1364 个标签，2466 个参考点以及 27 个概念。开放编码具体分两步：开放编码标签化、开放编码概念化。

1. 开放编码标签化

将 37 名学术型博士生的访谈文本导入 NVivo 软件，共形成 37 个个案。然后逐句、逐词、逐字分析这些个案，找出直接或间接反映出学术型博士

---

① 陈向明. 质的研究方法与社会科学研究 [M]. 北京：教育科学出版社，2000：332.

生科研动的来源、样态、特征的字词句。结合参与式观察撰写的文本资料，为每个个案贴标签，共形成1364个标签。标签要具有简洁性、高度概括性、代表性等特点。对1364个标签再进行提炼、分析、归纳、整合、剔除，如逻辑性强、举一反三、思路清晰、思维活跃可概括为逻辑思维能力，最终得到55个标签（见表1-2），分别为论文发表、就业前景、待遇优厚、获得认可、导师鼓励、同辈影响、竞争关系、学术潜质、逻辑思维能力、科研信心、接受科研、认可科研、成就感、形成习惯、阶段性反思等。开放编码标签化过程的部分具体示例，如表1-3所示。

表1-2　开放编码标签

序号	标签编号	标签内容
1	a1	论文发表
2	b1	开题
3	c1	预答辩
4	d1	外审
5	e1	答辩
6	f1	奖学金
7	g1	科研福利
8	h1	形成竞争
9	i1	知识技能
10	j1	同辈影响
11	k1	就业前景
12	l1	兴趣需要
13	m1	热爱科研
14	n1	享受科研
15	o1	成就感
16	p1	满足感
17	q1	专业实习
18	r1	科研毅力
19	s1	个体成长
20	t1	个体发展
21	u1	贡献社会
22	v1	成果转化
23	w1	职责所系

续表

序号	标签编号	标签内容
24	x1	肩负重任
25	y1	导师鼓励
26	z1	科研潜质
27	a2	获得认可
28	b2	科研信心
29	c2	实验能力
30	d2	写作能力
31	e2	逻辑思维
32	f2	荣誉称号
33	g2	接受科研
34	h2	科研平台
35	i2	专业指导
36	j2	设施设备
37	k2	管理制度
38	l2	双一流
39	m2	一级学科博士学位授权点
40	n2	教学团队
41	o2	师资保障
42	p2	主动科研
43	q2	形成习惯
44	r2	归属感
45	s2	获得感
46	t2	中期考核
47	u2	社会实践
48	v2	召开组会
49	w2	学术沙龙
50	x2	学术会议
51	y2	科研积极性
52	z2	阶段性反思
53	a3	自主创新
54	b3	学术职业取向
55	c3	体验感

表1-3 开放编码标签化示例表

个案编号	原始数据	标签化
个案1：XY	我现在压力特别大，每天睁眼闭眼都在想小论文（a_1）发表的事。我们学校明确规定，将发表2篇CSSCI和1篇全国中文核心论文（a_1）作为毕业条件之一，即使小论文（a_1）达标了，还有开题（b_1）、预答辩（c_1）、外审（d_1）、答辩（e_1）等环节，每个环节都是层层淘汰的，这些要求让我不敢有丝毫懈怠，只能每天拼命地写论文，希望早点达到这些要求，如期毕业。有的时候甚至压抑得喘不上气……读博期间会有很多奖励，比如国家奖学金、学业奖学金（f_1）、我们学校自己设立的各种科研奖励啊（g_1），如果你科研能力够强、发表文章够多（a_1），得到这些简直轻而易举，这三年不但学费不用愁，你还赚钱呢！在名额这么少的情况下（h_1），对于我这种科研小白、底子薄、写不出东西的人（i_1）来说，这些奖项我也就想想吧……我比较随性，不喜欢被束缚，平时都在宿舍学习，不喜欢去教研室，看到周围人发表好几篇C刊我会莫名地焦虑（j_1）。教研室每天都坐得满满的，大家早出晚归，有的人午饭直接在教研室吃一桶泡面就解决了，生怕浪费一点时间。在这种氛围下会逼迫自己学习，因为大家都在学习，都在写论文，不学习会显得特另类（j_1）。现在支撑我写论文、做科研最大的甚至唯一的动力就是顺利毕业去高校任教，在高校比较自由，而且待遇不错，高校教师社会地位也高（k_1）。	论文发表（a_1） 开题（b_1） 预答辩（c_1）外审（d_1） 答辩（e_1） 奖学金（f_1） 科研福利（g_1） 形成竞争（h_1） 知识技能（i_1） 同辈影响（j_1） 就业前景（k_1）

个案编号	原始数据	标签化
个案5：LF	当初选择攻读学术型博士是因为我喜欢在实验室做实验，从未觉得读博有多苦，因为它一直是我想做的事情，这种生活也是我想要的生活（l_1）。我喜欢做研究（m_1），时刻享受研究的过程，享受它带给我的惊喜与快乐（n_1）。清晰记得有一次做泛 KRAS 抑制剂 BAY-293 组合对原代非小细胞肺癌细胞的细胞毒性实验，因为泛 KRAS 抑制剂 BAY-293 组合效用会在 72 小时内不定时发生微妙变化，观测不到变化的过程，实验结果的可信度便无法保证，为了观测抑制剂的变化过程我时刻守在实验仪器旁，三天三夜未眠，毫不夸张地说那时真忘却了时间和疲惫，只想默默等待结果出来（m_1），在观测到实验结果时我激动地哭了出来，觉得一切的努力都是值得的，当时非常有成就感（o_1），非常满足（p_1）。我们平时除在实验室做实验外，还要到病房协助导师收患者、写病志、办出院（q_1）。我的导师是研究 COPD（慢性阻塞性肺疾病）、气道炎症、小细胞肺癌的，我管理的患者大都患有肺部疾病，肺癌居多，其次是 COPD、慢咳、哮喘。每次看到肺活检病理回报肺癌、病理分型、预后较差的患者，心理无比难过，那种无能为力感使我终生难忘。2018 年收治的一位患者给我留下了深刻的印象，29 岁的农村女孩确诊为小细胞肺癌晚期，伴多脏器转移，失去了手术机会，只能化疗维持。但她那种乐观、自信、求生的态度让我为之震撼，她被誉为病房的"开心果"，只要有她在的地方就充满了欢乐。后来，由于经济原因被迫出院了，出院时她送给我一个史努比的发卡，我们彼此添加了微信，每次刷朋友圈都会看到她分享的生活动态。但 2019 年 10 月后她的朋友圈再未更新过，我不敢问也不想问她，或许这样她永远都在。那一刻我更加坚定要走科研之路，立志一定要研制出抑制肺癌细胞增殖的抑制剂（r_1），为饱受肺癌折磨的患者带来一丝希望。所以，在硕博期间我一直从事肺癌细胞增殖的抑制研究，一方面期望在科研过程中获得成长与改变，锤炼自己的意志品质（s_1），让自己得到全面发展（t_1）。另一方面期望自己的研究成果能有机会运用于临床，为肺癌患者带来希望，为社会贡献一份自己的力量（u_1）。目前，我已在《AMERICAN JOURNAL OF RESPIRATORY AND CRITICALCARE MEDICINE》（美国呼吸与重症医学杂志）等 10 分以上 SCI 上发表论文 5 篇（a_1），还有 1 项研究专利处于临床试验阶段（v_1）……作为一名医生、博士生、科研者我觉得搞科研是分内之事（w_1），你是带着所有患者的期望、带着对科研的敬仰与爱负重前行（x_1），无论过程多苦都是值得的。	兴趣需要（l_1） 热爱科研（m_1） 享受科研（n_1） 热爱科研（m_1） 成就感（o_1） 满足感（p_1） 专业实习（q_1） 科研毅力（r_1） 个体成长（s_1）个体发展（t_1） 贡献社会（u_1） 论文发表（a_1） 成果转化（v_1） 职责所系（w_1） 肩负重任（x_1）

个案编号	原始数据	标签化
个案 28： LSY	不怕你笑话，刚进驻实验室时，实验室有些仪器设备我都从未见过也不会使用，更何谈科研动力。但导师没有放弃我，一直鼓励我（y_1），说我具备科研潜质，是做研究的"好苗子"（z_1）。加上身边父母和同学的鼓励、支持与认可（a_2），让我重拾科研信心（b_2），一边夯实基础（i_1），一边做实验，可以拿边盖楼边打地基来比喻，三年下来我的实验能力（c_2）、写作技能（d_2）、逻辑思维能力（e_2）有了质的提升，我也由最开始的"科研小白"转变成"科研达人"（f_2）。总结近三年的科研经历，首先，我认为我最大的科研动力来源于内心兴趣（l_1），绝不能畏惧甚至抗拒科研，要发自内心地接受它（g_2），被迫式科研的结果可想而知。其次，有了搞科研的欲望，还要对自身能力进行仔细评估，评估你有没有能力完成科研任务，这些能力包括实验能力（c_2）、写作能力（d_2）、理解能力等，这些能力的获得不是一蹴而就的，而是自身通过长期积累形成的，若缺乏这些能力，再强的科研欲望也不过是一张蓝图罢了。最后，兼备科研欲望与能力，还要有一定的平台来支撑（h_2），否则无法顺利开展研究。比如，你想制备氨基酸型驱油用表面活性剂，若缺少试剂和相关的仪器设备（核磁），实验构想再美好也是进行不下去的。此外，还需要导师较高的指导水平，若你的研究领域或做的"东西"导师触及不深，无法提供有效指导（i_2），研究也很难进行下去。我算是比较幸运，目前我所在的实验室拥有国内外先进的仪器设备，包括核磁共振仪、超分辨荧光成像仪、冷冻透射电镜等，硬件设施非常完备（j_2），根本不愁找不到试剂和仪器做实验，只要你有想法，放心大胆做就好啦！学校会为你提供一片天地。学校高度重视博士生培养，从博士生的学习、生活及工作制定了一套完备的管理制度与措施（k_2）。我所在的学科专业是省"双一流"（l_2）、一级学科博士学位授权点（m_2），学院还有国家级教学团队（n_2），我的导师也是国家级教学名师（o_2），除学校提供的众多资源外，导师经常会在外接课题，我们协助完成，在此过程中，既获得物质报酬，科研能力又得到提升。在学校、学院、导师提供的得天独厚条件下（h_2）不做出点"东西"，那就太遗憾啦！总之，我是发自内心地想去搞科研（p_2），希望不断地突破自己，实现自身价值（s_1），科研对我来说就像吃饭、睡觉一样，已成为我生活中必不可少的部分（q_2），搞科研过程中我仿佛看到了另外一个自己（r_2），在其中的收获值得我用一生去回味（s_2）。	导师鼓励（y_1） 科研潜质（z_1） 获得认可（a_2） 科研信心（b_2） 知识技能（i_1） 实验能力（c_2） 写作能力（d_2） 逻辑思维（e_2） 荣誉称号（f_2） 兴趣需要（l_1） 接受科研（g_2） 实验能力（c_2） 写作能力（d_2） 科研平台（h_2） 专业指导（i_2） 设施设备（j_2） 管理制度（k_2） 双一流（l_2） 一级学科博士学位授权点（m_2） 教学团队（n_2） 师资保障（o_2） 科研平台（h_2） 主动科研（p_2） 个体成长（s_1） 形成习惯（q_2） 归属感（r_2） 获得感（s_2）

个案编号	原始数据	标签化
个案15：HJN	最现实的问题是完成毕业要求、按时毕业，我们学校要求至少发表1篇SCI（1区、2区或3区）和2篇中文核心或CSCD论文（a_1），而且要通过中期考核（t_2）、社会实践考核（u_2）、开题（b_1）、预答辩（c_1）、外审（d_1）、答辩（e_1）等一系列环节才能毕业。博士期间发表成果多，可以拿"国奖"或"学奖"（f_1）或者科研补助（g_1）等，因为我是应届生没工作，获得这些奖金可以有效缓解经济压力，这也是我想好好做科研的动力之一吧。我的导师平时要求比较严格，每周开1次组会（v_2），搞1次学术沙龙（w_2），每次组会都要汇报最新研究进展，看到其他人都有进展（j_1），自己毫无进展会觉得愧对导师，愧对自己。导师每年都要带我们去参加学术会议或课题研讨会来开阔研究视野（x_2），每次开会都要投稿，没稿件去开会也会觉得羞愧，这些因素也间接推动了自己要好好做科研。两年的博士生涯，我发现不能仅将毕业作为做科研的唯一任务，带着功利心态去做科研会造成科研浮躁与焦虑，结果会适得其反，一定要遵循自己内心兴趣（l_1），积极争取每一次科研机会（y_2），踏踏实实做科研，不骄不躁，不追求任何功利性回报，结果反而会水到渠成。在做科研过程中要具有反思意识，若实验中途失败了，要及时反思、总结（z_2）是什么地方出现了问题，为什么会出现这些问题，下次该如何避免这些问题，那么即便实验失败了你也会收获满满。在做科研过程中还需具备创新意识，我导师经常说：都博士阶段啦，你的实验一点创新性都没有是极其可怕的（a_3）！我非常崇拜我的导师，他那种虚怀若谷、学识渊博、不骄不躁的形象深深感染了我，我要成为像导师那样的人，毕业后去高校做一名专任教师（b_3），好好体味教学与科研的真谛，继续体验科研带给我的"煎熬"与快乐（c_3）。	论文发表（a_1）中期考核（t_2）社会实践（u_2）开题（b_1）预答辩（c_1）外审（d_1）答辩（e_1）奖学金（f_1）科研福利（g_1）召开组会（v_2）学术沙龙（w_2）同辈影响（j_1）学术会议（x_2）兴趣需要（l_1）科研积极性（y_2）阶段性反思（z_2）自主创新（a_3）学术职业取向（b_3）体验感（c_3）

2. 开放编码概念化

开放编码概念化是指将标签化阶段形成的标签进一步提炼、归纳、概括、合并形成新概念的过程，编码产生的概念要具有准确性、简洁性及可分析性。经对标签的提炼、归纳、概括与合并，共产生27个概念，分别是毕业要求、考核要求、物质激励、精神激励、情感激励、资源平台保障、组织管理保障、科研兴趣、科研热情、成就感与满足感、体验感与获得感、学科专业支撑、师资力量支撑、组织活动、同辈竞争、自身价值、社会价值、责任感、使命感、科研主动性、科研自省、科研"性格化"、情感归属、价值认可、科研基础、科研信念、科研能力。开放编码概念化具体过程如图 1-2 所示。

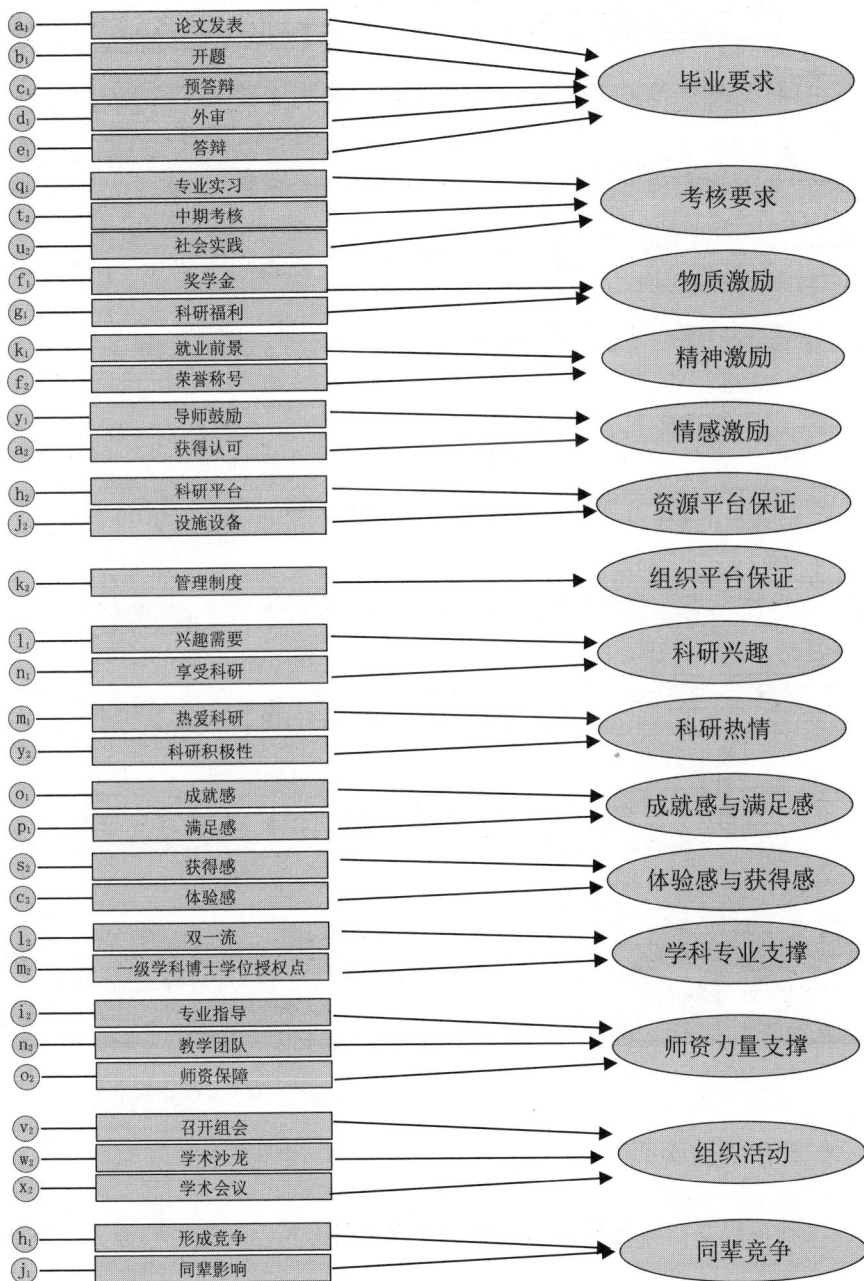

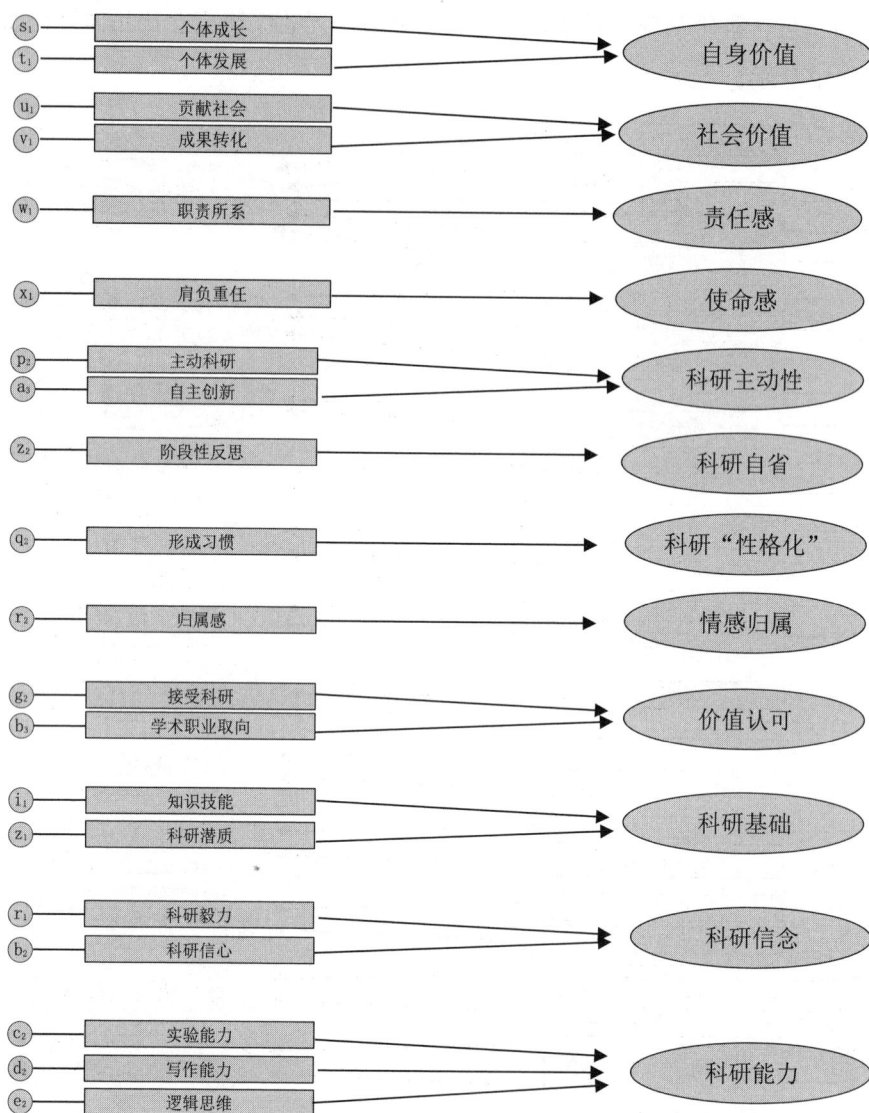

图 1-2 开放编码概念化过程图

（二）主轴编码

主轴编码是指对开放编码产生的概念进行分析、比较、整合，形成更高一级的概念——范畴，建立范畴与各概念间的逻辑关系[①]。本研究主要采用斯特劳斯提出的范式模型（paradigm model）来将概念转变成范畴及构建范畴与各概念间的逻辑关系。范式模型是将各范畴按一系列事件发生、发展、变化的顺序和过程连接起来，主要步骤包括：因果关系——现象——情境——中介条件——行动或互动的策略——结果[②]。运用范式模型具体过程如表1-4所示。

表1-4 运用范式模型过程表

范式模型	概念	范畴
积极开展科研有利于完成各项科研任务（因果关系）——各高校均对博士生提出一定的科研要求（现象）——博士生迫切需要完成科研要求（情境条件）——具备一定的主客观条件，如自身科研能力、学校提供的科研硬件条件等（中介条件）——高校不断对博士生提出新的科研要求（行动或互动的策略）——博士生产生压力感（结果）	毕业要求 考核要求	任务导向
科研能力强、科研成果突出可获得一定的科研奖励（因果关系）——为获取科研奖励，博士生积极开展科研（现象）——达到了一定的科研标准，才能获得相应的科研奖励（情境条件）——具备一定的主客观条件，如个人科研能力、个人努力程度、导师指导程度等（中介条件）——高校采取多种科研激励举措，既包括物质激励，又包括精神激励与情感激励（行动或互动的策略）——博士生产生了一定的科研动力，积极主动开展科研（结果）	物质激励 精神激励 情感激励	激励作用

---

① 陈向明. 质的研究方法与社会科学研究 [M]. 北京：教育科学出版社，2000：334-335.

② Glaser.Basics of grounded theory analysis[M].Mill Valley:Sociology Press,1992:63-64,96-100.

续表

范式模型	概念	范畴
浓厚的学术研究氛围促进博士生科研动力的产生（因果关系）——受周围环境（同辈竞争、组织活动）的影响，博士生积极开展科研（现象）——高校营造良好的学术研究氛围（情境条件）——良好的学术风气，绝不能是功利化的，人人带着功利性目标开展科研（中介条件）——高校通过多种途径营造良好、浓厚的学术氛围（行动或互动的策略）——博士生的科研动力提升，科研积极性增强，能够主动开展科研（结果）	组织活动 同辈竞争	学术氛围
博士生科研效能感的提升，能够进一步促进其科研动力的提升（因果关系）——科研效能感高的博士生，其科研动力愈强。科研效能感低的博士生，科研动力愈弱（现象）——博士生对自身的科研基础、科研能力进行评估（情境条件）——科研基础厚实、科研能力突出、科研信念稳固（中介条件）——高校提出的科研任务要求与博士生的科研能力相匹配，使博士生产生较强的信心（行动或互动的策略）——博士生的科研效能感提升，随之科研动力也有所提升，能够积极主动地开展科研（结果）	科研基础 科研能力 科研信念	科研效能感
一定的内部支撑条件能够提升博士生的科研效能感，激发其科研动力，进而促使其积极主动地开展科研（因果关系）——为提升科研效能感，博士生亟须高校提供一定的内部支撑条件（现象）——高水平的师资力量、强大的学科专业力量等条件（情境条件）——博士生须具备一定的"转化能力"，将提供的内部支撑条件转化为自身的科研效能感（中介条件）——学校提供博士生所需的内部支撑条件，如强大的学科专业力量、导师进行高水平高质量的有效指导等（行动或互动的策略）——博士生的科研效能感提升、科研动力增强，能够积极地开展科研（结果）	学科专业支撑 师资力量支撑	内部支撑

续表

范式模型	概念	范畴
一定的外部保障条件能够提升博士生的科研效能感，激发其科研动力，进而促使其积极主动地开展科研（因果关系）——为提升科研效能感，博士生亟须高校提供一定的外部支撑条件（现象）——完备的科研基础设施条件、系统完善的科研组织管理保障等条件（情境条件）——博士生须具备一定的"转化能力"，将提供的外部保障条件转化为自身的科研效能感（中介条件）——学校提供博士生所需的外部保障条件，如系统完善的组织与管理、充足的科研资源平台（行动或互动的策略）——博士生的科研效能感提升、科研动力增强，能够积极地开展科研（结果）	资源平台保障 组织管理保障	外部保障
科研兴趣能够驱使博士生产生真正的科研动力（因果关系）——博士生科研兴趣浓烈，科研动力越强（现象）——博士生具有浓烈的科研兴趣（情境条件）——在较高的科研效能感、一定的外部环境刺激条件下（中介条件）——高校举多方之合力，培育博士生的科研兴趣（行动或互动的策略）——博士生产生科研兴趣，进而产生较强的科研动力，能够积极开展科研（结果）	科研兴趣 科研热情	兴趣爱好
积极良好的科研成就体验能够激发博士生的科研动力（因果关系）——博士生追求积极的科研成就体验（现象）——在科研中获得成感与满足感、体验感与获得感等情感体验（情境条件）——博士生获得阶段性成功或被鼓励与认可，如发表高水平论文等（中介条件）——给予博士生更多的科研成就体验（行动或互动的策略）——博士生获得积极的科研成就体验，产生较强的科研动力（结果）	成就感与满足感 体验感与获得感	成就体验
科研认同感的强弱决定科研动力的强弱（因果关系）——博士生科研认同感越强，其科研动力越强。博士生科研认同感越弱，其科研动力越弱（现象）——博士生在科研中获得一定的情感归属（情境条件）——一定的内部保障和外部支撑条件（中介条件）——依托多种方式，促使博士生切实认知到科研的价值和意义，如在课程中和教学中渗透认同思想等（行动或互动的策略）——博士生的科研认同感增强，进而科研动力增强，积极主动地开展科研（结果）	情感归属 价值认可	科研认同

续表

范式模型	概念	范畴
博士生在不断追求自我实现过程中，能够产生一定的科研动力（因果关系）——许多博士生迫切需要在科研中实现自我（现象）——博士生在科研中不断实现自身价值和社会价值（情境条件）——具有较强的科研认同感和较高的科研效能感（中介条件）——博士生依据自身情况选择不同的科研目标（行动或互动的策略）——博士生在追求自我实现过程中，形成了一定的科研信念，进而产生了稳定的科研动力（结果）	自身价值 社会价值	自我实现
博士生的责任意识催生出其科研动力，使其产生积极的科研行为（因果关系）——在科研中，大多博士生应具备责任感和使命感（现象）——在科研中不断体味到责任感和使命感（情境条件）——具有较强的科研认同感和较高的科研效能感（中介条件）——培育博士生的责任意识（行动或互动的策略）——博士生产生科研责任感、价值感（结果）	责任感 使命感	责任意识
科研认同感强的博士生才能形成科研自觉，科研自觉催生科研动力，在科研动力的驱使下，博士生积极地开展科研（因果关系）——不需凭借任何外力，博士生应该积极主动地开展科研（现象）——博士生具有较强的科研自觉意识（情境条件）——具有较强的科研认同感和一定的价值信念（中介条件）——转变博士生科研认知，举多方之合力培育博士生的科研自觉（行动或互动的策略）——（结果）博士生在科研认同的基础上，形成科研自觉，能够积极主动地开展，并且能够进行自主地科研创新	科研主动性 科研自省 科研"性格化"	科研自觉

主轴编码阶段运用范式模型分析发现，将开放编码产生的 27 个概念可划分为 12 个具有内在逻辑关系的范畴，分别为：任务导向、激励作用、学术氛围、科研效能感、内部支撑、外部保障、兴趣爱好、成就体验、科研认同、自我实现、责任意识、科研自觉。这 12 个范畴分别代表地方高校学术型博士生科研动力的每种来源，它们间的内在逻辑关系共同构成了地方高校学术型博士生科研动力图谱（见图 1-3），具体内在逻辑关系可以从整体和部分两个角度讨论。

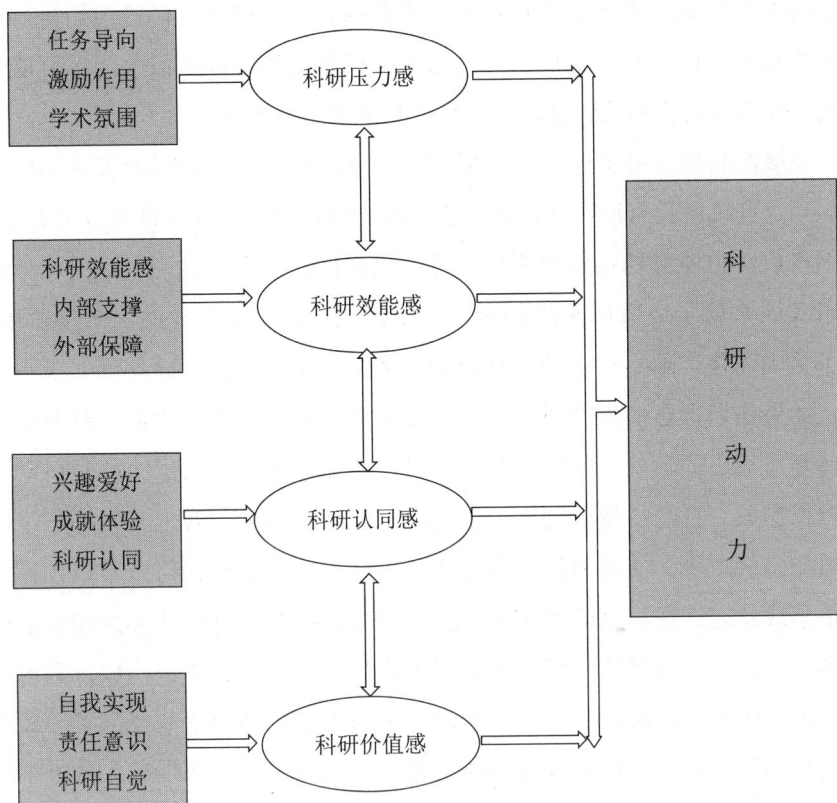

图1-3 地方高校学术型博士生科研动力逻辑关系图

整体上看，地方高校学术型博士生科研动力的构成是多维度、多层次、立体化的。催生学术型博士生科研动力形成的因素可能来自不同维度的不同方面，具体是，催生他们科研动力形成的因素可以是以下四个维度中的任何一个维度的任何一个或几个方面，且不管哪个维度成为他们科研动力形成的起点，其他任何维度的任何方面都有可能对其产生某种程度的正相关影响。

多维度是指，其一，任务导向、激励作用、学术氛围等外部要求和因素可能使他们产生积极的科研压力，促进他们科研动力的形成。其二，自身科研效能、内部支撑、外部保障等主客观因素可能使他们产生良好的科研效能感，促进他们科研动力的形成。其三，兴趣爱好、成就体验、科研认同等情绪情感因素可能使他们产生强烈的科研认同感，促进他们科研动力的形成。其四，自我实现、责任意识、科研自觉等价值信念因素可能使他们产生纯粹的科研价值感，促进他们科研动力的形成。

多层次是指，由于催生学术型博士生科研动力形成的因素来自不同维度，而这些维度具有层次性差异。正是因为这些维度的层次性差异的存在，他们科研动力才有稳定性和不稳定性、内在性和外在性之别。其一，外在要求和因素属于最低层次的科研动力来源或构成。任务导向、激励作用、学术氛围往往是现实存在的，是学术型博士生不得不接受的外部要求和因素。如果他们把这些外部要求和因素作为科研动力的主要来源，科研动力必然是不稳定的、外在化的。其二，科研效能感属于第二层次的科研动力来源或构成。自身科研效能、内部支撑、外部保障影响着学术型博士生科研效能感的产生，使其相信自身的科研胜任力，但这种相信尚不属于稳定的情感或意志，在频繁的困难面前，遭遇多次挫折可能使其怀疑相应的科研动力。其三，科研认同感属于第三层次的科研动力来源或构成。兴趣爱好、成就体验、科研认同对学术型博士生而言是一种情绪情感因素，较为稳定和持续。例如，他们依凭科研兴趣，可以忽视周遭的一切，投身于科研之中。对于我个人来说，我很喜欢学术，虽然我讲不清楚究竟什么是学术，但是选择我喜欢的问题，能够表达我所思，且不受任何限制，一旦心生灵感，这种快乐属于精神亢奋般的陶醉，如此，怎能轻易割舍这份科研动力？其四，科研价值感属于最高层次的科研动力来源或构成。自我实现、责任意识、科研自觉对学术型博士生而言属于价值信念，而价值信念的形成一定是经过意义确认和内在价值过滤的，不受任何功利价值、外部困难的干扰。例如，现实中，仍有一些地方高校学术型博士生在不利的论文投稿氛围和极其艰苦的学习环境下，保持一如既往的科研创新精神，这份可贵的科研动力，让人很难不与其经过意义确认和内在价值过滤的价值信念联系在一起。

立体化是指，学术型博士生科研动力的构成可能是多维度因素相互交织和协同的。他们科研动力构成可以是四个维度共同交织和协同的结果，也可以是其中一个维度驱动的结果。由于他们科研动力构成要素具有主要来源，非主要来源的其他维度因素就会形成协同驱动力。如主要源于兴趣爱好、成就体验、科研认同等情绪情感因素构成的科研动力，其他维度就会某种程度地影响情绪情感因素，形成协同驱动作用。还需要认识到：他们科研动力构成是由外部要求和因素、科研效能、情绪情感因素和价值信念中的两个或两个以上维度共同催生的。当有两个或两个以上维度共同催生他们科研动力构成时，就会呈现一种立体化结构。这种立体化不仅表现在不同维度对相应的科研动力的催生，还表现在不同维度影响其他维度进而影响相应的科研动力的跨层次影响上。例如，就科研效能和情绪情感因素共同构成科研动力主要来源而言，他们的科研效能和情绪情感之间存在相互影响，进而协同促进相应的科研动力的催生。

第一，任务导向、激励作用、学术氛围等成为学术型博士生不得不面对的外部要求和因素，这些外部要求和因素对他们科研动力的形成产生一定的刺激，但这些刺激不一定都能成为积极的刺激。关键在于他们能否产生适当的科研压力感这一中介。科研压力感不是一种科研负担和包袱，否则外部要求和因素会成为科研动力产生的束缚和障碍。科研压力感是主体的一种积极感受，促使压力变为动力的中间调节和条件。正是因为科研压力感的产生，学术型博士生能够正确看待外部要求和因素的可能作用。可能作用的意思是：学术型博士生基于自身性别、年龄、年级和学科特征等差异，以及任务导向、激励作用和学术氛围的差异重要性，理性调节外部要求和因素在科研动力生成过程中的不同作用。例如，如果男学术型博士生过于看重外部要求和因素中激励作用部分的精神激励，外部要求和因素就会被视为关键条件，然后他们通过压力程度调节，获得积极的科研压力感，经过科研压力感这一中介很可能就会把外部要求和因素化为催生科研动力的主要来源。当然，由于学术型博士生差异性客观存在，且外部要求和因素的在不同学术型博士生眼中的差异重要性也需要考虑，那么，外部要求和因素对他们产生科研动力的影响必然是差异化。一般认为，这种影响是客观存在的，因为学术型博士生不可能忽视这些外部要求和因素。也即是说，外部要求和因素一定会不同程度上影响他们的科研动力的产生。只不过有些影响大，有些影响小；有些影响通过科研压力感转化为现实，有些影响只是某段时间潜隐地持续存在着。可以看出，由外部要求和因素对他们形成科研动力的影响往往是不稳定的、外在的。

第二，积极的科研压力感会增强科研效能感，反过来，良好的科研效能感也会促进他们形成积极的科研压力感，从这一意义上看，二者是正相关的关系。如果说外部要求和因素是学术型博士生必须要面对的，且可能不同程度上对他们科研动力的形成产生不稳定、外在的影响，那么，自身科研效能、内部支撑、外部保障等就是地方高校学术型博士生会主动衡量的主客观因素，这些主客观因素可能会对他们可科研动力的形成产生内在影响。之所以是可能，原因是他们在判断和衡量自身科研效能感、内部支撑、外部保障等主客观因素时，不一定能产生科研效能感，也就不一定能形成稳定的科研动力。科研效能感意味着一种科研胜任力，它不是一种对科研的随意臆断和鼓吹。科研效能感是几乎每个学术型博士生在形成科研动力之前会有意识或无意识进行的自我学术评价。自我学术评价时，他们不仅会评价主观层面专业知识基础、方法和技能储备水平，还会对客观层面地方高校学院科研团队、科研平台的硬实力和水平进行评价。当学术型博士生的自我学术评价不足以使之产生科研胜任力时，他们就很难相信自己在做科研上"是一块料"。如果科研效能感不能产生，虽然不能说他们的科研动力难以形成，但由他们自身科研效能、内部支撑、外部保障等主客观因素催生的科研动力难以形成。当然，仍会有部分学术型博士生具有良好的自我学术评价，相信自己能做科研，且即使科研之路一开始不顺，也有"不服输"的精神。他们良好的科研效能感也会有效地促进科研动力的形成。由于科研效能感属于自我认知和评价，具有非强迫的自愿性，那么，由自身科研效能、内部支撑、外部保障等主客观因素催生的科研动力一旦形成，往往就会具有某种稳定性和持续性特征。

第三，兴趣爱好、成就体验、科研认同是学术型博士生形成科研动力之前可能具有的情绪情感体验，这在他们科研动力形成过程中起着自愿性、自主性和本源性的作用。但这些情绪情感并不必然使他们形成科研动力，关键在于要由情绪情感体验上升到科研认同感层面上。正如兴趣爱好、成就体验和科研认同并不是在学术型博士生刚接触学术时就产生了一样，科研认同感的产生也是一个过程。这个过程需要他们对自己所研究问题的持续性兴趣爱好、取得的成就和情感投入度及其相应的积极感受。例如，可以发现，一些地方高校学术型博士生强烈地辩护所研究问题的理论和现实价值，并追随着这种问题域展开一系列系统化的研究，他们就会逐渐对自己研究的问题域和成果产生学理上的认信和事理上确证，从而表现出自己的那份科研认同感，而这种科研认同感的产生很难脱离他们对所研究的问题域的持续性追究和兴趣，或很难脱离他们对所研究问题域的情感付出。在此意义上可以看出，主要源于兴趣爱好、成就体验、科研认同的科研动力构成往往具有个人性、内源性和情感性。

第四，自我实现、责任意识、科研自觉属于一种价值信念，是学术型博士生最高层次的科研动力构成。相较于兴趣爱好、成就体验、科研认同的情绪情感体验，自我实现、责任意识、科研自觉是一种他们从关注所研究的问题转向关注自身价值的意义确认。并不是所有的学术型博士生都能实现这一意义确认，也就不可能都形成主要源于这种价值信念的科研动力。实现这一意义确认，往往需要他们获得源于自身科研效能、内部支撑、外部保障的科研效能感的支持，以及源于兴趣爱好、成就体验、科研认同的情绪情感体验的支持。这正说明了，他们科研动力构成的相互交织性和协同性。他们即使获得了这些因素的有效支持，也不一定产生纯粹的价值信念。他们还需要处理好科研的功利价值和育人价值的关系。深受科研功利价值影响，他们难以生发纯粹的价值信念。把科研的价值与自身学术发展、精神解放和教育理论发展紧密联系在一起，他们才有可能形成纯粹的价值信念。一旦纯粹的价值信念产生了，相应的科研动力将体现出第一性、终身性。

（三）选择编码

选择编码是指对主轴编码阶段产生的范畴进一步分析、归纳、整合，以挖掘出能统领所有范畴的主范畴以及能统领各主范畴的核心范畴。分析发现，选择编码阶段共产生 4 个主范畴和 4 个核心范畴，4 个主范畴包括外部刺激、科研效能、科研认同、价值信念，4 个核心范畴包括外部环境驱动、科研效能驱动、情绪情感驱动、价值信念驱动。具体编码见表 1–5。

表 1–5　选择编码示例表

范畴	主范畴	核心范畴
任务导向		
激励作用	外部刺激	外部环境驱动
学术氛围		
科研效能感		
内部支撑	科研效能	科研效能驱动
外部保障		
兴趣爱好		
成就体验	科研认同	情绪情感驱动
科研认同		
自我实现		
责任意识	价值信念	价值信念驱动
科研自觉		

（四）理论饱和度检验

若收集到的数据经扎根理论三级编码后不能产生新的概念和范畴，表明建构的理论已达到饱和状态。为检验地方高校学术型博士生科研动力理论模型的饱和度，除受访的 37 名学术型博士生外，又采用开放性抽样的方式选取 3 名学术型博士生，其学科类别依次为医学、人文与社会科学、自然科学。对 3 名学术型博士生进行深度访谈，将新访谈获得的原始资料再次进行开放编码、主轴编码、选择编码，以检验编码过程中是否有新概念、新范畴的涌现。经三级编码后发现，对这 3 名学术型博士生的访谈资料编码产生的概念与范畴均囊括在本研究已编码产生的主范畴及核心范畴内，产生的概念和范畴并未改变原来范畴间的逻辑关系。也就是说，对这 3 名学术型博士生的访谈资料编码后，未涌现出新的概念或范畴。因此，可判定地方高校学术型博士科研动力模型的核心范畴、主范畴、范畴及概念已达到了饱和状态，可以进行下一步理论模型的建构。

（五）理论模型建构

理论模型构建阶段主要将三级编码产生的范畴、主范畴及核心范畴与已有研究文献进行比较分析，不断对其补充与修正，然后利用图、表等形式将范畴、主范畴及核心范畴间的内在逻辑关系呈现出来。通过开放编码、主轴编码、选择编码产生的概念、范畴、主范畴、核心范畴，分析它们之间的内在逻辑关系，构建出地方高校学术型博士生科研动力理论模型，如图1-4所示。

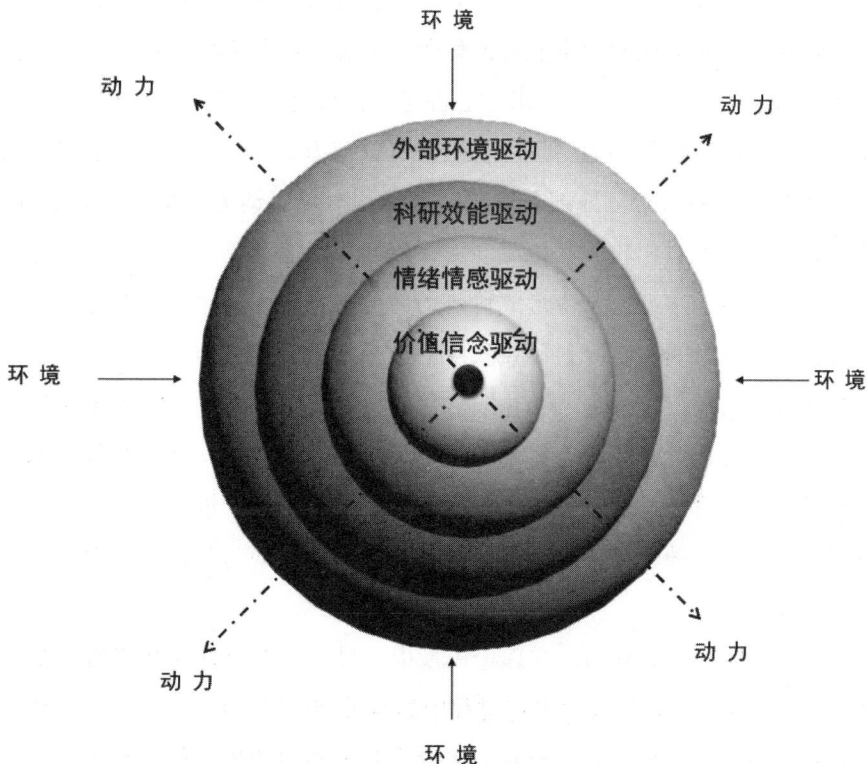

图1-4 地方高校学术型博士生科研动力理论模型

从理论模型上看，地方高校学术型博士生科研动力具有四个不可分割的组成部分，即外部环境驱动、科研效能驱动、情绪情感驱动和价值信念驱动。

第一，外部环境驱动。在理论模型中，外部环境是科研动力的外在驱动形式，是科研动力形成的外部力量。任何地方高校学术型博士生都必须面对任务导向、激励作用、学术氛围，也就必须承受这些外部要求和因素可能带来的科研压力。一定程度上，他们的科研压力可能会产生科研动力，这就意味着，他们的科研动力会受外部环境驱动。据此，需要揭示两个问题，外部环境是如何驱动他们的科研动力的？相较于其他驱动性力量，外部环境在整个动力模型中对科研动力驱动的程度如何？首先，作为一种外部环境驱动，任务导向、激励作用、学术氛围等外部要求和因素，如果被学术型博士生接受和认可，内化为激励性目标的一部分，就会变成一种有效的刺激，从而给他们带来积极的科研压力感，这种积极的科研压力感就会催生他们科研动力的形成。其次，在他们达成这些外部要求和因素之前，外部环境会成为科研动力不可忽视的外部驱动力量。然而，一旦他们达成这些外部要求和因素，外部环境驱动就很难对科研动力产生一定的影响，甚至会逐渐消失。相较于其他驱动力，外部环境驱动是不可忽视的，有时候会成为很多学术型博士生形成科研动力的起点或主要原因。但外部环境驱动也会随着时间和自身科研投入度的进行发生转化或转移，除了上面提到的难以持久或逐渐消失，转化或转移的意思还意味着外部环境驱动与其他三个驱动力相互作用，使得学术型博士生科研动力一开始主要是源于外部环境驱动，后来可能转变成主要源于科研效能驱动、情感情绪驱动或价值信念驱动。这种转变的原因可能就是外部环境驱动与其他驱动力交织和协同的结果。

第二，科研效能驱动。在理论模型中，科研效能驱动和情绪情感驱动都处于中间层，是科研动力形成过程中的纽带和桥梁。由于二者相互影响，且向外影响外层的外部环境驱动，向内影响核心层的价值信念驱动，从而形成立交桥式科研动力构成。还需要进一步揭示的是，之所以科研效能驱动处于相对的外层，情绪情感驱动处于相对的内层，是因为科研效能驱动的产生是以科研效能感为重要中介和条件，情绪情感驱动的产生是以科研认同感为重要中介和条件，而主要基于某种判断和评价的科研效能感往往是不太稳定的，相对容易产生，主要基于情感浸润的科研认同感较为持久稳定，相对难以产生，往往需要以其他因素为基础，经过一个过程逐渐产生。不管是在一开始，还是随着学术型博士生所研究问题的逐渐聚焦、科研投入度的逐渐深入以及所研究问题难度逐渐增加，抑或是外部环境驱动的转化性影响，他们会逐渐意识到一个问题，即自己到底适不适合科研。自我学术评价关涉他们的科研效能感。他们在进行自我学术评价时，往往考虑科研效能、内部支撑和外部保障等主客观因素。这些主客观因素通过转化为他们的科研效能感进而催生科研动力。

第三，情绪情感驱动。在理论模型中，在外部环境驱动和科研效能驱动条件的影响下，学术型博士生的情绪情感驱动才更容易产生，它更接近核心层，一旦产生，也就会成为较为持久的情感性、内源性驱动力。情绪情感驱动的产生受制于学术型博士生的兴趣爱好、成就体验、科研认同。一般来说，囿于地方高校学术型博士生的学术基础和水平，对科研的兴趣爱好、成就体验、科研认同很难在一开始就成为促成科研动力的主要原因。这也并不意味着，最终情绪情感因素不能成为他们科研动力的主要原因。从一开始不能成为科研动力主要因素到最终变成科研动力的主要因素，中间需要一定的转化。这种转化正说明了学术型博士生科研动力构成是交织和协同的立体化结构。当外部环境驱动促使他们产生积极的科研压力感，科研效能驱动促使他们产生良好的科研效能感，以及核心层尚未形成但有待于形成的纯粹的科研价值感的引领和激励，他们对科研的兴趣、热情和难以割舍的情感就会慢慢滋生，直到源于兴趣爱好、成就体验、科研认同的情绪情感体验生成，相应的科研认同感的生发，这时主要源于情绪情感驱动的科研动力就形成了。

第四，价值信念驱动。在理论模型中，价值信念驱动具有第一性和终身性，是学术型博士生科研动力形成的内源性驱动力，居于核心层。要使信念价值真正成为他们科研动力的驱动力，是很不容易的。因为信念价值驱动的产生是一种纯粹的意义确认过程，关涉着他们的自我实现、责任意识、科研自觉。这种信念价值的意义确认过程，需要他们凭借科研促进自身学术发展和理论创新的价值理性，勇于克服和跨越其他三种驱动力，使之转化为信念价值驱动的基础性力量。因为这种价值理性在他们的科研价值感产生中发挥着关键性作用。不可否认，一些学术型博士生一开始盲于追求任务导向、激励作用、学术氛围的价值，把外部环境驱动作为自身主要的科研动力。但如果他们能够依凭内外价值之价值理性的衡量，就可能把外部环境驱动转化到基于主客观因素的科研效能驱动上，当他们的科研效能感因此被激发乃至有效膨胀的时候，就可能转化到基于自身科研认同感的情绪情感驱动上，当他们的科研认同感因此被强化乃至不断升华的时候，就可能转化到基于科研价值感的价值信念驱动上，这时主要源于价值信念驱动的科研动力就形成了。

学术型博士生科研动力并非单一存在，而是介于外控与内发间有机联系的系统整体，不能将学术型博士生科研动力机械地分为内部动力或外部动力，抑或内外部动力相加。只有这四种驱动方式形成有机联系的系统整体，共同发挥联动作用，才能最大程度上激发学术型博士生的科研动力。

三、地方高校学术型博士生科研动力模型解析

由扎根理论建构的地方高校学术型博士生科研动力理论模型可知，地方高校学术型博士生科研动力主要来源于外部环境驱动、科研效能驱动、情绪情感驱动、价值信念驱动。其中，外部环境是科研动力生成外在驱动形式，其本身可能是科研动力形成的主要原因，但因其是不稳定或流变的，会对其他驱动力产生某种影响，共同形成一定的协同力。科研效能驱动需要借助一种主观判断和评价的科研效能感才会发挥作用，情绪情感驱动需

要情感性的兴趣、热爱和认同才会发挥作用。相较于价值信念驱动，科研效能驱动和情绪情感驱动都不太稳定，二者相互影响，且向外协同影响外部环境驱动，向内协同影响价值信念驱动，处于科研动力理论模型的中间层次，成为科研动力形成的纽带和桥梁。价值信念驱动的需借助深层次意义确认，处于理论模型核心层，它的产生往往离不开其他驱动力作为一定的基础和条件。一旦产生，价值信念会成为科研驱动的第一驱动力，具有终身性。在此意义上，地方高校学术型博士生科研动力构成可能是这四种驱动交织和协同的结果。

（一）外部环境驱动：科研动力生成的条件

外部环境驱动是指科研任务、科研奖惩等客观要求和督促性因素给予学术型博士生积极的科研压力感从而使他们获得的外在驱动力。外部环境驱动是科研动力形成的外在驱动形式，不仅仅是因为驱动性要求和因素的客观性，可能还因为这种驱动力的短暂性和流变性。相较于其他驱动力，外部环境驱动也是不可忽视的，有时候会成为很多学术型博士生形成科研动力的起点或主要原因。一旦他们达成这些外部要求和因素，外部环境驱动就很难对科研动力产生一定的影响，甚至会逐渐消失。外部环境驱动也会随着时间和自身科研投入度的进行发生转化或转移，与其他驱动形成一定的协同作用。科研动力理论模型中的外部环境驱动包括任务导向、激励作用、学术氛围。

1. 任务导向

目前，为保证博士生培养质量，各地方高校均在博士生培养过程中对学术型博士生科研提出一系列严格的任务要求，主要包括毕业要求和考核要求。毕业要求分为论文发表、读书汇报、研究方法汇报、开题、预答辩、外审、答辩等。考核要求分为学位中期考核、专业实习、社会实践等。这些任务要求层层递进，学术型博士生须高质量完成每一项任务要求才有可能获得博士学位。一方面，在这种硬性要求关联顺利毕业的现实下，学术型博士生首先感受到的可能是一种生存压力，迫使他们投入科研，这种投入的趋向和努力就表现为一种科研动力，但由于这种生存压力是短暂的，一旦毕业要求达成，这种生存压力就会被解除，就使得这种源于外部环境驱动的科研动力是外在的、不稳定的。另一方面，若这种生存压力短时间内难以消除，势必会导致博士生功利化的科研倾向，甚至为谋取科研附带的外部利益"不择手段"，恶意竞争，严重的话还会引发博士生学术不端事件的频繁发生，这将导致博士生培养质量的急剧下滑。

个案1（XY）：我现在压力特别大，每天睁眼闭眼都在想小论文发表的事情，我们学校明确规定将发表2篇CSSCI和1篇全国中文核心论文作为毕业的条件之一。即便小论文达标了，还有开题、预答辩、外审、答辩等环节，每个环节都是层层淘汰的，这些要求让我不敢有丝毫懈怠，每天拼命地写论文，希望早点达到这些要求，顺利毕业，有的时候甚至压抑得喘不上气……

个案18（SZW）：要想毕业，必须得通过研究方法报告、开题、预答辩、外审答辩等环节，还要在CSSCI（正刊）上至少发表2篇文章，我们学院不能如期毕业的博士生大多是因为小论文没达标或开题、预答辩、外审没过，为避免重蹈他们的覆辙，我现在要踏踏实实搞科研，争取每个环节都一次性通过，如期毕业。

个案21（SHP）：博士毕业还是有一定要求的，首先要有小论文或获批病理学研究专利，其次是通过开题、预答辩、外审、答辩。这些要求使我每天过着往返于门诊、病房、实验室、宿舍"四点一线"的生活，我是不甘平凡、不安现状的人，觉得这样的生活挺充实的。

个案23（ZXY）：和你打个比喻吧，博士阶段就像我们小时候玩的"英雄大冒险"游戏，每个人都想去城堡里拿博士学位，去往城堡的路上会遇到非常多的"怪兽"，"开题""预答辩""外审""答辩""中期考核"类似于这些"怪兽"，要将它们逐个击败才能顺利到达城堡，拿到博士学位，击败这些怪兽需要一路补充、更换自身的"装备"，这些"装备"就是我们日常的科研训练。

个案34（LLM）：外审和小论文是令我们博士生最头疼的事儿，学校要求至少在SCI（1/2/3区）上发表2篇以上的论文才能毕业。即便阶段性论文标准达到了，还有最重要的一关——学位论文外审，外审极其严格，博士学位论文在教育部平台上随机送5位专家，专家对论文的质量进行把关，并严格按标准评分，在5位专家中若有1位专家给出C档（低于60分），那么就意味着要延期毕业。我们系去年12个博士生论文送审，仅通过6人，这些现实状况与要求迫使我们不敢丝毫放松，平时要努力提升自身科研水平，高标准完成这些要求，写出高质量的博士学位论文，也算对得起自己吧。

个案35（DZX）：无论专业博士生还是学术型博士生，我们学校规定都必须要通过课程考试、专业实习、中期考核、末期考核、学业论文、方法汇报、开题、预答辩、外审、答辩才能申请博士学位。但从实际上讲，对学术型博士生的科研要求更加严格，对专业博士生的科研要求相对宽松些。

值得关注的是，通过访谈得知，在众多的任务要求中，论文发表已成为学术型博士生们心中最具难度和挑战性的任务，甚至它已成为许多学术型博士生的"心头大患"。博士生论文发表制度制定的初衷是督促和激励他们专心科研，使他们获得良好的外在科研动力，以及通过发表论文提升他们的科研能力，保障博士生的培养质量。但事实上，学术型博士生并未将其视为产生科研动力和提升科研能力的途径或手段，而是十分畏惧、抵触论文发表，甚至想"逃离"或"挣脱"论文发表。

个案11（YL）：博士刚入学之时，我就在书桌的贴纸上写着"1篇CSSCI、1篇SSCI、1篇全国中文核心"，像鲁迅先生在桌上刻个"早"字一样，这张贴纸时刻鞭策我要努力搞科研，否则无法顺利毕业。

个案13（LYL）：感觉有点丢人，我的学位论文已经写完啦，修改、润色了好多遍，导师对我的学位论文也给予了肯定。但无奈的是小论文没达标，不能参加预答辩、送外审、答辩，哎，我只能延期毕业啦。

个案16（LWZ）：这几天学院在统计明年预答辩的信息，我们班22人，共7人符合毕业条件，也就是说15人会因未达到毕业标准而延迟毕业。

个案22（YZX）：我的博士学位论文已完成，即使预答辩、外审、答辩全部通过，明年我也拿不到学位证，因为我的小论文没达标，我们学校要求至少在SCI上发表1篇论文或在校规定的A、B类期刊上发表1篇论文才能申请博士学位。

个案34（LLM）：外审和阶段性论文是令我们博士生最头疼的事儿，学校要求至少在SCI（1/2/3区）上发表2篇以上的论文才能毕业。外审必须送5位专家，并且5位专家全部通过才算合格，倘若有1位专家不通过，则直接延期毕业。许多延期毕业的博士都是卡在阶段性论文不达标和外审没通过上。

时下，论文发表已成为地方高校学术型博士生的"心头大患"，究其原因在于其与申请博士学位直接相关，大多地方高校明确规定发表一定数量和级别的论文才能申请博士学位，否则即使完成博士学位论文写作，也无法申请博士学位。博士生论文发表制度一直是学界热议的话题，尤其是在国家"破五唯"的政策导向下，地方高校博士生论文发表制度的存在意义和合理性还有待考量。地方高校的博士生论文发表制度是否应废止？近些年，如北京的部分高校已经废止了与博士生毕业相挂钩的论文发表要求，相较于生源质量、师资力量和培养质量均占优势的重点高校或名校，这可以理解。但对于地方高校，若废止，应如何衡量博士生的学术能力？诚然，博士生论文发表制度的制定初衷是使他们形成必要的外在科研动力，有利于与其他驱动力协同驱动他们搞科研的进取精神，以及通过发表论文衡量博士生的逻辑思维能力、写作能力、语言组织与表述能力、问题意识、创新意识等，提升博士生的科研能力，保障博士生的培养质量。但由于有些高校制定的制度过于强制，制度实施过程中发生了异化，导致博士生带着过重的功利心态搞科研，这不仅消解了博士生的学术热情，还引发了博士生的学术焦虑，制造出一大批"冷漠""无思想"的学术生产者。地方高校的博士生一度陷入了"论文发表内卷化"浪潮之中，学术型博士生们争相发表论文，只见论文数量的增长，却未见论文实质性创新。他们仅为了发表而发表，对论文的实质性内容关注甚少，只关注论文发表的级别和数量。

需理性审思的是，无论是论文发表要求，还是地方高校对学术型博士生科研提出的其他任务要求，都要回归教育的原点。教育的本质是育人，实现人的全面发展，教育的原点与归宿最终指向的都是人，突破了育人这条"红线"，再多的任务要求也无法真正激发学术型博士生的科研动力，也无法促进学术型博士生积极的科研行为与自主的科研创新，最终博士生的培养质量也无法得到有效保障。由是，地方高校提出的一切科研任务要求都要以学术型博士生为本位，充分考虑学术型博士生的各项需求。此外，对于地方高校学术型博士生而言，当外在的要求和因素无法改变时，不应走向"逃离"的极端，或者功利化极端，应学会历练一颗强大的科研心态，学会从内在因素凝聚科研动力，由外而内塑造自我，再由内而外怀抱科研，唯有此，才能真正激发出地方高校学术型博士生的科研动力。

2. 激励作用

激励是引导、促进某事物或行为指向特定目标的过程。激励在地方高校学术型博士生科研中发挥着重大作用，适当、有效的激励可唤醒地方高校学术型博士生内在的精神力量，提高其科研积极性，激发其一定的科研动力，促使其积极主动地开展科研。地方高校学术型博士生科研激励的方式主要包括物质激励、精神激励和情感激励三方面。

（1）物质激励

物质激励是通过满足地方高校学术型博士生的各项物质需求，以物质奖励等形式激发出学术型博士生的科研动力，促使学术型博士生全身心投入科研中。马斯洛需要层次理论指出"物质需求是人最基本的需求，物质需求得不到满足，其他需求便无从谈起"[①]。美国心理学家、行为学家斯塔西·亚当斯（J.StacyAdams）通过调研发现，"人的工作效能与其所占据的物质资源成正比，物质资源越充足工作效能相对越高，物质资源越匮乏工作效能相对越低"[②]。物质激励是精神激励和情感激励的基础，不仅对精神激励与情感激励起着基础性作用，而且是某种动力产生不可忽视的外在因素。

---

① 程玮.大学生择业需要层次实证分析——基于马斯洛需求层次理论[J].高教探索，2014（1）：163-167.

② StacyAdams.Toward an understanding of equity[J].Journal of Abnormal and Social Psychology,1967:3-9.

地方高校学术型博士生科研物质激励主要包括奖学金、助学金、各种科研福利和奖励等。

　　个案 1（XY）：读博期间会有很多奖励，比如国家奖学金、学业奖学金、我们学校自己设立的各种科研奖励啊，如果你科研能力够强、发表文章够多，得到这些简直轻而易举，这三年不但学费不用愁，你还赚钱呢！在名额这么少的情况下，对于我这种科研小白、底子薄、写不出东西的人来说，这些奖项我也就想想吧。

　　个案 7（HYY）：这三年我拿了一次"国奖"3 万、一次"学奖"1.2 万，每个月国家补助 1300 元，导师每月还给我们发放 1000 元劳务费，生活还算有保障。我们学校是这样的原则：科研能力越强、发文章越多的人，相应得到的科研奖励越多。总之，你的科研水平够强，国家、学校、导师是不会亏待你的，你可以毫无顾忌地搞科研。

　　个案 12（WZQ）：就算比较"佛系"，没什么科研理想与抱负，为了钱也得好好写论文啊，发 1 篇一区或二区 SCI 我们学校一次性奖励 3 万，加上国家奖学金、学业奖学金、导师给的科研补助等，博士期间经济完全可以独立，不依靠家里。我们学校各种奖学金及科研福利评比的依据主要看论文，论文的权重占 80%，其余的占 20%，若没有论文，即使其他各项在突出，拿到这些奖金的可能性也非常小。

　　个案 15（HJN）：博士期间发表成果多，可以拿"国奖""学奖"或者科研补助，因为我是应届生没工作，获得这些奖金可以有效缓解经济压力，这也是我想好好做科研的动力之一吧。

　　个案 19（LP）：多发高水平、高级别的论文既能保证顺利毕业，又能在此过程中相应获得许多科研奖励，可谓是"一箭双雕"。所以，我在博一时就下定决心要好好搞科研，争取多出成果、拿奖学金、如期毕业。

　　物质激励在一定程度上确实能激发地方高校学术型博士生的科研动力。一定程度的意思是，学术型博士生需要理性看待物质激励的有限作用，把它视为专心科研的正常结果，在此前提下驱使自己投入科研之中，不应盲目追求物质上奖励，把它视为某种目的。他们一定要掌握好物质激励的"度"，既要做到适度，又要避免过度。物质激励程度不够，不能充分调动学术型博士生的科研积极性，激发学术型博士生的科研动力，学术型博士生极易安于现状，持"佛系"的心态搞科研，往往不能进行自主地科研创新。物质激励程度过度，会使学术型博士生过分看中物质条件，产生物质依赖心理，进而会导致学术型博士生过度竞争，甚至为获取科研带来的外部利益搞恶性竞争，最终会使学术型博士生迷失科研本心，忘却科研初衷。

（2）精神激励

精神激励是潜移默化地影响、改变地方高校学术型博士生的思想、观念、（科研）行为的隐性激励方式，主要包括各种荣誉称号、就业前景可观、留学深造等。相比物质激励，精神激励更能激发出学术型博士生内心深处强大的动力，促使学术型博士生发生由内而外的改变，进而产生更足的科研动力。

个案2（LR）：成果多、科研强的人走到哪里都是焦点，大家都非常羡慕与崇拜，学校会给授予各种荣誉称号，比如科研达人、科研之星、科研榜样、科研先进个人，除此之外，学校还会发放科研进步奖金。我们宿舍3人连续2年全部被评为科研达人，宿舍被评为科研优秀寝室，门外贴着几个大字"科研优秀寝室"，路过的人都会多看一眼，真感觉特别的光荣和骄傲。

个案8（WQ）：博士期间一定要好好写论文，争取多写、多发，不为争取奖学金，也得为日后毕业工作考虑啊，现在大多高校引进高层次人才只看发了多少篇、什么级别的SCI论文，我毕业后特别想去高校当一名专任教师，高校老师不用坐班，时间比较充裕，而且名声好听。

个案10（LJL）：当初考博的缘由是想去高校当老师，高校老师时间充裕，待遇相对不错，进入专业领域的圈子还能结识许多领域大咖，为自己积累人脉。

个案21（SHP）：科研搞的越好，资源平台越多。我们经常会有公费出国留学的机会，但竞争异常激烈，去的都是世界顶级的院校，如安德森世界癌症中心、美国梅奥诊所、哥伦比亚大学医学院等，这些对我们产生了极大的诱惑。所以，我必须好好做科研，争取出国留学的机会。

个案25（LQF）：明年我就毕业啦，想留校当老师。但学校有明确的规定："本校优秀博士留校，成果数量应是外校引进人才成果数量的2倍。"所以，现在压力非常大，想留校只能好好做科研。

个案32（HY）：一方面，我学的专业硕士毕业不好找工作，同届的硕士同学毕业后大部分去中小学当老师或考公务员。另一方面，我姑姑是一名大学教授，我儿时的梦想就是成为像姑姑那样的人，做一名大学老师，传道授业解惑。

由访谈得知，许多地方高校学术型博士生憧憬未来去高校任教，在众多精神激励方式中，"高校任教"这一精神力量深深吸引着他们，潜移默化中，这种精神上的憧憬驱动或引领他们投入科研，这也为地方高校对学术型博士生进行精神激励提供了一定的参考与方向。例如，博士生导师在授课时，要多向学术型博士生介绍高校教师职业的特点，向学术型博士生展现高校教师最真实的生活、教学及科研状态，增强学术型博士生的学术职业取向，为其日后毕业进入高校奠定基础。

（3）情感激励

情感激励是通过一定的方式或方法促使学术型博士生的情绪情感发生一定的变化，通过学术型博士生的情绪情感变化焕发出某种驱动性力量的过程。适当的情感激励可以使地方高校学术型博士生充分感受到被关心、爱护及尊重，从而产生积极的科研情感体验，积极的科研情感体验会促使其产生强大的科研动力。由情感激励产生的科研动力是个人性的。不同的学生，对情感激励的感受程度是不同的，所带来的这种科研动力也是不同的。这意味着，情感激励需要针对到个人，考虑其科研经历、科研认知和科研态度，等等。当然，这种个人性还表现在释放情感激励的不同主体上。地方高校学术型博士生的情感激励方式包括获得导师、同学、亲人、朋友的鼓励与认可等，主要以博士生导师的情感关怀为主。

个案 4（LXG）：这三年，我发表了 2 篇 SCI，参与了导师国自然结题，主持了 1 项校优秀博士科研立项项目、1 项大连市创新创业项目。一路下来，很感恩、感谢我导师，没有他很可能我早就退学了。博一的时候实验做不出来，当时很迷茫、抑郁，导师一直默默支持、鼓励我，手把手教我做实验，教我撰写 SCI 论文的技巧，当时导师陪我在实验室住了近一个月，那段时光值得我用一生去铭记。所以，我现在拼命努力地做科研，既要对得起导师对我的信任、鼓励与爱，也要对得起自己艰辛的付出。

个案 12（WZQ）：我对科研由最开始的惧怕到最终的热爱，完全是受导师的影响。她非常民主，不会强制我做任何事，我可以依据兴趣选择想要研究的领域，只管大胆研究就好，她作为我最坚实的后盾，在科研过程中给我最专业的指导，有时经她的指点突然有种柳暗花明的感觉。我和她亦师、亦友、亦亲人，这三年她对我产生了深刻的影响，改变了我的人生轨迹。

个案 15（HJN）：我非常崇拜我导师，他那种虚怀若谷、学识渊博、不骄不躁的形象深深感染了我，我要成为像导师那样的人，毕业后去高校做一名专任教师，好好体味教学与科研的真谛，体验科研带给我的"煎熬"与快乐。

个案 17（ZCL）：我导师要求特别严格，每周要开 2 次组会，1 次读书分享和期刊阅读分享，每个月要交 1 篇成熟的文章。导师和我们一起在自习室学习，在他没课和学院没有任务的情况下，全天都在自习室学习，他来得比我们早，走得比我们晚，一个 62 岁的老人都这么拼，我们还有什么理由不好好搞科研。

个案 21（SHP）：博一上学期是我人生中最灰暗的日子，亲人的离世、恋人的背叛、实验的失败一度让我变得抑郁，甚至有了轻生的念头。但导师、朋友的关心与鼓励让我走出了阴霾，现在我只想好好做科研、好好写文章，如期毕业，不辜负导师和亲戚朋友对我的厚望与爱。

个案 28（LSY）：刚进驻实验室时，实验室有些仪器设备我都从未见过也不会使用，更何谈科研动力。但导师没有放弃我，一直鼓励我，说我具备科研潜质，是做研究的"好苗子"，加上身边父母和同学的鼓励、支持与认可，让我重拾科研信心，一边夯实基础，一边做实验，可以拿边盖楼边打地基来比喻。

个案 37（LJT）：我觉得博导在科研中具有很重要的作用，他（她）要有一定的指导能力，若无法对你进行有效指导，你的实验或研究设计其实也就失败了一大半。博导的道德修养也很重要，我们学院有个博导，经常会将他的学生大骂一顿，学生很惧怕他，科研的积极性也随之被挫伤了。所以，我一直认为导师在科研中的作用是至关重要的。

通过访谈得知，博士生导师在地方高校学术型博士生情感激励中占据重要的地位与作用。博士生导师作为实施博士生教育的主体，是博士生科研的"引路人"和心灵的"摆渡人"。博士生导师的思想观念、道德修养、学术水平会对博士生产生重要影响，尤其是博士生导师的学术魅力与人格魅力会潜移默化地影响着学术型博士生的科研行为。近年来，博士生沦为导师的科研助手、"打工仔"、导师侵占博士生的科研成果、导师强制博士生参与课题、导师对博士生放任式管理等现象屡见不鲜。博士生导师与博士生的关系逐步恶化，博士生导师与博士生的关系问题引起学界广泛关注，已成为研究生教育领域研究的热点主题。毋庸置疑，博士生导师与博士生间的关系只有是和谐、融洽的，博士生才能毫无后顾之忧地安心做科研，才有可能真正地产生科研动力。若要真正激发出地方高校学术型博士生的科研动力，博士生导师至少应具备以下几个条件：第一，博士生导师需具备高尚的道德情操、强大的人格魅力和学术魅力。博士生导师的道德修养、人格魅力、学术魅力可以对博士生产生精神引领与榜样示范的作用，能够潜移默化地影响、改变博士生的思想与科研行为。第二，博士生导师需具备较强的学术指导能力，为博士生提供全方位、全过程、高水平、高质量的学术指导。美国学者帕里斯（Paglis）等人历时5年之久对美国223所高校的博士生导师指导博士生情况进行大规模调研，研究结果发现：博士生导师的指导力与博士生的科研产出率呈正相关，导师的指导力越强，博士生的科研产出率越高[1]。澳大利亚学者贝妮塔（Benita）指出优秀的博士生导师具有的共性特征是：（1）过硬的专业基础；（2）与博士生的关系和

---

[1] Paglis,Green,Bauer.Does adviser mentoring add value? A longitudinal study of mentoring and doctoral student outcomes ［J］.Research in Higher Education,2006(4):451-476.

谐、融洽；（3）指导学生时能够全身心地投入；（4）能够及时反思，依据
反思结果不断调整教学；（5）能够根据不同学生的不同特性，提供针对性
指导[1]。第三，博士生导师需具备人文关怀素养，时刻给予博士生情感关怀。
博士生导师要充分关心、关爱以及尊重博士生，经常鼓励博士生，对其情
绪情感进行适当关照，时刻了解博士生的心理动态，对博士生存在的心理
困境进行及时干预。

适当的激励可有效激发出地方高校学术型博士生的科研动力。其中，
物质激励是基础，精神激励与情感激励是核心，三者相互作用、相互促进，
只有将物质激励、精神激励和情感激励有机结合，才能最大限度地激发出
地方高校学术型博士生强大的科研动力。

3. 学术氛围

学术氛围是高校长期以来通过各类学术交流活动积淀形成的独特、深
厚的文化底蕴，是高校独有的内在特质，它以润物无声之方式影响着高校
师生的工作、学习及生活。美国学者克里斯·戈尔德（Chris·Golde）等人
在《重塑博士生教育的未来：卡内基博士生调查文集》中指出，"学术共同
体以知识为中心，以各种交织关系为纽带，其重要意义在于创设适合博士
生生存发展的环境，博士生在此环境中能够不断成长进步"[2]。地方高校学
术型博士生在良好、浓郁的学术氛围熏陶下会产生一定的科研动力，能够
积极主动地开展科研，其科研生产力将得到大幅度提升。反之，在低迷的
学术氛围下地方高校学术型博士生很可能会随波逐流，养成科研惰性心理，
并逐步丧失科研信心。由是，学术氛围对地方高校学术型博士生科研动力
的产生具有重要影响。可见，学术氛围的创设是必要的。同时也不应忽视，
这种影响毕竟是外在的，只有经过学术型博士生认可和接受这种学术氛围

---

① Barens,Randall.Doctoral Student Satisfaction: An Examination of Disciplinary, Enrollment,and Institutional Differences［J］.Research in Hihger Education, 2012(53):47–75.

② ［美］克里斯·戈尔德，［美］乔治·沃克．重塑博士生教育的未来[M].刘俭，译．上海：上海交通大学出版社，2015：60–65.

的促进作用，这种影响才可能对他们科研动力的形成产生一定的作用。地方高校要采取多种举措为学术型博士生营造浓厚的学术氛围。本研究指的学术氛围主要包括地方高校组织的各类学术活动、同辈影响、校园文化、师门文化等。

个案1（XY）：我比较随性，不喜欢被束缚，平时都在宿舍学习，不喜欢去教研室，看到周围人发表好几篇C刊我会莫名焦虑。教研室每天都坐得满满的，大家都早出晚归，有的人午饭直接在教研室吃一桶泡面就解决了，生怕浪费一点时间，在这种氛围下会逼迫自己学习，因为别人都学习，你不学习会显得特另类。

个案8（WQ）：在师门里，我同届的3个博士生均已在《AGRICULTURAL SYSTEMS》（农业系统）发表1篇文章。而我现在1篇文章也没有，在导师面前都抬不起头，感觉"压力山大"，我现在每天都在拼命写文章，争取早点发表，追上他们的步伐。

个案12（WZQ）：学院和学校经常会举办一些学术活动，如学术交流与研讨会、领域最新研究前沿分享会、各类专家学者讲座与报告等，学术气息极其浓厚，大家每天为了搞科研忙忙碌碌的，这种氛围会间接地激发科研动力。

个案15（HJN）：我导师平时要求比较严格，每周开1次组会，搞1次学术沙龙，每次组会都要汇报最新研究进展。看到其他人都有进展，自己毫无进展会觉得愧对导师、愧对自己。导师每年都要带我们去参加学术会议或课题研讨会来开阔研究视野，每次开会都要投稿，没稿件去开会也会觉得羞愧，这些因素也间接推动了自己要好好做科研。

个案26（JH）：你的同学这些比你优秀的人都在努力搞科研，你还有什么理由不好好搞科研、写文章。

个案29（LRC）：入学不到1年，就有同届同学在南大核心和北大核心上发了3篇文。而且还在陆续投稿中，我现在1篇文章都没有，这给我造成的压力特别大。

通过访谈得知，同辈之间的影响能够使学术型博士生产生压力感。若学术型博士生能够及时将压力感转化为科研动力，其将产出丰硕的科研成果。若学术型博士生不能够及时、有效地将压力感转化为科研动力，将引发学术型博士生的科研焦虑，最终导致其科研受阻。因此，地方高校学术型博士生要与周围同学建立和谐、融洽的关系，在科研中不能"闭门造车""单打独斗"，要与同学多交流、协作，在不断交流、协作中获得成长与进步。

（二）科研效能驱动：科研动力生成的基础

科研效能驱动是指博士生通过对自身科研实际状况的认知、评估与判断后所产生了良好的科研效能感，由此生发的科研行动意向。从来源看，他们科研效能感的产生不仅来自自我学术能力评价，还来自对师资、平台等基础设施的评价，在此意义上，科研效能驱动是科研动力生成的基础。这种基础还可以理解为，科研效能驱动是科研动力形成过程中的纽带和桥梁。情绪情感驱动和价值信念驱动都可能以科研效能驱动为基础，受其影响。科研效能驱动直接影响外部环境驱动和情绪情感驱动，同时价值信念驱动也离不开科研效能驱动的基础性作用。科研效能驱动不仅受会受其他驱动性因素的影响，也会与其他驱动性因素形成协同影响作用。相较于外部环境驱动，科研效能驱动更趋于稳定，这是因为科研效能驱动的产生是以科研效能感为重要中介和条件，情绪情感驱动的产生是以科研认同感为重要中介和条件。科研效能低的学术型博士生很容易滋生悲观失落的情绪，其科研积极性相对较低。科研效能感、内部支撑、外部保障是影响科研效能的主要因素。

1. 科研效能感

班杜拉在社会学习理论指出，自我效能感在一定程度上决定着个体的认知程度、思维方式、目标选择以及行动倾向。美国心理学家格里利（Greeley）首次提出科研效能感这一概念，并研发了科研效能感量表。科研效能感是自我效能感在科研领域的具体运用①。科研效能感是指个体通过对自身科研状况的认知、评估与判断，对能否完成特定科研任务的信心程度。通常而言，科研效能感高的学术型博士生能够获得较良好的自我学术评价，对自身科研能力深信不疑，具有较强的科研信心和科研动力，也就认为自己具有较强的科研胜任力，并相信自己在科研上"我能行"，并表现出趋于为科研付出努力的意向。科研效能感低的学术型博士生会时常怀疑自身的科研能力，认为自己胜任不了一定的科研任务，不敢选择富有难度和挑战性的研究主题，其科研动力普遍不足，在科研中常表现出倦怠感、畏惧感以及无力感。影响地方高校学术型博士生科研效能感的因素主要包括个体的科研基础、科研能力、科研信念。

个案1（XY）：读博期间会有很多奖励……如果你科研能力够强、发表文章够多，得到这些简直轻而易举，这三年不但学费不用愁，你还赚钱呢！在名额这么少的情况下，对于我这种科研小白、底子薄、写不出东西的人来说，这些奖项我也就想想吧。

个案9（WMY）：博士刚入学，导师就对我们说"基础不牢，地动山摇"。若没有一定的理论功底与实践经验，写文章是很困难的，为了补硕士期间落下的"课"，我开始广泛阅读哲学、理论学、社会学、教育学、政治学、经济学、统计学等领域的书籍，努力夯实专业基础，为搞科研做铺垫。

个案20（HYL）：博士生涯是不断研究、探索的未知旅程，若不具备科研潜质，没有一定的科研基础，读博是很痛苦的。我室友就是这样的，当初是在导师的强烈劝说下才读的博，并非他自己的意愿，以在硕士期间的各种表现来看，他非常适合做行政工作，不适合继续读博。他经常说"选择了一条与自己背道而驰的路"，目前他实验做不出来，文章写不出来，非常煎熬和痛苦，已有了退学的打算。

个案28（LSY）：有搞科研的欲望，还要对自身能力进行仔细评估，如实验

① Greeley, et al.Research Self-Efficacy Scale[Z].Unpublished scale,The Pennsylvania State University, University Park,Pennsylvania, 1989.

能力、写作能力、理解能力等。这些能力的获得不是一蹴而就的，而是自身通过长期积累形成的，若缺乏这些能力，再强的科研欲望也不过是一张蓝图罢了。

科研效能感对地方高校学术型博士生科研动力的形成具有重要影响。科研效能感直接影响着学术型博士生科研的启动、目标、过程与结果等，在学术型博士生科研中发挥着巨大作用，具体表现在如下几方面。

首先，科研效能感有助于规范学术型博士生的科研行为。学术型博士生的科研行为既受到外在制度性因素的约束，又要受到自身内在科研效能感的制约。相比于外在制度性因素的制约，学术型博士生内在的科研效能感更能规范其科研行为。在科研效能感的制约之下，地方高校学术型博士生能够自觉端正科研态度，根据实际需要及时调适自身的科研行为，使其始终能够正向地开展科研。在科研效能感的调控下，学术型博士生还能够在科研中自觉地遵循学术伦理、恪守学术准则，从而避免学术不端事件的发生。

个案 25（LQF）：每个搞科研的人心中都必须有一条红线，清楚该做什么不该做什么，该怎么做不该怎么做，心中这条红线一旦消失，后果将不堪设想。

个案 33（JX）：做科研是没有捷径的，只能踏踏实实、一步一个脚印地做下去。我们学院 2016 年有位毕业的博士师兄，今年被人举报买实验数据，经核实事情属实，结果被通报批评，撤销了博士学位。

其次，科研效能感有助于调整学术型博士生的科研目标。科研目标是科研行为的导向，学术型博士生通过系统对自身科研能力的认知、评估与研判，确定合理的科研目标，同时在科研中根据实际情况对科研目标进行实时调整，使学术型博士生自身的科研能力与其设定的科研目标始终保持匹配，让学术型博士生产生更多积极的科研情感体验，从而始终保持积极正向的科研行为。

个案 25（LQF）：我喜欢把实验的总目标分解为多个子目标，实验过程中根据实际情况不断调整、改变目标，直至达到总目标。

个案 33（JX）：刚开始搞科研时目标不能定得太高，不要和其他人比，因为每个人的知识基础不同。设定的目标一定要适合自己，否则一旦达不成目标，会丧失科研信心的。

再次，科研效能感有助于培育学术型博士生浓厚的科研兴趣。美国著名心理学家菲利普·津巴多（Philip·Zimbardo）指出"自我效能感与个人的兴趣爱好呈正相关，二者在交融中相互促进"[①]。科研效能感的提升会使学术型博士生获得对科研积极正向的感知，积极正向的感知会激发学术型博士生的科研兴趣，唤起学术型博士生的科研热情，从而使其积极投入科研中。

个案 5（LF）：当初选择攻读学术型博士是因为我喜欢在实验室做实验，从未觉得读博有多苦，因为它一直是我想做的事情，这种生活也是我想要的生活，我喜欢做研究，时刻享受研究的过程，享受它带给我的惊喜与快乐。

个案 33（JX）：兴趣是最好的"导师"，在做实验、写文章的过程中会找到"兴趣点"，带着兴趣做实验、写文章不但不觉得累，还会让你每天都有所期待，元气满满。

最后，科研效能感有助于锻造学术型博士生强大的科研韧性。科研韧性是指学术型博士生在科研过程中表现出的抗挫能力。科研之路并非坦荡无阻，科研中遭遇失败属常事。若地方高校学术型博士生从未有科研失败的经历，是不会获得真正的成长与发展的。在科研遭遇失败时，高科研效能感的学术型博士生通常会理性地审视失败，会及时总结失败原因，然后对科研目标以及科研过程进行实时调整。其不会因一时失败而放弃科研，

---

① 杨海波，刘电芝，杨荣坤.学习兴趣、自我效能感、学习策略与成绩的关系 [J].教育科学研究，2015（10）：52-57.

反而会激起科研斗志，内心的科研意志力会更加坚定，并以此为契机更加积极主动地开展科研。

个案8（WQ）：实验失败、文章内容被推翻是很正常的事儿。有些人即使实验失败、文章内容被推翻也不轻言放弃，反而越挫越勇，及时找原因、想对策，最终不但会收到满意的结果，重要的是在这个过程中造就了强大的科研意志力，这将是我们一生的财富。还有一些人一旦遭遇失败就会放弃，这些人即便到了工作岗位也不会走长远的，换句话说不会有什么大的发展。

个案15（HJN）：在做科研过程中要具有反思意识，若实验中途失败了，要及时反思、总结是什么地方出现了问题，为什么会出现这些问题，下次该如何避免这些问题，那么即便实验失败了你也会收获满满。

个案32（HY）：科研是没有捷径的，唯一的捷径可能就是"不怕苦、不怕累、不怕失败。"（笑）

2. 内部支撑

只有内部支撑条件和外部保障条件均满足的情况下，地方高校学术型博士生才能够产生较高的科研效能感，才会产生一定的科研动力。否则，缺乏一定的内部支撑条件与外部保障条件，地方高校学术型博士生的科研效能感会受到一定的影响，可能就不会产生积极正向的科研行动。内部支撑条件和外部保障条件是学术型博士生产生科研效能感的"土壤"。本研究所指的内部支撑条件主要包括地方高校的学科专业力量、师资（团队）力量等隐性支撑条件。

个案2（LR）：我们学校教育学、心理学、地理学是省一流学科，经常会有同学羡慕地对我说道"你们学科太强啦，省一流学科，这为你以后就业积累了一定的学术资本。"每每听到此类话语觉得非常骄傲与自豪，这也成为了我搞科研的动力之一。

个案21（SHP）：内分泌与代谢病学是浙江省重点学科，内分泌与代谢病实验室是国家重点实验室，在这些得天独厚的条件下不做出点东西，不发表几篇 SCI，总觉得浪费了这么优秀的资源。

个案 27（ZLX）：我所在的学院具有一级学科博士学位授权点，我所学的专业和学科是上海市特色专业与重点学科，今年我们学院正在全力以赴评选国家"双一流"。这么强大的科研平台和这么浓厚的学术氛围会倒逼你做科研，科研做不好会觉得愧对学院提供这么强大的科研平台。

个案 36（HY）：我们学科是湖北省一流学科，省里每年都会拨大量科研经费，供我们搞科研所用，这几年我们学科成了省里和学校重点保护和扶持的对象，这些外在条件也能驱动我们进行科学研究。

一方面，地方高校的学科专业力量强大，其师资的综合素养和学术水平一般相对较高，能为学术型博士生提供高水平的学术指导。同时，它还会附带一些得天独厚的隐性资源，如学术型博士生所在学科专业是国家级或省级"双一流"，那么其学院（所）将获得一定的科研经费和政策上的扶持，这些因素在一定程度上会增强学术型博士生的科研效能感，使其产生强大的科研动力。另一方面，强大的学科专业力量会催生学术型博士生的责任感、荣誉感及归属感，在责任感、荣誉感、归属感等情绪情感的驱使下，学术型博士生将产生较高的科研效能感，从而能够积极主动地开展科研。

除学科专业力量外，师资（团队）力量也是提升地方高校学术型博士生的科研效能感和科研动力的重要内部支撑条件。

个案 4（LXY）：我们实验室和另外两个实验室组成了科研小组，由于我导师是学科带头人，具有省级教学名师、辽宁省特聘教授等荣誉称号，享受国务院特殊津贴等，学术地位较高。因此，我导师作为组长，其他两位导师作为副组长。我们三个师门的博士生平时在一起上课，一起做实验，一起写论文，遇到困难的时候大家想办法一起解决。在三位导师的带领下，大家的科研积极性非常高，我们的科研小组也产出了很多高水平的学术成果，今年我们组共发表了 8 篇 SCI 论文。

个案 21（SHP）：我们组由 4 位导师牵头，我导师 JL 教授作为组长，SLY 副教授、LY 博士、SF 博士作为副组长。我导师 JL 教授主要研究妊娠期糖尿病，SLY 副教授主要研究甲状腺疾病，LY 讲师和 SF 讲师主要研究性腺疾病，我们组有三个不同的研究领域，大家可以技能互补、相互借鉴。平时组长会发布科研任务，副组长负责制定实施计划与分配任务，博士生们负责执行，遇到小问题找副组长解决，遇到棘手的难题找组长或开小组大会讨论、解决，这极大提高了我们的科研效率，有这么强大的科研团队支持，我们做科研非常有底气。

个案 28（LSY）：学院还有国家级教学团队，我的导师也是国家级教学名师，除学校提供的众多资源外，导师经常会在外接课题，我们协助完成，在此过程中，既获得物质报酬，科研能力又得到提升。

时下，一些地方高校已组建了各种类型的科研团队，如国家级教学团队、省级教学团队、校级教学团队等。地方高校科研团队是指为实现特定科研目标、完成特定科研任务由地方高校的学术带头人（负责人）、中青年教师、硕博研究生等人员而组建的团体。地方高校科研团队须具有三大特性：其一是合理性，科研团队成员年龄、学历、职称等条件分布要合理。其二是稳定性，科研团队的人员及其研究领域与方向相对稳定，不会轻易改变。其三是领导力与辐射力，科研团队的总负责人一定要具备领导力与辐射力，其学术水平、个人修养与人格魅力将直接影响整个团队的学术氛围，引领整个团队的走向。在科研团队中，学术型博士生依据自身科研基础等综合条件合理分工、团结协作，实现知识共享，形成技能优势互补，在不断完成科研任务、突破科研困境过程中，学术型博士生会产生责任感、使命感以及荣誉感，其科研效能感将大幅度提升，进而能够产生一定的科研动力，产出更多高水平、高质量的科研成果。

3. 外部保障

除内部支撑条件外，地方高校学术型博士生科研效能感的提升还需一定的外部保障条件。外部保障条件是否完善也将直接影响他们的科研效能感，进而影响他们产生相应的科研动力。若最基础的外部保障条件都无法满足，那么学术型博士生是不会产生较强的科研效能感的。本研究所指的外部保障主要包括组织管理保障和资源平台保障。

个案 8（WQ）：在农大这三年，每天去图书馆、自习室、实验室都"提心吊胆"，因为总担心座位被抢，实验室仪器乱堆乱放，自习室用书占座人不来，我们想学习都没地方，这极大降低了我们搞科研的积极性，这些情况都说明学校的管理出现了问题。

个案 18（SZW）：若论文发表制度不改革，会有更多的博士生"逃离"科研，我们学校的论文发表制度太僵化啦！

个案 28（LSY）：学校高度重视博士生培养，从博士生的学习、生活及工作制定了一套完备的管理制度与措施。

系统完善的管理制度为学术型博士生的科研提供了制度保障，营造了微观环境，潜移默化地促使博士生科研效能感的发生变化，进而影响着博士生的科研行为。地方高校的科研管理制度是否合理和有效要通过博士生的满意度、博士生的科研状态、博士生的科研成果产出情况、博士生是否具有较强的科研效能感等指标来衡量。为提升地方高校学术型博士生的科研效能感，激发其科研动力，使其产生积极正向的科研行为，地方高校要制定一套系统完备的组织与管理制度。首先，制定生活与学术管理有机融合的制度，为学术型博士生营造浓厚的生活和学术氛围，既能让学术型博士生在乏味的科研中感受到生活的气息，又能让其在生活中体味到科研的真谛，享受科研带来的快乐。其次，处理好行政权力与学术权力的关系，二者要达到平衡，避免行政权力过多对学术的干扰，在行政管理基础上，保证学术自由，营造自由、平等的学术氛围；最后，制定科学合理的学术评价制度，要重点变革博士生发表制度，切实打破"不发表就淘汰"的困局。

个案 2（LR）：学院为博士生科研提供了大力支持，每年都会征订全部教育学 CSSCI 期刊和部分北大核心期刊，为我们购置了 3000 多册哲学社会科学领域的书籍，并提供专门的博士教研室，保证全体博士生都有固定的座位学习，还会经常请学科领域的专家、学者为我们做讲座，博士生发表高水平论文（CSSCI、SSCI 等）不但报销版面费，还会给一定的科研奖励。无论是学院提供的软件条件，还是硬件条件，都在一定程度上激发了我们搞科研的动力。

个案 31（WCX）：科研平台非常重要，即使你再厉害，科研能力再强，没有让你施展的平台也是不行的。

个案 35（DZX）：上学期写一篇文章需要用到 Web Of Science、Springer、Eric 数据库，我们学校没有，到处找同学询问，最终找到了，因为是外网登录下载文章非常不方便，这极大降低了我的科研效率，所以学校为我们提供的资源平台真的非常重要。

只有在一定的资源平台保障下，地方高校学术型博士生才能产生较高的科研效能感，才能够顺利地开展科研。否则，缺乏资源平台的支撑，再有科研能力、再具备科研潜质的学术型博士生的科研也将受阻，其科研行动将会被迫终止，可谓"巧妇难无无米之炊"。这里的资源平台保障主要指基础的科研设施设备、科研经费、科研平台、科研政策等科研软硬件条件。

（三）情绪情感驱动：科研动力生成的核心

情绪情感驱动是学术型博士生基于兴趣爱好、成就体验和科研认同产生了强烈的科研认同感，进而生发的融身于科研的内生动力。情绪是情感的具体表现形式，具有暂时性、变化性、不稳定性、不确定性等特性。相对于情绪，情感常以体验的形式存在，随时支配、调节着情绪，更具有稳定性、调节性、持久性等特性。在此意义上，情绪情感驱动虽是一种内生动力，但其稳定性也是相对的。这种内生动力也使得情绪情感驱动成为科研动力生成的核心。地方高校学术型博士生的科研过程，也是学术型博士生的积极情绪与消极情绪不断发生冲突又不断调节，最终达到平衡的过程。这种平衡需要学术型博士生的情感来调节，积极的情感会产生积极的情绪，消极的情感会产生消极的情绪。由是，地方高校学术型博士生的情绪情感会对其科研具有至关重要的影响。积极的情感体验能够使学术型博士生产生积极的情绪状态，积极的情绪状态又能够驱动学术型博士生产生一定的科研动力，使其始终保持强烈的科研积极性，从而促使其积极地开展科研活动。消极的情感体验能够使学术型博士生产生消极的情绪状态，在消极的情绪状态下，学术型博士生的科研积极性相对较低，很容易滋生科研倦怠感，严重的话还会损害学术型博士生的身心健康。情绪情感驱动是地方高校学术型博士生科研动力生成的核心与关键，地方高校学术型博士生的科研情感体验主要源自兴趣爱好、成就体验、科研认同等因素。

1. 兴趣爱好

康德（Kant）指出，"兴趣依附于理性，激发并支配理性"。个体一旦对某事物产生一定的兴趣，随之会被某种动力包裹，就会主动地去探究和实践[1]。可以理解为，兴趣并非一定是纯粹感性的，它对行动意向的驱动也会伴随着某种理性，甚至是某种意志，这既说明了情绪情感驱动的某种不稳定性，也说明了其稳定性。同时，这也印证了理论模型部分所讨论的情绪情感驱动因其相对稳定性而处于中间层。潘懋元先生强调："博士生最起码应对本学科发展具有浓厚的兴趣，否则博士生教育在一定程度上是失败的。"[2] 本研究中的兴趣主要指科研兴趣。不同于其他兴趣，科研兴趣是个体带着理想、理性、价值及信念追求真理、勇于探索的心理倾向或状态，它促使个体由对科研感性的认知转变成自觉的科研理性追求。

个案5（LF）：当初选择攻读学术型博士是因为我喜欢在实验室做实验，从未觉得读博有多苦，因为它一直是我想做的事情，这种生活也是我想要的生活，我喜欢做研究，时刻享受研究的过程，享受它带给我的惊喜与快乐。

① 卢春红. 鉴赏一定与兴趣无关？——论康德《判断力批判》中的"兴趣"概念 [J]. 哲学研究，2019（10）：106-115.
② 陈兴德. 从生命自觉、学术自觉到文化自觉——"自觉意识"与潘懋元教育思想关系研究 [J]. 高教探索，2017（7）：5-11.

个案10（LYL）：兴趣是第一位的，如果对科研一点兴趣都没有，再多的外在条件也无法真正驱动出我们的科研动力。

个案16（LWZ）：要想科研搞得好，还得是自己真的愿意去搞，一定要遵从自己内心的兴趣，否则再多的外界利益驱使也是无用的。外界利益驱使只是暂时性的，没有科研兴趣，是不会搞好科研的。科研兴趣的产生有个过程，是一点点产生的，我最开始也不喜欢，后来在导师的引导下逐步喜欢上了科研。后来发现带着兴趣搞科研既不觉得那么疲惫，又能搞出点东西，搞出东西后又能增强你的科研兴趣，二者是相互促进的。所以，科研兴趣很重要。

个案20（HYL）：我的科研动力主要来源于自身兴趣爱好和外部条件诱惑，内心兴趣占主导，外部条件诱惑次之吧。

个案28（LSY）：首先，我认为我最大的科研动力来源于内心兴趣，绝不能畏惧甚至抗拒科研，要发自内心地接受它，被迫式科研的结果可想而知。

个案36（HY）：很多人都说科研动力是逼出来的，还戏说"科研动力好比海绵里的水，只要挤一挤总会有的。"我完全不赞同这种观点，逼迫可能会产生一定的科研动力，但这种动力是不具可持续性的，是短暂的。只有源于内心的兴趣需要，真的想去搞科研，这样产生的科研动力才是可持续的、永恒的。

德国著名哲学家雅斯贝尔斯（Jaspers）指出："能够为科研穷尽一生的人是有勇气的，是值得敬佩的，科学研究看似一件再平常不过的事，但它不是普通人能够胜任的。"①进行科学研究的人必须怀有纯粹的兴趣和浓烈的爱，那样才能产生持续不断、经久不衰的科研动力。科研兴趣在地方高校学术型博士生科研中具有如下三方面的重大作用。

其一，守卫学术精神。科研兴趣可增强学术型博士生对科研的敬畏感、归属感及守护感，引导其自主守卫学术研究领域的精神家园。由于兴趣的驱使，学术型博士生能时刻感知自身作为科研领域的一员，有责任与义务搞好科研，能够自觉保持科研的纯粹性，使其不掺有任何"杂质"。倘若学

---

① ［德］雅斯贝尔斯. 什么是教育 [M]. 邹进，译. 北京：生活.读书.新知三联书店，1991：141.

术型博士生缺乏科研兴趣，科研对其而言，更多的是一种负担、累赘，甚至科研将异化为其达到功利性目的的一种手段，而非源于自身的学术责任与学术旨趣的驱使，那么很可能引发博士生发表"水论文"、买卖论文、购买数据、篡改等触碰学术底线的事件发生，这将严重摧毁学术研究领域的精神家园，污染学术研究领域的最后一片净土。

其二，消除科研倦怠。学术型博士生在搞科研过程中产生倦怠感属正常现象，关键在于能否及时将其消除，避免由科研倦怠引发的科研焦虑、科研积极性降低等一系列问题，阻碍其正常的科研行动。而具有浓厚科研兴趣的学术型博士生，则能够产生永恒、持久的科研内驱力，并帮助学术型博士生及时消除科研倦怠，促使其在科研路上披荆斩棘、不畏艰险，最终取得成功。

其三，培育好奇心、想象力与批判性思维。耶鲁大学前校长、美国著名经济学家理查德·雷文（Richard·Raven）认为："是否为好的教育评判标准在于学生是否具备了好奇心、想象力与批判性思维。"[①] 个体的好奇心、想象力与批判性思维的激发、培育大致分以下几个时期：学前教育阶段属于启蒙、保护期，初等教育和中等教育阶段处于激发培育期，高等教育阶段属于巩固应用期。但可以发现，目前正接受最高学历层次教育的博士生很少能够对某问题由衷地产生强烈的好奇心和问题意识，很少能在其科研成果中看到想象力和批判性思维的缩影。若到了最高学历层次的博士阶段，个体依旧缺乏好奇心、想象力与批判性思维，那么可认定其接受的博士生教育是不成功的，甚至可认定其整个教育过程是不成功的。在学术型博士生科研过程中，科研兴趣能够有效地激发其好奇心、想象力与批判性思维，使其产生持久永恒的科研驱动力。这是因为学术型博士生科研兴趣的建构过程与其好奇心、想象力、批判性思维建构的过程相一致，科研兴趣的建构过程也就是其好奇心、想象力、批判性思维建构的过程。

---

① 张懿. 追求卓越：耶鲁大学校长理查德·雷文教授治校研究 [J]. 中国高教研究，2006（4）：44-45.

2. 成就体验

成就体验是指地方高校学术型博士生在科研中由于取得某些成就或成功而产生的积极正向的科研情感体验，这些积极正向的科研情感体验可促进学术型博士生科研动力的提升，引导学术型博士生积极地投身科研行动。良好的成就体验会反过来增强他们良好的科研效能感，使他们获得一定的科研动力。本研究中的科研成就体验主要是指地方高校学术型博士生在科研中体验到的成就感与满足感、体验感与获得感等情感因素。

个案5（LF）：为了观测抑制剂的变化过程我时刻守在实验仪器旁，三天三夜未眠，毫不夸张地说那时真忘却了时间和疲惫，只想默默等待结果出来，在观测到实验结果时我激动地哭了出来，觉得一切的努力都是值得的，非常地有成就感，非常地满足。

个案25（LQF）：做实验的时候会碎碎念"什么时候能结束啊？太累啦！太苦啦！"但当真的做出点东西的时候，会觉得非常有成就感。

个案2（XY）：看到自己的2篇文章发表在《中国教育学刊》《课程·教材·教法》上，其中1篇被人大复印资料《教育学》全文转载，就觉得特别欣慰，特别的有成就感，这也让我有了写文章的动力。

个案30（ZH）：科研的过程本身就是一个体验的过程，如果体验感强，会增强你的科研动力。我写不出文章的时候，就会拼命告诉自己"慢慢体验科研的过程就好，尽自己最大的努力，做到不让自己后悔。"

个案33（JX）：在SCI上发文章时，觉得特别开心与自豪，这也促进了我做实验、写论文的动力。

个案36（HY）：和组里汇报实验做出的新东西时，得到各位博导和同仁的认可，当时觉得特别激动，觉得自己的一切努力都没有白费，终于有了一点小小的成就，这点成就也给了我后续做研究的动力。

有研究表明，个体的体验感与其自我效能感呈正相关。体验感越强，自我效能感越强，反之体验感越弱，自我效能感越弱。地方高校学术型博士生在科研过程中不断体味成就感与满足感、体验感与获得感，有了良好的科研情感体验后，其科研动力将明显得到提升。学术型博士生在科研过程中从未有这些积极的情感体验，那么其将不断否定和怀疑自己，其科研热情和积极性也将逐渐被消耗殆尽，最终会导致科研和学业的受阻。

3. 科研认同

角色认同理论认为："个体行为受个体角色认同的影响，角色认同感越强，对个体行为的影响越强。"[①]地方高校学术型博士生的科研认同主要是指学术型博士生对自己融身于科研的情感意义性确认，它是本源性的，也是具身性的，这部分力量可能为他们科研动力的形成带来了更为稳定性作用。其实，它已更接近于价值信念驱动，价值信念驱动因其把科研本身价值与自身实现价值联系在一起而体现为真生稳定性和内源性特征，使得它成为学术型博士生形成科研动力过程中应该诉求的旨归。

个案2（XY）：看到自己发表的成果得到圈儿里人的认可，会觉得搞科研很有意义，感觉自己也是圈儿里的一分子，找到了归属感，有责任要为这个圈子贡献出属于自己的力量。

个案12（WZQ）：刚开始接触实验的时候很懵，不知道干什么、怎么干，慢慢融入进去就好啦！会在做实验的过程中逐步领略到实验的魅力，这样做实验不会觉得枯燥、乏味，同时也能出很多成果。

个案23（ZXY）：写东西的时，你必须认为写的东西是有价值的，做的事儿是有意义的，否则就没有写下去、做下去的动力啦。

个案25（LQF）：我是一个内向的人，平时不爱说话、不爱交流，但在实验过程中我能找到内心那个最真实的自己，不断和"他"对话，让我有了一定的归属感，由此也产生了做实验的动力，这样做实验也不觉得累啦。

个案33（JX）：身边经常有同学说"我做的实验一点也没有用，也不会产生啥价值。"有这种想法是危险的，对自己做的事都不接受、不予认同，又何

---

① 刘晔等.领导创新支持与员工突破性创新行为—基于角色认同理论和行为可塑性视角 [J]. 科学学与科学技术管理，2022（2）：17.

来的动力呢？

个案35（DZX）：科研最大的动力应该来源兴趣需要，要对你学的专业和正在做的事儿给予认可，否则再强的动力也只是"空中楼阁"。

个案27（ZLX）：慢慢地会在实验中、与导师交谈中、撰写学术论文中找到归属感，那样就会接受实验、爱上实验，甚至一天不做实验，就会觉得少点什么，会觉得缺少了很多乐趣，到那时科研动力自然而然就来了，无须任何外力。

地方高校学术型博士生对科研的认同决定着其在科研中的参与度和投入，以及能否产生科研兴趣和科研动力。一般而言，科研认同感强的学术型博士生往往具有浓厚的科研兴趣和较强的科研动力，对科研的投入相对较多。科研认同感较弱的学术型博士生通常科研动力不足、缺乏科研兴趣，对科研的投入度和参与度相对较低。科研认同是影响地方高校学术型博士生科研动力产生的重要因素。如果学术型博士生缺乏科研认同感，那么其就很难真正地开展科研活动，也很难高质量、高效率完成甚至不能完成博士阶段的一切科研训练。这也提示地方高校在学术型博士生培养过程中，不能一味注重知识传授、技能获得等科研训练，要对培育学术型博士生的科研认同感投入更多的关注，舍此便难以真正激发出学术型博士生的科研动力。

从访谈中得知，地方高校学术型博士生的科研认同感除了影响着其科研兴趣、科研动力及科研投入程度，还有一个更加重要的作用，就是影响着学术型博士生的学术职业取向。

个案8（WQ）：为了寻求更好的福利待遇，好多同学毕业后都去了国企、私企，或者考公务员，从事着与博士所学专业无关的工作。无论工资待遇如何，我还是喜欢干自己的老本行，毕业后想去高校任教或者去农业科学研究院搞科研，不想干与自己专业无关的工作，那样会觉得本科、硕士、博士这10年都白学了。

个案15（HJN）：我非常崇拜我导师，他那种虚怀若谷、学识渊博、不骄不躁的形象深深感染了我，我要成为像导师那样的人，毕业后去高校做一名专任教师。

个案 21（SHP）：看到那么多甲状腺病、糖尿病患者在我的诊治下逐渐康复，会觉得自己所学专业非常有用，每天做科研非常有意义。未来我想去临床一线做一名内科医生或留在实验室做实验，尽自己所能解决患者病痛，为更多家庭带来希望吧。

个案 31（WCX）：我父母包括身边的朋友都说"当大学老师除了名声好听、自由点，工资太低了，想挣大钱千万不能当大学老师。"但我还是想从事专业教师工作，搞点研究（虽然搞的不怎么好）。原因在于：第一，我是一个追求稳定的人，工资够花就行，不想卷入其他行业的尔虞我诈。第二，读了这么多年书，对科研还是有一定感情的，想继续为学界贡献点力量，让我舍弃它，还真是做不到。

个案 37（LJT）：没有这么多科研工作者的辛勤付出，哪有今天美好的生活，科研对国家、民族有非常重要的作用，不管我的科研能力如何，以后我肯定还是会从事科研相关的工作。

作为学术职业之源的博士生教育，承担着持续为高校输送高层次人才的任务，以保证高校始终具有高水平、稳定的师资队伍。若大量的博士生毕业后流向非学术职业岗位，不选择以学术为业，那么将会使高校陷入高层次人才缺乏、师资队伍结构失衡、教育质量下降的恶性循环。为避免此类现象的发生，地方高校应引导学术型博士生回归学术职业之路，鼓励学术型博士生选择以学术为业。地方高校学术型博士生的学术职业取向主要受其科研认同的影响，科研认同感强的学术型博士生往往具有较强的学术职业取向，其毕业后更多会走向学术职业岗位。科研认同感弱的学术型博士生的学术职业取向相对较弱，其毕业后更多会走向非学术职业岗位，不会以学术为业。由是，为保障地方高校师资队伍结构平衡，地方高校应着重通过增强学术型博士生的科研认同感来引导其回归学术职业之路，鼓励其选择以学术为业。

（四）价值信念驱动：科研动力生成的旨归

价值信念驱动是学术型博士生基于自我实现、责任意识、科研自觉，把学术本身价值与自身发展价值融为一体来衡量所确认的某种意义，由此生发的矢志不渝的科研志趣。由此可以认为，价值信念驱动是他们投入科研的第一驱动力，其稳定性使这种科研动力具有终身性，理应是他们科研动力生成的旨归。第一驱动力的意思并不是否认其他驱动力作为科研动力形成的首先介入性，而是在驱动他们以科研为志业过程中的关键性。价值信念是个体形成稳定的、高层级的思想状态，它决定着个体的意志和行为。个体无价值信念，便不会产生意志，更不会产生积极主动的行为。价值信念会对个体心理产生持续、深远的影响，并使之产生积极主动的行为。地方高校学术型博士生一旦形成一定的科研价值信念，便会产生强大的科研意志力。在强大的科研意志力驱使下，学术型博士生将最大限度地发挥自身潜能，产生持久、永恒的科研动力，从而能够积极主动地开展科研，并在科研中逐步体味其真正的价值与意蕴。价值信念驱动是地方高校学术型博士生科研动力生成的旨归，本研究中的价值信念主要指源自地方高校学术型博士生的自我实现、责任意识、科研自觉。

1. 自我实现

马斯洛需要层次理论指出："人的最高需求是自我实现的需求。"[①] 价值信念驱动的最高层次源于地方高校学术型博士生自我实现的需求，学术型博士生不甘平庸，为实现自身价值，产生一定的科研动力和科研期待，从而积极主动地投身科研行动，在科研中不断体验自身价值存在。正如自我实现需要以其他基础性要素的实现为前提，价值信念驱动也需要受外部环境驱动、科研效能驱动和情绪情感驱动等要素的协同影响，否则很难单独成为他们科研动力形成的驱动力。从价值信念一旦形成便具有超强的稳定性这一点看，在其形成前必将需要漫长的过程，这种漫长不仅是时间是，

---

① 高明，计龙龙.马斯洛需要层次理论视野下研究生自我教育问题探析[J].研究生教育研究，2013（2）：49-52.

主要取决于他们有效地协调其他不同驱动力的努力上。地方高校学术型博士生在科研中的自我实现主要包含两个层面：一是学术型博士生期望在科研中不断获得成长与发展；二是学术型博士生期望通过科研能为社会做贡献，实现自身的社会价值。

个案 9（WMY）：安于现状、墨守成规的科研状态一定是不可取的，只有在科研中不断挑战自我、突破自我，才能获得成长。

个案 22（YZX）：今年是读博的第四年，和刚入学相比，我的科研能力提升许多，其实发多少篇文章、出多少成果并不重要，重要的是经历了科研的磨炼，四年的科研经历磨去了我许多"棱角"，使我为人处世更加沉稳、成熟了。

个案 31（WCX）：科研确实能改变一个人的性格。原来我是一个性格焦躁的人，遇到点不如意的事儿就会焦虑、急躁，不能很好地控制自己的情绪。后来科研改变了我，在搞科研过程中经常会遇到许多困难，多次有过放弃的念头，很焦躁，通过导师、同学的不断鼓励与帮助，使我克服了一个个困难，逐步造就了一颗强大的内心，变得不再心浮气躁。现在无论是在科研中还是在生活中，我都更沉着、冷静，能够直面生活带给我的苦难，这也说明我成长了。

科学研究的核心目的之一在于通过科研促进个体的全面发展。通过访谈得知，许多地方高校学术型博士生希望在科研中获得成长与发展，进而产生了一定的科研动力，积极主动地开展科研。然而，也不乏有一些安于现状的学术型博士生，其开展科研并非发自内心地想在科研中获得成长与发展，而是出于某些功利性的目的以及受某些制度的强制性约束，这样的学术型博士生是不会真正产生科研动力的，更不会产生积极的科研行为，最终也不会获得真正的成长与发展。

个案 5（LF）：在硕博期间我一直从事肺癌细胞增殖的抑制研究，一方面期望在科研过程中获得成长与改变，锤炼自己的意志品质，让自己得到全面发展；另一方面期望自己的研究成果能有机会运用于临床，为肺癌患者带来希望，为社会贡献一份自己的力量。

个案 25（LQF）：如果自己做出的东西能够对社会产生价值，那真是太有意义啦！在一定程度上也会激发出我们的科研动力。

个案 32（HY）：去年自己和导师联合撰写的咨政建议被 KF 市政协副主席批示以及被 KF 市 5 所中学采纳应用，看到自己能为社会做点贡献，觉得特别的骄傲与自豪，这也让我有了更大的科研信心和科研动力。

由访谈得知，地方高校学术型博士生将自身的专业知识与技能应用于社会服务中，实现自身的社会价值，会促进其科研动力的提升。究其原因在于，学术型博士生在社会服务过程中会产生积极的情感体验，这种情感体验积累到一定程度时会内化为学术型博士生的价值信念，价值信念会进一步激发其科研动力。学术型博士生社会服务的途径较多，如成果转化、社会实践、观点被采纳应用、研发的药物与试剂被应用于临床之中等。

2. 责任意识

责任意识是地方高校学术型博士生价值信念的一部分，出于对博士生形象的认同，学术型博士生认为搞科研是自身职责所系与使命所然，其迫切期望能够很好地完成自身使命、履行自身的责任，从而产生了强大的科研动力。俗话说，能力越大，责任越大。因此，责任意识的产生可能需要他们具备积极的科研压力感、强烈的科研效能感和科研认同感等。这就意味着，其他驱动力在他们形成价值信念驱动过程中的协同作用。一般而言，责任意识强的学术型博士生，其科研动力相对较强，责任意识弱的学术型博士生，其科研动力相对较弱。

个案 11（YL）：再说啦，博士生搞科研是分内之事，毕竟以后要靠它"吃饭"，不愿意搞科研等于砸了自己的饭碗。

个案 20（HYL）：去调研非常辛苦，有时一天就要跑两三个城市，觉得特别的累和委屈。但仔细想想每个博士都是这么走过来的，况且这些事是你应该做的事儿，没有什么好抱怨的。

个案5（LF）：作为一名医生、博士生、科研者我觉得搞科研是分内之事，你是带着所有患者的期望、带着对科研的敬仰与爱负重前行，无论过程有多苦都值得。

个案30（ZH）：就像照顾子女、赡养老人一样，做科研是一种责任吧，也是这种责任在驱使我不断努力地做科研，在科研中不断突破自我。

个案34（LLM）：做实验、写论文这些都是博士生应该做的事儿，现在好多博士生感觉焦虑、对科研没热情，是因为他们将科研看成不得不完成的任务，而非自身的责任。我就是将科研看成了外界交代的任务，所以在科研过程中感觉很被动、很疲乏，现在我也应该转变观念啦。

责任意识是地方高校学术型博士生最基本、最纯粹的价值信念，它能够促使学术型博士生始终保持一定的科研动力，由责任意识驱动产生的科研动力是永恒和持久的。在科研中，学术型博士生一旦无责任意识，科研对其而言将是一种负担，那么再多的外源性激励也无法真正激发出其科研动力。因此，培养单位在博士生的科研过程中要注重对其责任意识的培育。

3. 科研自觉

关于科研自觉的理解，首先要理解何为生命自觉。生命自觉直指人的生命意义，是人的生命获得解放、超越、救赎、顿悟的过程。我国著名教育家叶澜指出："具有生命自觉的人，能够在自我发展和社会实践中表现出强大的自觉性。"[①]叶澜强调个体的自主意识是生命自觉的精神要旨。换言之，具有生命自觉的人一定是具有自主意识的。因此，有生命自觉的人就奠定了其在其他方面高度自觉的意识的能力。学术型博士生本就有着较强的生存和发展意识，其生命自觉性是较强的。学术型博士生本就更加无法忍受无意义的学习生活，可能这与其具有一定的生命自觉是分不开的。科研自觉是他们的生命自觉在科研领域的具体表现形式，它是指具有生命自觉的个体在科研过程中基于对科研的感知、体验而形成稳定的、永恒的科研倾

---

① 叶澜.《新基础教育》研究引发的若干思考 [J].人民教育，2006（7）：4-7.

向，并在科研活动中表现出较强的自主性。实现科研自觉是地方高校学术型博士生追求的最高科研境地，拥有科研自觉的学术型博士生能够从内心焕发出对科研的爱与热情，并在科研过程中不断地主动认知自我、发展自我、完善自我、唤醒自我、调节自我、创造自我，最终实现自我价值。

个案1（XY）：像钱学森、袁隆平、屠呦呦等这些伟大的科研工作者，没人会逼迫他（她）们搞科研，都是他们在积极主动地在搞，他（她）们确实想为国家、为社会、为人民做点事，这样的科研才是真正的、纯粹的科研。我看过屠呦呦的纪录片，她在里面说当时她为了提取青蒿素的萃取物，一周没睡觉，原因是忘记了，做实验到了忘我的境地。"忘记了"这简单的三个字折射出了屠老对科研深深的爱。

个案8（WQ）：举个例子吧，我室友是化学化工学院的博士生，他平时生活很懒散，天天晚睡、晚起，和我们在一起的时候完全没有时间观念，这么说吧，约他逛街都得至少等他2个小时以上。但我们发现每当他做实验的时候，可以早睡早起，无论多早自己都可以主动地起床去实验室，我们经常说他"不是被闹钟叫醒，而是被实验叫醒的男人。"从这个小细节中就可以看出他对实验的热爱，正是由于这份热爱，他才能主动自觉地去搞科研。他的科研动力不是外界强加的，而是发自内心的主动、自觉。

个案15（HJN）：在做科研过程中要具有反思意识，若实验中途失败了，要及时反思、总结是什么地方出现了问题，为什么会出现这些问题，下次该如何避免这些问题，那么即便实验失败了你也会收获满满。

个案26（JH）：我导师常说"科研全靠自己的自觉，自己都不主动去搞，天天等着老师提醒，写不出文章那是正常的。"现在我也意识到了既然选择了读博士，选择了走学术之路，那么就应该转变观念和行为方式，由被动转向主动，只有这样才能搞好科研。

个案33（JX）：只有你爱它（科研），才会主动，只有你主动，才会更爱它（科研）。二者是相互促进的。

个案28（LSY）：总之，我是发自内心地想去搞科研，希望不断地突破自己，实现自身价值。科研对我来说就像吃饭、睡觉一样，已成为我生活中必不可少的部分，搞科研过程中我仿佛看到了另外一个自己，在其中的收获值得我用一生去回味。

形成科研自觉是每个地方高校学术型博士生致力追求的最高科研境地。虽然这种追求永远在路上，但追求本身就昭示着这种自觉力。拥有科研自觉的学术型博士生能够始终保持持续、稳定、永恒的科研动力，不需凭借任何外力，就能够积极主动地开展科研，进行自主地科研创新，并在科研中不断反思、发展、完善以及超越自我。

本章小结

本章主要运用扎根理论研究方法建构了地方高校学术型博士生科研动力理论模型。首先，综合运用目的性抽样、开放性抽样、理论性抽样三种抽样方法，选取了我国 13 所地方高校的 37 名学术型博士生作为研究对象进行深度访谈，访谈期间伴以参与式观察，通过深度访谈和参与式观察收集了丰富的原始资料（共 234083 字）。

其次，在保证研究的信效度基础上，对丰富的原始资料进行三级编码（开放编码、主轴编码、选择编码）。经编码后，共产生 27 个概念。产生 12 个范畴：任务导向、激励作用、学术氛围、科研效能感、内部支撑、外部保障、兴趣爱好、成就体验、科研认同、自我实现、责任意识、科研自觉。产生 4 个主范畴：外部刺激、科研效能、科研认同、价值信念。产生 4 个核心范畴：外部环境驱动、科研效能驱动、情绪情感驱动、价值信念驱动。

再次，通过分析编码产生的 12 个范畴、4 个主范畴和 4 个核心范畴间的内在逻辑关系，建构出地方高校学术型博士生科研动力理论模型，并系统解释了科研动力模型的内在运行机制和作用方式。

　　最后，深入剖析了地方高校学术型博士生科研动力理论模型的构成要素，主要包括4个主要素和12个子要素，这4个主要素分别代表了地方高校学术型博士生科研动力的4种驱动方式，分为外部环境驱动、科研效能驱动、情绪情感驱动和价值信念驱动。其中，价值信念驱动是科研动力生成的条件，科研效能驱动是科研动力生成的基础，情绪情感驱动是科研动力生成的核心，价值信念驱动是科研动力生成的旨归。只有这4种驱动方式形成联动，才能促使地方高校学术型产生强大、永恒、稳定、可持续的科研动力。外部环境驱动主要包括任务导向、激励作用、学术氛围，科研效能驱动主要包括科研效能感、内部保障、外部支撑，情绪情感驱动主要包括兴趣爱好、成就体验、科研认同，价值信念驱动主要包括自我实现、责任意识、科研自觉。

第二章
地方高校学术型博士生科研动力模型检验

　　运用扎根理论建构的地方高校学术型博士生科研动力理论模型是否科学合理以及能否应用推广，需要对地方高校学术型博士生科研动力理论模型进行检验。本研究在建构学术型博士生科研动力理论模型时采用的是施特劳斯和科尔宾的程序化扎根理论建构方式，因此在对学术型博士生科研动力理论模型进行检验时也严格遵循程序化扎根理论的四种检验方式：一是原始资料丰富性检验，即理论模型的概念、范畴、主范畴及核心范畴等必须有大量丰富的原始资料作为支撑；二是概念系统性检验，即理论模型中的概念必须是有机统一的系统整体，概念在逻辑上有内在的一致性；三是理论性检验，即理论模型的概念、范畴、主范畴及核心范畴必须具有充分的延展性，能够在已有研究文献中找到依据并得到佐证；四是应用性检验，即建构的理论模型要具有科学性、合理性及较强的应用推广价值①。在这四种检验方式中，应用性检验是核心，本研究将重点对学术型博士生科研动力理论模型的应用性检验进行深入剖析。

---

① Strauss,Corbin.Grounded theory methodologyIn N.K.Denzin,Y.S.Lincoln（Eds）,Handbook of qualitative research[M].Thousand oaks,CA:SAGE,1994:270−291.

一、原始资料丰富性检验

原始资料丰富性检验是指运用扎根理论建构的理论模型中的所有概念必须有丰富的原始资料作为支撑。若原始资料过于薄弱，理论模型中的概念是不具有信服力的。

本研究严格遵循扎根理论的三种抽样方法（目的性抽样、开放性抽样、理论抽样）选取样本，选取了全国13所地方高校的37名学术型博士生作为研究对象。2020年5月至2021年12月，运用近一年半的时间对研究对象进行深度访谈。同时，访谈期间对辽宁省S大学专为博士生设立且独具特色的"工作坊""学习坊""生活坊"中的3名学术型博士生进行参与式观察。每次访谈全程录音，访谈结束后及时将录音转换成文字，进行筛选、编码处理，音频转录成的文字共234083字。加之参与式观察和访谈期间撰写的访谈记录、反思录、备忘录等文字内容，形成的文本资料约286733字，这为地方高校学术型博士生科研动力模型的建构提供了丰富的原始资料。

在对原始资料进行编码时，严格按照程序化扎根理论的要求进行三级编码，三级编码后产生的27个概念、12个范畴、4个主范畴及4个核心范畴都是不断从原始资料中对比、提炼、归纳、分析、概括出来的，且每个概念、范畴、主范畴及核心范畴都可以在原始资料中找到相应的文本内容。为检验三级编码产生的概念、范畴、主范畴及核心范畴的饱和度，除受访的37名学术型博士生外，又采用开放性抽样的方式选取3名学术型博士生进行深度访谈，将访谈获得的原始资料再次进行三级编码，以检验编码过程中是否有新概念、新范畴的涌现。经三级编码后发现，对这3名学术型博士生的访谈资料编码产生的概念与范畴均囊括在27个概念、12个范畴、

4 个主范畴及 4 个核心范畴之内，未涌现出新的概念或范畴，这说明地方高校学术型博士科研动力模型的核心范畴、主范畴、范畴及概念已达到饱和状态，再次表明原始资料已足够丰富。为清晰表明地方高校学术型博士生科研动力理论模型由丰富的原始资料支撑，科研动力理论模型中的概念、范畴、主范畴、核心范畴均可在原始资料中找到对应的文本，在附录 3 中特别附上 3 名具有代表性的地方高校学术型博士生的完整版访谈录音转换文本。

二、概念系统性检验

施特劳斯指出："理论是由成串的、具有内在联系的概念联结起来的。"[①] 概念系统性检验是指运用扎根理论建构的理论模型中的所有概念必须是有机统一的系统整体，并且各个概念在逻辑上有内在的一致性。地方高校学术型博士生科研动力是学术型博士生在长期的科研实践中逐步形成的，学术型博士生科研动力并非单一存在，而是介于外控与内发间有机联系的系统整体。本研究建构的地方高校学术型博士生科研动力理论模型中的各要素（概念）间均具有一定的内在逻辑关系，是有机统一的系统整体。学术型博士生科研动力模型的四种主要构成要素，即科研动力的四种驱动方式，具体包括外部环境驱动、科研效能驱动、情绪情感驱动、价值信念驱动。这四种驱动方式形成联动，由外而内共同激发学术型博士生的科研动力，这四种驱动方式是环环相扣、有机统一的整体。学术型博士生科研动力模型的四种主要构成要素（概念）间具有一定的内在逻辑关系，同时四种主要构成要素的子要素（概念）间也具有一定的内在联系。也就是说，地方高校学术型博士生科研动力模型中的各核心范畴间、各主范畴间、构

---

① Strauss,Corbin.Grounded theory methodologyIn N.K.Denzin,Y.S.Lincoln（Eds），Handbook of qualitative research[M].Thousand oaks,CA:SAGE,1994:276-279.

成主范畴的各概念间均具有内在的联系，它们是有机统一的整体，只有它们共同发挥作用才能促使学术型博士生产生强大、稳定、可持续的科研动力。地方高校学术型博士生科研动力理论模型的构成要素间具有的内在逻辑关系是：其一，在理论模型中，外部环境是科研动力的外在驱动形式，是科研动力形成的外部力量。任务导向、激励作用、学术氛围等外部要求和因素，会驱使他们产生积极的科研压力感，催生他们科研动力的形成。一旦他们达成外部要求，外部环境驱动力的影响减小，逐渐消失。外部环境驱动还会与其他三个驱动力相互影响，呈现交织和协同作用。其二，科研效能驱动和情绪情感驱动都处于中间层，是科研动力形成过程中的纽带和桥梁。他们在进行自我学术评价时，往往考虑科研效能、内部支撑和外部保障等主客观因素，通过良好的科研效能感来催生科研动力。其三，当外部环境驱动促使他们产生积极的科研压力感，科研效能驱动促使他们产生良好的科研效能感，以及核心层尚未形成但有待于形成的纯粹的科研价值感的引领和激励，他们对科研的兴趣爱好、成就体验、科研认同就会慢慢滋生，促进科研认同感的生发，催生源于情绪情感驱动的科研动力。其四，价值信念驱动是学术型博士生科研动力形成的内源性驱动力，居于核心层。依凭内外价值之价值理性的衡量，他们把外部环境驱动转化到基于主客观因素的科研效能驱动上，当科研效能感被激发至有效膨胀，就会把前面的驱动转化到基于自身科研认同感的情绪情感驱动上，当科研认同感被强化至不断升华，就会把前面的驱动转化到基于科研价值感的价值信念驱动上，进而产生关于自我实现、责任意识、科研自觉的意义确认，这时主要源于价值信念驱动的科研动力就形成了。

三、理论性检验

理论性检验是指运用扎根理论建构的理论模型中的概念必须具有充分

的延展性，能够随时回到已有研究文献中并得到佐证，以检验理论模型的合理性。理论性检验的整体思路是基于 CNKI、CSSCI、万方、维普等数据库平台上关于博士生科研动力的文献，分析学者们关于地方高校学术型博士科研动力问题研究或博士生科研问题研究的主要观点，并与本研究建构的地方高校学术型博士生科研动力理论模型对照，从而分析已建构的科研动力理论模型能否回到已有研究文献中，并在其中得到证明，以验证科研动力理论模型的合理性。

（一）"外部环境驱动"检验

场动力理论认为，人的心理变化和行为倾向取决于外部环境与自身内部需求间的作用力，当个体内部需求未得到满足时，个体的心理处于紧张状态，个体的行为处于停滞状态，个体若想消除心理紧张状态，改变行为停滞状态，要依赖于外部环境。场动力理论强调个体行为发生的基础是自身内部需求的增强，控制和改变个体行为的支撑条件是个体所处的环境场。个人—环境匹配理论指出，个体与职业的匹配重点在于个人的认知、能力、思维与外部资源的匹配程度，只有外部资源与个体的认知、能力、思维等特质相匹配，才能最大限度地激发个体的潜能，个体要能自如地应对外部环境提出的各种要求，外部环境也应尽量满足个体的各项需求。场动力理论和个人—环境匹配理论均强调外部环境对个体发展的重要意义，地方高校学术型博士生科研过程也是学术型博士生与外部环境相互适应的过程，外部环境对学术型博士生的科研提出一系列要求，为适应外部环境提出的要求，学术型博士生产生了强大的科研动力，从而进行积极地进行科研行动。

本研究建构的地方高校学术型博士生科研动力理论模型中的外部环境驱动在学术型博士生科研中发挥外部驱动的作用。外部环境驱动包括任务导向、激励作用、学术氛围三个范畴，这三个范畴及其构成概念均能在已有研究文献中得到佐证。在任务导向方面，一些高校制定的毕业要求在一定程度上激发了博士生科研动力，如论文发表要求、一系列考核要求等。

若这些要求标准过高，会消解博士生的学术热情，引发其学术焦虑，因此许多高校对博士生的毕业要求标准进行了改革，在确保博士生培养质量的前提下，对博士生的毕业要求标准进行了"松绑"，适当降低毕业要求标准，使其更加弹性化。在激励作用方面，适当的激励可有效激发博士生的科研动力，目前高校采取的博士生科研激励举措形式多样，主要包括价值激励、基金激励等。各高校在博士生科研激励过程中存在许多问题，如激励体系不完善、激励制度不健全、激励水平不高、激励"一刀切"等问题。针对这些问题，有学者提出可以建立兼顾各学科的物质、精神、情感、竞争四位一体的博士生激励机制。在学术氛围方面，在浓郁的学术氛围熏陶下，高校师生的科研绩效将得到大幅度提升，博士生能够产生一定的科研动力，影响学术氛围的因素包括制度因素、环境因素、个体因素等。

综上，外部环境驱动与已有研究文献的契合度较高，且能够在已有研究文献中得到佐证。

（二）"科研效能驱动"检验

双因素理论指出，影响个体工作满意度的因素有两种：激励因素和保健因素。激励因素是指外部因素，包括环境、待遇、工资等。保健因素是内部因素，包括个体的情感、态度、思维等。只有激励因素和保健因素共同发挥作用才能提升个体的工作满意度，进而促进个体积极地投入工作之中。相比激励因素，保健因素更具推动力。场动力理论强调个体内在需求的重要性，它把外部环境比作导火线，若个体的内在需求不强烈，那么再具有燃爆力的导火线也不会引发个体行为的发生。若个体的内在需求足够强烈，微小的火苗也能引发个体行为的发生。双因素理论和场动力理论指出个体的内在需求在其发展中起决定性作用，地方高校学术型博士生的科研效能驱动作为学术型博士生科研的内源性驱动力，直接影响着学术型博士生能否产生科研动力，并决定着学术型博士生的科研行为。相比于外部环境驱动，科研效能驱动更能促使学术型博士生产生强大、持续的科研动力。

本研究建构的地方高校学术型博士生科研动力理论模型中的科研效能驱动包括科研效能感、内部支撑、外部保障三个范畴。这三个范畴及其构成概念均能在已有研究文献中得到佐证。在科研效能感方面，科研效能感是个体的自我效能感在科研领域的具体表现，其对博士生科研兴趣的产生、科研效率的提高以及科研成果的产出具有重要影响，影响博士生科研效能感的因素主要包括个体因素和组织因素。个体因素包括科研基础、科研经历等，组织因素包括科研环境、科研管理制度等。在内部支撑方面，我国许多高校内部都组建了各种类型的科研团队。有研究表明，高校科研团队的力量能够增强团队成员的科研效能感，提升团队成员的科研能力，激发团队成员的科研动力。高校科研团队主要包括"管理者＋教师""教师＋教师""教师＋学生"三种类型，在"教师＋学生"型中，博士生导师发挥着重要作用，博士生导师的指导水平、指导方式、指导频率与博士生的科研能力呈显著正相关。在外部保障方面，高校的科研"硬条件"和"软条件"能够对博士生的科研动力产生重要影响。其中"硬条件"包括实验实施、仪器设备等，"软条件"包括科研环境、师资力量、组织制度等。

综上，科研效能驱动与已有研究文献的契合度较高，且能够在已有研究文献中得到佐证。

（三）"情绪情感驱动"检验

美国心理学家艾森伯格（Eisenberger）通过调查研究发现，企业员工工作的积极性与企业对其关照程度、支持程度呈正相关，企业的人文关怀气息越浓厚，员工的积极性越高。究其原因在于企业对员工的人文关怀能够使员工产生积极良好的情绪情感体验，这种良好的情绪情感体验促进了企业员工积极性的提升，使其对企业产生归属感。由此可见，情绪情感因素能够潜移默化地影响个体的行为表现。地方高校学术型博士生在科研过程中，积极良好的情绪情感体验能够促使其产生科研动力，进而带着对科研的热爱积极地进行科研行动。

本研究建构的地方高校学术型博士生科研动力理论模型中的情绪情感

驱动包括兴趣爱好、成就体验、科研认同三个范畴。这三个范畴及其构成概念均能在已有研究文献中得到佐证。在兴趣爱好上，有学者指出学术兴趣与热情是研究生从事学术研究的内在推动力。还有学者指出内在的学术抱负是人文社科类博士生科研能力得到显著提升的前置性条件。其中内在的学术抱负主要指的是学术兴趣与爱好、学术自我实现的需求等。在成就体验上，有学者指出体验感在大学生在线学习中具有重要作用，良好的体验感可以提高大学生在线学习投入。在科研认同上，有研究表明，研究生科研认同度与其科研创造力呈显著正相关，科研认同度高的研究生，其科研创造力越强。反之，科研认同度低的研究生，其科研创造力越弱。还有学者通过对 36 所高校的 600 名科研工作者进行了大规模问卷调查，调查结果发现，高校科研人员的自我认同、组织认同与其科研绩效呈显著正相关。自我认同和组织认同度高的科研人员，其科研绩效越高，自我认同和组织认同度低的科研人员，其科研绩效越低。

综上，情绪情感驱动与已有研究文献的契合度较高，且能够在已有研究文献中得到佐证。

（四）"价值信念驱动"检验

价值信念是个体形成稳定的、高层级的思想状态，它决定着个体的意志和行为。个体无价值信念，便不会产生意志，更不会产生积极主动的行为。价值信念会对个体心理产生持续、深远的影响，并使之产生积极主动的行为。地方高校学术型博士生一旦形成一定的价值信念，便会产生强大的意志力，驱动其最大限度发挥自身潜能，使其产生持久、稳定的科研动力，从而能够积极主动地开展科研。

本研究建构的地方高校学术型博士生科研动力理论模型中的价值信念驱动包括自我实现、责任意识、科研自觉三个范畴。这三个范畴及其构成概念均能在已有研究文献中得到佐证。在自我实现上，有学者指出高校科研人员创新动力源于自我实现的内在驱动。还有学者指出博士生学习动力在很大程度上来源于自我提升的意愿，这里的自我提升指的是在学习中逐步实现自我的成长和发展。也有学者指出博士生专业社会化的过程也是博士生实现自身社会价值的过程。在责任意识上，有学者指出博士生的研究志趣与品德在其科研中具有重大作用，研究志趣与品德具体包括责任意识、研究伦理与道德等。在科研自觉上，学术（科研）自觉对高校科研人员具有重要意义，它能够增强人的科研自信，促进人的科研自能与自省，形成科研自觉是高校科研人员致力追求的最高科研境地。

综上，价值信念驱动与已有研究文献的契合度较高，且能够在已有研究文献中得到佐证。

（五）理论性检验结果

通过对地方高校学术型博士生科研动力理论模型进行理论性检验后，检验结果表明：地方高校学术型博士生科研动力理论模型的构成要素（核心范畴、范畴、主范畴等）与已有研究文献的契合度较高，能够随时回到已有研究文献中，并在已有文献中得到佐证，进一步说明了本研究建构的地方高校学术型博士生科研动力理论模型较为科学合理。

四、应用性检验

地方高校学术型博士生科研动力理论模型的应用性检验主要是评估建构的科研动力模型是否科学合理以及具有应用推广价值。应用性检验的方法主要是通过结构方程模型进行检验，以了解已建构的科研动力理论模型与实际取样数据间的切合与适配程度。换言之，也就是对地方高校学术型博士生科研动力理论模型的切合度与适配度进行检验[①]。本研究综合运用 SPSS 软件和 AMOS 软件对《地方高校学术型博士生科研动力情况调查问卷》

---

① 吴明隆.结构方程模型——AMOS 的操作与应用 [M].重庆：重庆大学出版社，2019：2-4.

的第二部分——"地方高校学术型博士生科研动力量表"的调查结果进行结构方程模型检验，以检验建构的地方高校学术型博士生科研动力理论模型的适配度和切合度。

（一）调查问卷的编制

应用性检验阶段主要以建构的地方高校学术型博士生科研动力理论模型为基础，结合深度访谈、参与式观察获得的原始资料以及已有相关文献，并征求了6位教育学专业教授（研究方向为研究生教育）、2位心理学专业教授、2位统计学专业教授、1位研究生院管理者（主要负责博士生培养与管理）、2位研究生教学秘书（主要负责博士生管理）、1位博士生实验室高级实验师、8位学术型博士生、2位教育领导与管理专业教育博士的意见，综合他们的意见对调查问卷进行了修改、完善，最终形成了初始版本调查问卷——《地方高校学术型博士生科研动力情况调查问卷》，初始版本调查问卷共包含三部分内容：

第一部分内容是地方高校学术型博士生的基本信息，共包含5个题项，分为性别、年龄、年级、学科类别、学校所在地区。

第二部分内容是地方高校学术型博士生科研动力量表。该量表的编制主要以扎根理论建构出的科研动力理论模型为依据，以地方高校学术型博士生科研动力理论模型的4个核心构成要素、12个主要素为具体维度进行编制。其中，外部环境驱动设计了7个观测变量，科研效能驱动设计了8个观测变量，情绪情感驱动设计了7个观测变量，价值信念驱动设计了8个观测变量，共包含30个题项。初始量表的维度划分及初始量表分别见表2-1和2-2。量表题的设计严格遵循李克特量表（Likert scale）的设计规范与设计准则，量表的等级划分为完全符合、比较符合、基本符合、较不符合、很不符合五个等级，依次记5分、4分、3分、2分、1分。运用量表调查旨在达到两个目的，其一是对已建构的地方高校学术型博士生科研动力理论模型进行应用性检验，以验证地方高校学术型博士生科研动力模型的科学性、合理性及应用推广性；其二是获悉时下地方高校学术型博士生科研动力的现状和存在的科研动力问题。

第三部分内容是影响地方高校学术型博士生科研动力因素的基本情况调查，问卷维度的划分主要依据已建构的学术型博士生科研动力模型的构成要素和扎根理论收集的 37 名学术型博士生原始访谈资料，问卷共设计了 36 个题目，既包括主观题目，又包括客观题目。第三部分问卷调查的目的在于全面了解影响地方高校学术型博士生科研动力因素的具体情况，系统掌握实然状态中地方高校学术型博士生科研动力状况，为挖掘当前地方高校学术型博士生存在的科研动力问题以及分析问题的成因提供一定的支撑。

表 2-1　地方高校学术型博士生科研动力量表的维度划分表

一级维度	二级维度	三级维度（观测变量）	对应题目编号
外部环境驱动	任务导向	毕业要求、考核要求	A1、A2
	激励作用	精神激励、物质激励、情感激励	A3、A4、A5
	学术氛围	组织活动、同辈竞争	A6、A7
科研效能驱动	科研效能	科研基础、科研能力与信念	B1、B2、B3、B4
	内部支撑	学科专业力量支撑、师资（团队）力量支撑	B5、B6
	外部保障	资源平台保障、组织管理保障	B7、B8
情绪情感驱动	兴趣爱好	科研兴趣、科研热情	C1、C2
	成就体验	成就感与满足感、体验感与获得感	C3、C4、C5
	科研认同	价值认可、情感归属	C6、C7
价值信念驱动	自我实现	自身价值、社会价值	D1、D2
	责任意识	责任感、使命感	D3、D4
	科研自觉	科研主动性、科研自省、科研"性格化"	D5、D6、D7、D8

表 2-2　地方高校学术型博士生科研动力初始版本量表

题目序号	题目编号	题目信息
1	A1	我努力搞科研是为了达到学校的毕业要求
2	A2	我努力搞科研是为了完成学校的各项考核要求

续表

题目序号	题目编号	题目信息
3	A3	一定的物质激励能够提升我的科研动力（如奖学金、各种科研福利等）
4	A4	一定的精神激励能够提升我的科研动力（如各种科研荣誉称号、未来就业前景等）
5	A5	一定的情感激励能够提升我的科研动力（如获得导师、家人、同学朋友的鼓励与认可等）
6	A6	在各类学术活动的浸染下我的科研动力有所提升（如各种类型的学术会议、报告、沙龙、师门组会等）
7	A7	周围同学营造的良好学术氛围迫使我不得不努力搞科研
8	B1	同辈间的竞争迫使我不得不努力搞科研
9	B2	我具备一定的科研基础，能够游刃有余完成各项科研任务
10	B3	我有足够的信心搞好科研
11	B4	我有一定的能力搞好科研
12	B5	学校强大的学科专业力量促使我不断提升自身科研水平
13	B6	学校雄厚的师资力量促使我不断提升自身科研水平
14	B7	学校提供了丰富的科研资源和较多的科研平台促使我不断提升自身科研水平
15	B8	学校完备的组织与管理保障了我能顺利搞科研
16	C1	我搞科研是因为对科研具有浓厚的兴趣
17	C2	我搞科研是因为我对科研具一定的热情
18	C3	偶尔在科研中取得一些成就能够激发我的科研动力
19	C4	在科研中获得的满足感能够激发我的科研动力
20	C5	良好的科研体验能够激发我的科研动力
21	C6	科研具有重大的意义和价值，所以我必须努力搞科研
22	C7	我能够在科研中获得一定的归属感，所以我必须努力搞科研
23	D1	我不甘平庸，希望能在科研中获得更多的成长和发展，所以我有了科研动力
24	D2	我希望通过科研能够为社会做贡献，所以我有了科研动力
25	D3	我认为搞科研是博士生的职责所系，所以我不断努力搞科研

续表

题目序号	题目编号	题目信息
26	D4	我希望能够更好地完成自己作为博士生的使命，所以我不断努力搞科研
27	D5	不需任何外在力量，我能够积极主动地搞科研
28	D6	我能在科研中自主地进行创新
29	D7	我能够在科研中不断反思、发展、完善自我
30	D8	科研对我来说已成为一种生活习惯

（二）调查问卷的试测

在正式调查前，应对问卷进行测试。调查问卷试测的目的在于通过评估问卷各维度、各题项设置的科学性与合理性后，对试测问卷进行修改、完善，以形成最终调查问卷。本研究在问卷试测阶段主要通过问卷星的形式网上发放问卷，发放的对象为地方高校全日制学术型博士生，年级包含一年级至四年级（不包括延期毕业的博士生），涉及省份包括浙江、上海、新疆、甘肃、海南、四川、辽宁、山西、河南、湖南10个省。共发放100份问卷，共回收100份有效问卷，有效问卷回收率为100%。问卷试测阶段取样地区涵盖了我国的东部、南部、西部、北部、中部地区，取样年级包含一年级至四年级。因此，从整体上看取样较为合理。利用SPSS软件对100份取样数据进行项目分析、效度分析和信度分析，进一步修改、完善问卷，保证问卷的科学性和合理性，最终形成最终版本调查问卷。问卷试测阶段具体取样信息如表2-3所示。

表2-3 问卷试测阶段取样信息表

省份 \ 年级	博一	博二	博三	博四	总计
浙江	3	5	2	0	10
上海	2	6	0	0	8
新疆	2	5	0	1	8

续表

年级 省份	博一	博二	博三	博四	总计
甘肃	4	4	5	2	15
海南	1	4	2	2	9
四川	0	1	1	3	5
辽宁	5	8	3	4	20
山西	0	0	2	3	5
河南	8	0	2	0	10
湖南	4	4	1	1	10
总计	29	37	18	16	100

1. 项目分析

项目分析主要是检测所编制量表的适切性与可靠性，判断量表中的各个题目是否具有区分度。鉴别量表各个题目区分度的判定指标中最常用的是临界比值法，算出量表题目的临界比（CR 值）。项目分析的基本原理是依据检测总分将样本划分为低分组和高分组，计算高分组和低分组样本在各个题目上的平均数差异的显著性。本研究运用项目分析的具体操作程序如下。

（1）第一步：计算量表总分

将地方高校学术型博士生科研动力情况初始量表中 30 个题目总分的变量名称设置为"学术型博士生科研动力_总分"，对量表各个题目进行加总的目的在于便于对观测值进行高低分组。设置变量名后，在 SPSS 软件中启动工具栏（Toolbar）[转换选项（Conversion options）]/[计算变量选项（Compution variable options）] 的操作程序，在 [目标变量选项（The target variable options）] 中设置新的变量名"学术型博士生科研动力_总分"，然后在 [数值表达式选项（Numerical expression options）] 中输入地方高校学术型博士生科研动力情况初始量表中 30 个题目的加总表达式"sum（A1+D8）"

（2）第二步：计算高低分组的临界分数

计算高低分组的临界分数目的在于清晰地区分出高分组和低分组。对第一步计算出的量表总分进行排序，找出高分组和低分组上下 27% 的分数，具体操作程序为：将目标变量"学术型博士生科研动力_总分"选至[排序选项（Sort rank options）]，在[排序选项]中选择[升序选项（Ascending options）]，一共 100 个样本，样本的 27% 为 27（100 乘以 27% 等于 27），第 27 个样本的分数为 106。接着进行[数据（Data）]/[个案排序（Case for sorting）]操作程序，将目标变量"学术型博士生科研动力_总分"选至[排序选项（Sort rank options）]中，在[排序选项]中选择[降序选项（Descending options）]，第 27 个样本的分数为 120。由是，高分组和低分组的临界值分别为 106、120，说明地方高校学术型博士生科研动力情况初始量表总分在 120 分及以上的分数可认定为高分组，初始量表总分在 106 分及以下的分数可认定为低分组。

（3）第三步：依据临界分数确定高分组与低分组

依据高分组和低分组的临界值（120 分、106 分）将初始文件定义为新的不同变量，106 分及以下的定义为低分组，120 分及以上的定义为高分组。新定义的变量命名为"学术型博士科研动力_分组"，变量水平分别设定为 1 和 2，变量水平数值是 1 的为高分组，变量水平数值是 2 的为低分组。

（4）第四步：检验高分组和低分组在初始量表各个题目上的差异

此步骤是项目分析的核心关键，点击工具栏依次进行[分析（Analysis）]/[比较平均数（Comparative mean）]/[独立样本 T 检验（Independent sample T test）]操作程序，然后将目标变量"地方高校学术型博士生科研动力初始量表"30 个题目 A1 至 D8 变量全部选至[检验变量（Test variables）]中，继续将自变量"学术型博士科研动力_分组"全部选至[分组变量（Grouping variables）]中，点击[定义组别（Define the group）]，选择运用事先设定的变量水平数值，在其中分别输入"1""2"，最后选择[独立样本 T 检验（Independent sample test）]，输出独立样本 T 检验的结果，并对结果进行深度分析。项目分析统计结果如表 2-4 所示。

通过项目分析发现，B1（同辈间的竞争迫使我不得不努力搞科研）、B4（我有一定的能力搞好科研）、C4（在科研中获得的满足感能够激发我的科研动力）、D6（我能够在科研中进行自主地创新）这四个题目的 p 值（显著性）分别为 0.059、0.665、0.742、0.924，P 值均小于 0.05，说明高分组和低分组对于 B1、B4、C4、D6 这四个题目未能表现出显著性差异，也就意味着这四个题目的区分度较差，故应将 B1、B4、C4、D6 四个题目删除。除 B1、B4、C4、D6 四个题目外，剩余 26 个题目的 p 值均小于 0.05，说明这些题目表现出了显著性差异，题目区分度较高，故这 26 个题目应给予保留进行下一步的深入分析。

表 2-4　项目分析统计结果表

序号	题目编号	组别（平均值差值 ± 标准误差差值得）		t（决断值）	p（显著性）
		低分组 (n=27)	高分组 (n=27)		
1	A1	3.30 ± 1.14	4.45 ± 1.06	3.932	0.000★★
2	A2	3.22 ± 1.05	4.34 ± 1.04	4.009	0.000★★
3	A3	2.48 ± 0.75	3.62 ± 1.01	4.742	0.000★★
4	A4	3.56 ± 0.93	4.41 ± 1.05	3.218	0.002★★
5	A5	2.74 ± 0.90	4.03 ± 1.05	4.923	0.000★★
6	A6	2.63 ± 0.84	4.14 ± 1.09	5.762	0.000★★
7	A7	2.89 ± 0.93	4.34 ± 1.04	5.484	0.000★★
8	B1	2.96 ± 1.45	3.66 ± 1.23	1.926	0.059
9	B2	3.59 ± 0.89	4.45 ± 1.06	3.27	0.002★★
10	B3	3.15 ± 0.95	4.24 ± 1.12	3.92	0.000★★
11	B4	3.44 ± 1.78	3.28 ± 0.96	0.436	0.665
12	B5	3.44 ± 0.89	4.38 ± 1.05	3.58	0.001★★
13	B6	3.48 ± 1.01	4.38 ± 1.24	2.958	0.005★★
14	B7	3.59 ± 0.93	4.34 ± 1.32	2.452	0.017★
15	B8	3.56 ± 0.85	4.45 ± 1.06	3.475	0.001★★
16	C1	3.22 ± 0.89	4.21 ± 1.11	3.634	0.001★★
17	C2	3.44 ± 0.85	4.21 ± 1.15	2.814	0.007★★
18	C3	3.63 ± 0.84	4.45 ± 1.15	3.02	0.004★★
19	C4	4.15 ± 0.72	4.07 ± 1.03	0.331	0.742
20	C5	3.37 ± 0.93	4.17 ± 1.14	2.883	0.006★★

续表

序号	题目编号	组别（平均值差值 ± 标准误差差值得）		t（决断值）	p（显著性）
		低分组 (n=27)	高分组 (n=27)		
21	C6	3.00±0.83	4.07±1.13	4.002	0.000★★
22	C7	2.78±0.85	3.93±1.16	4.215	0.000★★
23	D1	2.63±0.74	3.72±1.07	4.486	0.000★★
24	D2	2.78±0.97	4.14±1.06	4.989	0.000★★
25	D3	2.59±0.89	4.07±1.00	5.832	0.000★★
26	D4	2.96±1.02	4.45±0.83	6.009	0.000★★
27	D5	3.30±1.03	4.41±0.82	4.495	0.000★★
28	D6	4.22±0.75	4.24±0.74	0.096	0.924
29	D7	2.93±1.07	4.17±0.97	4.577	0.000★★
30	D8	3.19±1.11	4.31±0.85	4.276	0.000★★
P（显著性）：★ p<0.05 ★★ p<0.01					

2. 效度分析

项目分析完毕后，应对地方高校学术型博士生科研动力情况初始量表中剩余的 26 个题目做效度分析。效度分析主要的作用是检验量表测试的有效性，即量表测试是否达到了其预期目标，量表的题目是否能准确测量出要测量的内容。效度分析分为内容效度分析和结构效度分析，根据研究主题本研究主要采用结构效度分析，结构效度分析主要是探索性因素分析。探索性因素分析的核心目标在于分析问卷（量表）的题目结构，删减与研究主题相关度低或次要的题目，保证各题目结构的合理性、准确性及逻辑性，使各题目间具有较强的关联度与内在的逻辑关系。探索性因素分析主要包括 KMO（Kaiser-Meyer-Olkin）值检验和巴特利特（Bartlett）的球形检验、共同性值检验、提取和确定共同因素、求出共同因素载荷量四个方面，具体如下。

（1）KMO 值检验和巴特利特（Bartlett）的球形检验

探索性因素分析前，首先要对量表数据进行 KMO 值检验和 Bartlett 的球形检验，判断量表数据能否进行探索性因素分析，KMO 值检验和 Bartlett 的球形检验是探索性因素分析的前提条件。一般认为，Bartlett 达到显著水平，KMO 值达到 0.6 以上就能够进行探索性因素分析 ①，若 Bartlett 未达到显著水平，KMO 值小于等于 0.6，需要对量表的相应题目进行调整、重组、删减或将个别题目进行重新编制后，重新进行 KMO 值检验和 Bartlett 的球形检验，直至 Bartlett 达到显著水平、KMO 值在 0.6 以上才能进行探索性因素分析。对地方高校学术型博士生科研动力情况初始量表进行 KMO 值检验和 Bartlett 的球形检验后发现，量表 KMO 值为 0.862，远大于 0.6，Bartlett 球形度检验的近似卡方（X^2）为 2426.935，自由度（df）为 325，显著性（p）为 .000，说明量表具有显著性。综合 KMO 值检验和 Bartlett 的球形检验的结果（见表 2-5），可以判定地方高校学术型博士生科研动力情况初始量表可以进行探索性因素分析。

表 2-5 KMO 值和 Bartlett 的球形检验结果表

KMO 值		.862
巴特利特（Bartlett）球形度检验	近似卡方（X^2）	2426.935
	自由度（df）	325
	显著性（p）	.000

（2）共同度（公因子方差）检验

一般认为，问卷各题目的共同度大于等于 0.6，可判定为问卷效度较为良好 ②。在采取主成分分析前，量表各题目的共同度均为 1，本研究在抽取主成分后，量表各题目的共同度均大于 0.624（如表 2-6 所示），说明地方高校学术型博士生科研动力情况初始量表间可测量的共同特质较多，量表的效度较为理想。因此，这 26 个题目均可保留以进行下一步分析。

① 吴明隆 . 问卷统计分析实务——SPSS 操作与应用 [M]. 重庆：重庆大学出版社，2010：194-196.
② 吴明隆 . 问卷统计分析实务——SPSS 操作与应用 [M]. 重庆：重庆大学出版社，2010：188-193.

表2-6 共同度（公因子方差）检验结果表

成分编号	题目编号	共同度（公因子方差）
1	A1	0.735
2	A2	0.624
3	A3	0.723
4	A4	0.780
5	A5	0.780
6	A6	0.811
7	A7	0.784
8	B2	0.813
9	B3	0.699
10	B5	0.826
11	B6	0.861
12	B7	0.846
13	B8	0.805
14	C1	0.702
15	C2	0.770
16	C3	0.878
17	C5	0.847
18	C6	0.803
19	C7	0.683
20	D1	0.656
21	D2	0.751
22	D3	0.757
23	D4	0.782
24	D5	0.776
25	D7	0.728
26	D8	0.791

（3）运用主成分分析法提取共同因素

采用主成分分析法提取共同因素时要满足三个条件：第一，因素特征值一定要大于 1；第二，每个因素下不能少于 3 个题目；第三，符合碎石图检验标准。根据主成分分析法提取共同因素的三个条件，首先，量表题目初始特征值大于 1 的共包含四个共同因素，旋转前四个共同因素的初始特征值分别为 7.375、4.635、4.313、3.588，方差解释率分别为 28.365%、17.827%、16.589%、13.800%，旋转后四个共同因素的特征值分别为 5.181、5.163、4.918、4.650，方差解释率分别为 19.926%、19.857%、18.914%、17.885%，旋转后的累计方差解释率为 76.581%，远大于 50%。表明地方高校学术型博士生科研动力情况初始量表中 26 个题目所包含的信息能够被充分地有效提取。具体信息见表 2-7。其次，本研究编制的地方高校学术型博士生科研动力初始量表每个因素下面的题目分别是 7 个、6 个、6 个、7 个，满足每个因素下不能少于 3 个题目。最后，仅将因素特征值大于 1 的因素作为量表的共同因素还不具一定的信服力。因此，还要进行碎石图检验，综合碎石图检验结果和各因素结构特征判定哪些因素可作为共同因素、共同因素中哪些因素应被保留或剔除。碎石图检验的黄金标准是选取图中陡坡线急剧上升的因素，剔除陡坡线平缓的因素。本研究碎石图检验结果显示，从碎石图中第五个因素开始，陡坡线逐步平缓，故应该将第五个因素至第二十六个因素剔除，只保留前四个因素作为量表的共同因素。碎石图见图 2-1。

综合碎石图检验、初始特征值、累计方差比率、方差解释率等检验结果，最终应选择保留四个共同因素。

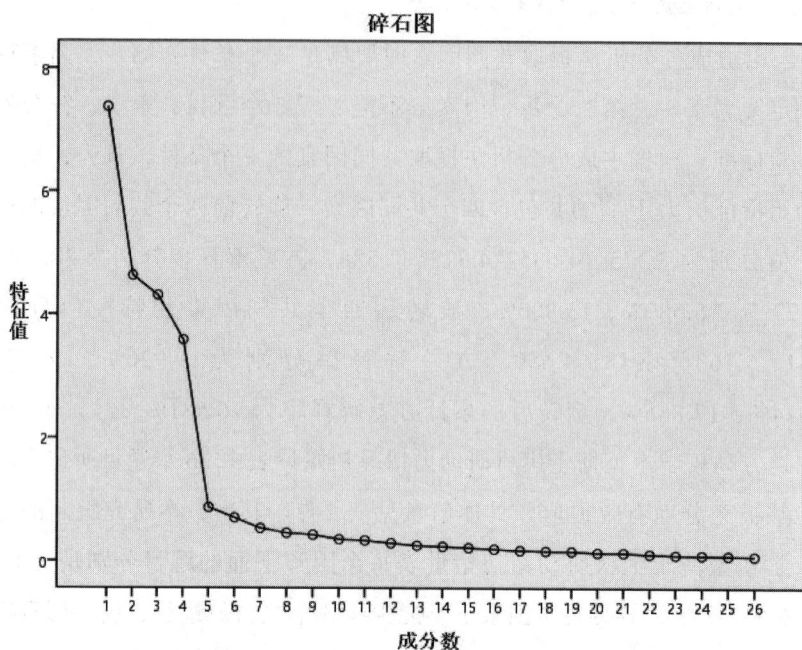

图 2-1　碎石图

表 2-7　解释总变异量统计表

成分	初始特征值			提取平方和载入			旋转平方和载入		
	合计	方差百分比（%）	累计百分比（%）	合计	方差百分比（%）	累计百分比（%）	合计	方差百分比（%）	累计百分比（%）
1	7.375	28.365	28.365	7.375	28.365	28.365	5.181	19.926	19.926
2	4.635	17.827	46.192	4.635	17.827	46.192	5.163	19.857	39.783
3	4.313	16.589	62.781	4.313	16.589	62.781	4.918	18.914	58.696
4	3.588	13.800	76.581	3.588	13.800	76.581	4.650	17.885	76.581
5	.865	3.327	79.909						
6	0.698	2.686	82.595						
7	0.528	2.030	84.625						
8	0.452	1.737	86.361						

续表

成分	初始特征值			提取平方和载入			旋转平方和载入		
	合计	方差百分比（%）	累计百分比（%）	合计	方差百分比（%）	累计百分比（%）	合计	方差百分比（%）	累计百分比（%）
9	0.424	1.629	87.990						
10	0.351	1.349	89.339						
11	0.334	1.284	90.623						
12	0.291	1.119	91.743						
13	0.253	0.975	92.718						
14	0.238	0.916	93.634						
15	0.218	0.838	94.472						
16	0.197	0.758	95.230						
17	0.175	0.673	95.903						
18	0.165	0.636	96.539						
19	0.159	0.612	97.150						
20	0.138	0.532	97.682						
21	0.135	0.520	98.202						
22	0.114	0.437	98.639						
23	0.100	0.383	99.022						
24	0.093	0.357	99.379						
25	0.085	0.326	99.705						
26	0.077	0.295	100.000						
本研究主要使用的共同因素提取方法：主成分分析法									

（4）求共同因素载荷量

采用凯撒（Kaiser）正太化最大方差法进行直交转轴，根据已有的研究设计与地方高校学术型博士生科研动力理论模型的构成要素（核心范畴、主范畴、范畴等），本研究因子载荷系数的删减标准为0.5，删除在公共因子上最大载荷量小于等于0.5、共同度小于等于0.5的题目。经过多次探索性因素分析，结果显示地方高校学术型博士生科研动力情况初始量表中的所有题目（26个）的因子主要分布在四个共同因子上，基本符合题目的预期划分。因子旋转矩阵结果显示，地方高校学术型博士生科研动力情况初始量表中的四个共同因子载荷系数均大于0.5，其共同度也均大于0.6，四个共同要素与其下面的题目具有一定内在的逻辑关系，且各题目间也具有一定的内在逻辑关系，四个共同要素分别是外部环境驱动、科研效能驱动、情绪情感驱动、价值信念驱动。共同因素载荷量检验结果表明，地方高校学术型博士生科研动力情况初始量表的效度较为良好，能够达到它的预期目标以及能够准确地测量出其要测定的内容。探索性因素分析结果如表2-8所示。

表2-8 地方高校学术型博士生科研动力情况初始量表探索性因素分析结果统计表

题目编号	因子载荷系数				共同度（公因子方差）
	因子1	因子2	因子3	因子4	
A1	0.846	0.027	0.114	0.080	0.735
A2	0.783	0.068	0.028	0.073	0.624
A3	0.813	0.182	−0.155	−0.068	0.723
A4	0.868	0.028	0.157	−0.022	0.780
A5	0.865	0.099	0.111	0.098	0.780
A6	0.896	0.062	0.057	0.04	0.811
A7	0.869	0.114	0.103	0.068	0.784
B2	0.102	0.048	0.895	0.009	0.813
B3	0.144	0.115	0.815	0.028	0.699
B5	−0.055	0.179	0.889	0.033	0.826
B6	0.072	0.03	0.919	0.1	0.861
B7	0.048	−0.05	0.915	0.057	0.846
B8	0.085	−0.028	0.891	0.05	0.805
C1	0.075	0.141	0.051	0.821	0.702

续表

题目编号	因子载荷系数				共同度（公因子方差）
	因子1	因子2	因子3	因子4	
C2	0.021	0.036	0.061	0.874	0.770
C3	0.074	0.022	0.075	0.931	0.878
C5	0.051	0.048	0.109	0.911	0.847
C6	0.016	0.216	−0.024	0.869	0.803
C7	0.021	0.256	0.001	0.785	0.683
D1	0.09	0.702	−0.132	0.193	0.656
D2	0.128	0.849	0.037	0.109	0.751
D3	0.056	0.858	−0.006	0.134	0.757
D4	0.177	0.843	0.176	0.095	0.782
D5	0.047	0.868	0.096	0.104	0.776
D7	0.023	0.85	0.047	0.057	0.728
D8	0.072	0.879	0.107	0.045	0.791
旋转后的特征值	5.181	5.163	4.918	4.650	—
旋转后的方差解释率	19.926	19.857	18.914	17.885	—
旋转后的累计方差解释率	19.926	39.783	58.696	76.581	—

采用的共同因素提取方法：主成分分析法

采用的旋转方法：凯撒（Kaiser）正太化最大方差法

注明：a.旋转在第26次迭代后已经收敛

3.信度分析

探索性因素分析（效度分析）后，需要对地方高校学术型博士生科研动力初始量表进行信度检验。信度检验主要是检测量表结果的可靠性、一致性和稳定性。信度检验最常用的指标是克朗巴哈信度系数（Crobach's Alpha），采用克朗巴哈信度系数来检验量表总体和各维度的可靠性、一致性。当克朗巴哈的 α 值小于0.7时，说明量表内部的一致性较差，量表检测结果不可靠，需要对量表的题目进行重新调整或编制。当克朗巴哈的 α 值大于0.7且小于0.9时，说明量表内部的一致性较为良好，量表检测结果较为可靠。当克朗巴哈的 α 值大于 0.9 时，说明量表内部的一致性非常好，量表检测结果非常可靠[①]。对经过项目分析及探索性因素分析（效度分析）的地方高校学术型博士生科研动力情况初始量表的剩余 26 个题目进行信度分析，信度分析结果显示（详见表 2-9），地方高校学术型博士生科研动力初始量表中各个变量及四个共同要素对应的克朗巴哈 α 值均大于 0.9，校正项总计相关性值 (CITC) 均大于 0.3，项已删除的 α 系数值均没有明显高于克朗巴哈 α 值。表明地方高校学术型博士生科研动力初始量表内部的一致性非常好，量表测量结果非常可靠，该量表具有较高的信度，可以进行正式问卷的发放。

表 2-9 信度检验结果统计表

题目编号	校正项总计相关性 (CITC)	项已删除的 α 系数值	Cronbach α 系数值
A1	0.791	0.930	0.939
A2	0.719	0.936	
A3	0.744	0.934	
A4	0.824	0.928	
A5	0.832	0.926	
A6	0.856	0.924	
A7	0.836	0.926	
B2	0.85	0.939	0.949
B3	0.776	0.948	
B5	0.843	0.939	
B6	0.886	0.934	
B7	0.871	0.936	
B8	0.841	0.940	

---

① 吴明隆. 问卷统计分析实务——SPSS 操作与应用 [M]. 重庆：重庆大学出版社，2010：237.

题目编号	校正项总计相关性 (CITC)	项已删除的 α 系数值	Cronbach α 系数值
C1	0.764	0.934	0.939
C2	0.806	0.929	
C3	0.889	0.919	
C5	0.867	0.921	
C6	0.841	0.925	
C7	0.744	0.937	
D1	0.641	0.938	0.935
D2	0.812	0.923	
D3	0.804	0.924	
D4	0.825	0.922	
D5	0.829	0.922	
D7	0.784	0.926	
D8	0.84	0.921	

（三）调查问卷的修改完善

通过对地方高校学术型博士生科研动力情况调查问卷的第二部分——《地方高校学术型博士生科研动力初始量表》进行项目分析、探索性因素分析（效度分析）、信度分析等，在保证量表的可靠性、有效性与适切性等条件下，将 B1（同辈间的竞争迫使我不得不努力搞科研）、B4（我有一定的能力搞好科研）、C4（在科研中获得的满足感能够激发我的科研动力）、D6（我能够在科研中进行自主地创新）这四个题目做删除处理，并在不改变原意的情况下对部分题目的表述方式进行了调整，最终形成的正式量表中共包含 26 个题目。最终版本量表如 2-11 所示。

地方高校学术型博士生科研动力正式量表中，外部环境驱动共包括 7 个观测变量，科研效能驱动共包括 6 个观测变量，情绪情感驱动共包括 6 个观测变量，价值信念驱动共包括 7 个观测变量，共计 26 个题目。正式量表的具体维度划分以及正式量表分别见表2-10和2-11。

表2-10 地方高校学术型博士生科研动力情况量表维度划分表

一级维度	二级维度	三级维度（观测变量）	对应题目编号
外部环境驱动	任务导向	毕业要求、考核要求	a1、a2
	激励作用	精神激励、物质激励、情感激励	a3、a4、a5
	学术氛围	组织活动、同辈竞争	a6、a7
科研效能驱动	科研效能	科研基础、科研能力与信念	b1、b2
	内部支撑	学科专业力量支撑、师资（团队）力量支撑	b3、b4
	外部保障	资源平台保障、组织管理保障	b5、b6
情绪情感驱动	兴趣爱好	科研兴趣、科研热情	c1、c2
	成就体验	成就感与满足感、体验感与获得感	c3、c4
	科研认同	价值认可、情感归属	c5、c6
价值信念驱动	自我实现	自身价值、社会价值	d1、d2
	责任意识	责任感、使命感	d3、d4
	科研自觉	科研主动性、科研自省、科研"性格化"	d5、d6、d7

表2-11 地方高校学术型博士生科研动力情况正式量表

题目序号	题目编号	题目信息
1	a1	我努力搞科研是为了达到学校的毕业要求
2	a2	我努力搞科研是为了完成学校的各项考核要求
3	a3	一定的物质激励能够提升我的科研动力（如奖学金、各种科研福利等）
4	a4	一定的精神激励能够提升我的科研动力（如各种科研荣誉称号、未来就业前景等）
5	a5	一定的情感激励能够提升我的科研动力（如获得导师、家人、同学朋友的鼓励与认可等）
6	a6	在各类学术活动的浸染下我的科研动力有所提升（如各种类型的学术会议、报告、沙龙、师门组会等）
7	a7	周围同学营造的良好学术氛围迫使我不得不努力搞科研

续表

题目序号	题目编号	题目信息
8	b1	我具备一定的科研基础，能够游刃有余完成各项科研任务
9	b2	我有足够的信心和能力搞好科研
10	b3	学校强大的学科专业力量促使我不断提升自身科研水平
11	b4	学校雄厚的师资力量促使我不断提升自身科研水平
12	b5	学校提供了丰富的科研资源和较多的科研平台促使我不断提升自身科研水平
13	b6	学校完备的组织与管理保障了我能顺利搞科研
14	c1	我搞科研是因为对科研具有浓厚的兴趣
15	c2	我搞科研是因为我对科研具一定的热情
16	c3	偶尔在科研中取得一些成就能够激发我的科研动力
17	c4	良好的科研体验能够激发我的科研动力
18	c5	科研具有重大的意义和价值，所以我必须努力搞科研
19	c6	我能够在科研中获得一定的归属感，所以我必须努力搞科研
20	d1	我不甘平庸，希望能在科研中获得更多的成长和发展，所以我有了科研动力
21	d2	我希望通过科研能够为社会做贡献，所以我有了科研动力
22	d3	我认为搞科研是博士生的职责所系，所以我不断努力搞科研
23	d4	我希望能够更好地完成自己作为博士生的使命，所以我不断努力搞科研
24	d5	不需任何外在力量，我能够积极主动地搞科研
25	d6	我能够在科研中不断反思、发展、完善自我
26	d7	科研对我来说已成为一种生活习惯

（四）调查问卷的正式发放

1. 调查问卷的正式发放

对修改完善后的正式问卷采用线上和线下相结合的方式发放，其中线下为纸质版问卷发放，线上通过网络问卷（问卷星）的形式发放。为保证研究结论的代表性，正式问卷发放范围尽可能涵盖我国的东部、西部、南部、北部、中部地区，发放对象尽可能遍及地方高校一年级至四年级的全日制学术型博士生。本研究共发放正式问卷 800 份，回收有效问卷 786 份，问卷有效回收率为 98.28%。

2. 调查样本的基本情况

利用 SPSS 软件对收集到的 786 份问卷进行清洗、筛选，并对 786 个调查样本的基本信息进行了描述性统计分析。786 个调查样本的基本信息主要包括性别、年龄、年级、学科类别、学校所在地区，调查样本的具体信息如表 2-12 所示。

表 2-12　地方高校学术型博士生科研动力情况调查问卷样本基本信息表

基本信息	具体类别	频数	百分比（%）	累计百分比（%）
性别	女	379	48.22	48.22
	男	407	51.78	100
年龄	30 周岁及以下	514	65.39	65.39
	31—40 周岁	225	28.63	94.02
	41 周岁及以上	47	5.98	100
年级	博一	187	23.79	23.79
	博二	279	35.50	59.29
	博三	203	25.83	85.11
	博四	117	14.89	100
学科类别	人文与社会科学	102	12.98	12.98
	农学	81	10.31	23.28
	医学	306	38.93	62.21
	工学	149	18.96	81.17
	自然科学	148	18.83	100

续表

基本信息	具体类别	频数	百分比（%）	累计百分比（%）
所属地区	东部地区	148	18.83	18.83
	中部地区	174	22.14	40.97
	北部地区	161	20.48	61.45
	南部地区	156	19.85	81.30
	西部地区	147	18.70	100
总计		786	100	100

　　分析调查样本的基本信息可知，在样本的男女比例分布上，男生有 407 人，女生有 379 人，男女比例约为 1.07∶1，比较符合地方高校学术型博士生的男女比例分布。在样本的年龄区间分布上，30 周岁及以下的学术型博士生有 514 人，31—40 周岁的学术型博士生有 225 人，41 周岁及以上的学术型博士生有 47 人。30 周岁及以下的人数较多，41 周岁及以上的人数较少，31-40 周岁的人数居中，年龄上比较符合地方高校全日制在校学术型博士生的年龄分布特征。在样本的年级分布上，博一的学术型博士生有 187 人，博二的学术型博士生有 279 人，博三的学术型博士生有 203 人，博四的学术型博士生有 117 人，四者比例约为 1∶1.75∶1∶1，年级分布上涵盖所有年级，且比例相当，年级分布较为合理。在样本的学科类别上，自然科学类的学术型博士生 148 人，人文与社会科学类的学术型博士生 102 人，医学类的学术型博士生 306 人，农学类的学术型博士生 81 人，工学类的学术型博士生 149 人，五者比例约为 1∶1∶3∶1∶1，各学科分布比例基本相当，较为合理。在样本的所属地区上，东部地区的学术型博士生 148 人，西部地区的学术型博士生 147 人，南部地区的学术型博士生 156 人，北部地区的学术型博士生 161 人，中部地区的学术型博士生 174 人，五者比例约为 1∶1∶1∶1∶1，五个地区样本的数量基本相当，比较合理。综上，从样本的性别、年龄、年级、学科类别、所属地区的分布比例上来看，本研究的样本基本符合地方高校学术型博士生的人口学特征，样本具有一定的代表性，在一定程度上也能保证研究结论的准确性。

（五）结构方程模型检验过程

经过探索性因素分析后，量表的题目已经确定，可以对问卷进行大规模发放，为了进一步检验量表的总体结构以及各潜变量、观测变量间的关系是否合理、模型的适配度如何等，还要对问卷的数据进行验证性因素分析。本研究主要采用结构方程模型对《地方高校学术型博士生科研动力情况量表》收集的 786 份数据进行验证性因素分析，其中主要运用了 AMOS 软件绘制了结构方程模型图。

1. 验证性因素分析过程

首先对地方高校学术型博士生科研动力量表中用于结构方程模型验证的问题（观测变量）进行编号，以便后续分析，具体编号如表 2-13 所示。

表 2-13　结构方程模型验证问题编号表

潜变量	观测变量（验证问题）
外部环境驱动	毕业要求（N1）、考核要求（N2）、精神激励（N3）、物质激励（N4）、情感激励（N5）、组织活动（N6）、同辈竞争（N7）
科研效能驱动	科研基础（N8）、科研能力与信念（N9）、学科专业力量支撑（N10）、师资（团队）力量支撑（N11）、资源平台保障（N12）、组织管理保障（N13）
情绪情感驱动	科研兴趣（N14）、科研热情（N15）、成就感与满足感（N16）、体验感与获得感（N17）、价值认可（N18）、情感归属（N19）
价值信念驱动	自身价值（N20）、社会价值（N21）、责任感（N22）、使命感（N23）、科研主动性（N24）、科研自省（N25）、科研"性格化"（N26）

假设 H1：四个潜变量间存在显著相关关系且与地方高校学术型博士生科研总动力存在显著相关关系

本研究主要运用皮尔逊（Pearson）相关法对地方高校学术型博士生科研动力量表调查结果中的四个潜变量间（外部环境驱动、科研效能驱动、情绪情感驱动、价值信念驱动）的相关性及与地方高校学术型博士生科研总动力间的相关性进行了分析，具体相关性分析结果见表 2-14。由表 2-14 可知，四个潜变量的平均值为 3.966、3.766、3.658、3.396，标准差为 0.969、0.888、0.943、0.892，四个潜变量与地方高校学术型博士生科研总动力间的皮尔逊相关系数分别为：0.660、0.624、0.688、0.745（均高于 0.6，其中皮尔逊相关系数在 0.4-0.6 间表示关系较为密切[①]），说明四个潜变量间（外部环境驱动、科研效能驱动、情绪情感驱动、价值信念驱动）以及与地方高校学术型博士生科研总动力间存在显著相关关系。因此，假设 H1：四个潜变量间存在显著相关关系且与地方高校学术型博士生科研总动力存在显著相关关系成立。

表 2-14　四个潜变量间的相关性及与科研总动力间的相关性结果统计表

	平均值	标准差	外部环境驱动	科研效能驱动	情绪情感驱动	价值信念驱动	科研动力总分
外部环境驱动	3.966	0.969	1				
科研效能驱动	3.766	0.888	0.188★★	1			
情绪情感驱动	3.658	0.943	0.235★★	0.225★★	1		
价值信念驱动	3.396	0.892	0.332★★	0.317★★	0.396★★	1	
科研动力总分	3.698	0.627	0.660★★	0.624★★	0.688★★	0.745★★	1
★ p<0.05 ★★ p<0.01 带 ★★ 表示相关性显著							

假设 H2：观测变量对四个潜变量产生了显著影响

验证性因素分析时要绘制地方高校学术型博士生科研动力结构方程模型与标准化回归系数图，进行标准化回归系数判定，标准化回归系数表示观测变量对潜变量的影响，通过分析结构方程模型的标准化回归系数可以窥探出各观测变量在潜变量上的重要程度，检验模型的适配度或拟合度，若标准化回归系数在 0.50 至 0.95 间，则表明模型与实际测量数据间的适配度或拟合度相对较为良好[②]。运用 AMOS 软件绘制出地方高校学术型博士生

---

① 吴明隆.结构方程模型——AMOS 的操作与应用 [M]. 重庆：重庆大学出版社，2019：212-218.

② 吴明隆.结构方程模型——AMOS 的操作与应用 [M]. 重庆：重庆大学出版社，2019：223-225.

科研动力结构方程模型，如图 2-2 所示。由图 4-2 可知，地方高校学术型博士生科研动力结构方程模型由四个潜变量（外部环境驱动、科研效能驱动、情绪情感驱动、价值信念驱动）和 26 个观测变量（N1、N2、N3……N24、N25、N26）构成，潜变量与各观测变量间的标准化回归系数分别为：N1（0.90）、N2（0.92）、N3（0.89）、N4（0.92）、N5（0.95）、N6（0.91）、N7（0.91）、N8（0.90）、N9（0.93）、N10（0.83）、N11（0.92）、N12（0.87）、N13（0.88）、N14（0.89）、N15（0.78）、N16（0.92）、N17（0.92）、N18（0.90）、N19（0.88）、N20（0.83）、N21（0.86）、N22（0.87）、N23（0.80）、N24（0.87）、N25（0.81）、N26（0.71），潜变量与各观测变量间的标准化回归系数均介于 0.71 至 0.95 之间，说明地方高校学术型博士生科研动力量表的观测变量对四个潜变量产生了比较显著的影响，模型的适配度达到了良好的水平。

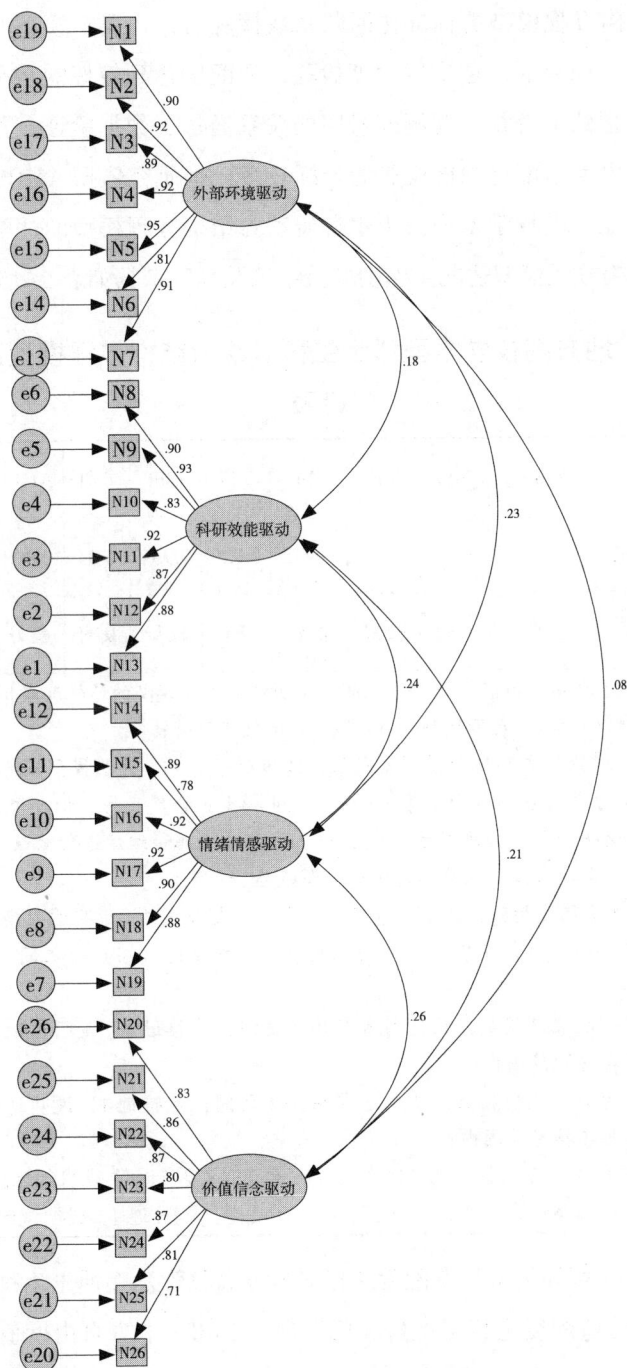

图 2-2 地方高校学术型博士生科研动力结构方程模型与标准化回归系数图

通过结构方程模型的标准化回归系数检验后，还要对模型的适配度进行深度检验，如果通过适配度深度检验，适配度达到较好的水平，则说明结构方程模型的潜变量与观测变量间的关系通过了数据验证，预先提出的假设成立。模型适配度深度检验的指标较多，本研究依据 AMOS 软件中适配度指标对地方高校学术型博士生科研动力结构方程模型的适配度进行深度检验，结构方程模型适配度深度检验结果及判定依据如表 2-15 所示。

表 2-15 地方高校学术型博士生科研动力结构方程模型适配度判定表

判定指标	X2/df	p	RMSEA	NFI	RFI	IFI	TLI	CFI	GFI	AGFI	PGFI	PNFI	PCFI
适配度指数	2.012	0.000	0.067	0.921	0.912	0.932	0.925	0.932	0.84	0.808	0.701	0.83	0.841
适配度检验结果	良好	显著	合理	较好	较好	较好	较好	较好	良好	良好	较好	较好	较好
判定标准	1.X2/df：卡方自由度值若介于 2-3 之间，表明结构方程模型的适配度或拟合度处于良好的水平； 2.p：相关性 ★ p<0.05 表示显著 ★★ p<0.01 表示极其显著； 3.RMSEA：理论模式与饱和模型差距值，该值小于 0.05，说明模型较为接近拟合，但未完全拟合。该值大于等于 0.05 且小于等于 0.08，说明模型拟合度良好，拟合较为合理。该值大于 0.08 小于 0.10，说明模型拟合度处于一般水平，还需对数据和维度进行修改完善。该值大于 0.10，说明模型的拟合度较差，未能通过拟合度深度检验； 4.GFI：良适性适配度指数，该值通常在 0-1 之间，越接近 1，说明适配度越良好； 5.NFI、RFI、IFI、TLI、CFI：增值适配度指数，该值通常在 0-1 之间，越接近 1，说明适配度越良好； 6.PCFI：简约适配度指数，该值通常在 0-1 之间，越接近 1，说明适配度越良好，一般该值大于 0.05 就在接受范围内； 7.PGFI：简约拟合优度指数，该值通常在 0-1 之间，越接近 1，说明适配度越良好，一般该值大于 0.05 就在接受范围内； 8.PNFI：简约规范拟合指数，该值通常在 0-1 之间，越接近 1，说明适配度越良好； 9.AGFI：调整拟合优度指数，该值通常在 0-1 之间，越接近 1，说明适配度越良好。												

由表 2-15 可知，通过适配度指标对地方高校学术型博士生科研动力结构方程模型的适配度进行深度检验后发现，X^2/df（卡方自由度值）、p（显著性）、RMSEA（理论模式与饱和模型差距值）、GFI（良适性适配度指数）、

NFI+RFI+IFI+TLI+CF（增值适配度指数）、PCFI（简约适配度指数）、PGFI
（简约拟合优度指数）、PNFI（简约规范拟合指数）、AGFI（调整拟合优度
指数）等适配度指标均表现出适配度或拟合度良好的水平，参数值达到了
较为显著的水平。由是，说明地方高校学术型博士生科研动力结构方程模
型的观测变量与潜变量间的关系通过了数据验证，假设 H2：观测变量对四
个潜变量产生了显著影响成立。为更加清晰、直观展示出地方高校学术型
博士生科研动力结构方程模型的拟合路径，特附上结构方程模型的拟合路
径表，如表 2-16 所示。

表 2-16 地方高校学术型博士生科研动力结构方程模型拟合路径表

Relations			Estimate	S.E.	C.R.	P
N13	<---	科研效能驱动	0.876			
N12	<---	科研效能驱动	0.870	0.030	34.551	***
N11	<---	科研效能驱动	0.918	0.026	38.865	***
N10	<---	科研效能驱动	0.833	0.031	31.650	***
N9	<---	科研效能驱动	0.927	0.026	39.787	***
N8	<---	科研效能驱动	0.903	0.027	37.474	***
N19	<---	情绪情感驱动	0.881			
N18	<---	情绪情感驱动	0.898	0.027	37.412	***
N17	<---	情绪情感驱动	0.921	0.026	39.746	***
N16	<---	情绪情感驱动	0.919	0.025	39.486	***
N15	<---	情绪情感驱动	0.782	0.03	28.444	***
N14	<---	情绪情感驱动	0.887	0.028	36.390	***
N7	<---	外部环境驱动	0.914			
N6	<---	外部环境驱动	0.911	0.023	43.345	***
N5	<---	外部环境驱动	0.945	0.021	48.786	***
N4	<---	外部环境驱动	0.916	0.023	44.031	***
N3	<---	外部环境驱动	0.888	0.023	40.299	***
N2	<---	外部环境驱动	0.918	0.023	44.371	***
N1	<---	外部环境驱动	0.902	0.022	42.179	***

续表

Relations			Estimate	S.E.	C.R.	P
N26	<---	价值信念驱动	0.712			
N25	<---	价值信念驱动	0.807	0.055	22.004	***
N24	<---	价值信念驱动	0.875	0.052	23.838	***
N23	<---	价值信念驱动	0.801	0.053	21.848	***
N22	<---	价值信念驱动	0.866	0.051	23.615	***
N21	<---	价值信念驱动	0.859	0.053	23.403	***
N20	<---	价值信念驱动	0.83	0.056	22.621	***
科研效能驱动	<-->	外部环境驱动	0.147	0.031	4.735	***
科研效能驱动	<-->	情绪情感驱动	0.194	0.031	6.222	***
情绪情感驱动	<-->	价值信念驱动	0.155	0.024	6.481	***
情绪情感驱动	<-->	外部环境驱动	0.208	0.034	6.057	***
外部环境驱动	<-->	价值信念驱动	0.048	0.023	2.092	0.036
科研效能驱动	<-->	价值信念驱动	0.117	0.021	5.459	***

2. 验证性因素分析结果

通过验证性因素分析发现，地方高校学术型博士生科研动力量表中四个潜变量（外部环境驱动、科研效能驱动、情绪情感驱动、价值信念驱动）间存在显著相关关系且与地方高校学术型博士生科研总动力存在显著相关关系。通过 AMOS 软件绘制地方高校学术型博士生科研动力结构方程模型图，分析潜变量与观测变量间的标准化回归系数发现，26 个观测变量对四个潜变量产生了较为显著的影响，该模型的适配度处于良好水平。进一步依据适配度指标进行模型适配度的深度检验发现，各适配度指标均表现出适配度良好的水平，参数值达到了较为显著的水平，地方高校学术型博士生科研动力结构方程模型的观测变量与潜变量间的关系通过了数据验证，模型的适配度较为良好，进一步表明运用扎根理论构建的地方高校学术型博士生科研动力理论模型与实际取样收集的数据间具有较高的契合度或适配度。

综上，本研究构建的地方高校学术型博士生科研动力模型具有一定的应用推广价值，与目前我国地方高校学术型博士生科研动力的产生与变化相契合，能够很好地解释时下我国地方高校学术型博士生科研动力的实际状况。

（六）科研动力模型的应用原则

原则是指从自然界或人类社会发展中抽象出来的准则或规则，自然界中任何人和事物都要遵循一定的原则，只有这样社会才能正常发展和运转[①]。因此，本研究运用扎根理论建构出来的地方高校学术型博士生科研动力理论模型在实际应用时须遵循一定的原则，以保证最大限度激发地方高校学术型博士生的科研动力，促使其积极地开展科研，产出更多高质量的科研成果，从而切实提高地方高校学术型博士生的培养质量。

1. 内生与外促共同发挥联动作用原则

个人—环境匹配指出环境对人的发展具有重大意义。场动力理论强调个体内在需求的重要性，它把外部环境比作导火线，若个体的内在需求不强烈，那么再具有燃爆力的导火线也不会引发个体行为的发生。若个体的内在需求足够强烈，微小的火苗也能引发个体行为的发生。地方高校学术型博士生的科研过程也是其内生动力与外部条件发挥联动作用的过程。外部条件主要包括地方高校提供的资源平台、制度保障、科研奖励、政策支持等，内生动力主要包括学术型博士生自身的科研兴趣爱好、科研认同、科研自觉、科研成就体验、科研热情等，外部条件和内生动力是地方高校学术型博士生产生科研动力的必要条件，内生动力是本，外部条件是源，二者缺一不可。只有二者共同发挥联动作用才能真正激发学术型博士生的科研动力。否则，即便学术型博士生产生了一定的科研动力，也仅是短暂的、不可持续的。因此，本研究构建的地方高校学术型博士生科研动力模型只有在外部条件和内部动力共同满足的条件才能具体应用。这也提示培养单位要注重培育学生的内生动力，并适当提供一定的外部条件。

---

① 夏征农，陈至立. 辞海 [C]. 上海：上海辞书出版社，2009：2818-2822.

2. 理论指导性与实践应用性的有机融合原则

运用扎根理论研究方法建构的理论均是在一定理论基础的指导下实现的，其核心目标在于使建构的形式理论具有较强的适用性和应用推广价值。本研究建构的地方高校学术型博士生科研动力理论模型具有较强的操作性、适用性与应用推广价值，原因在于学术型博士生科研动力模型的构成要素、运行机制顺应学术型博士生的科研规律与心理特征，与学术型博士生实际科研过程相契合。因此，学术型博士生科研动力模型具有较强的实践性。这种实践性又是在个人—环境匹配理论、双因素理论、场动力理论、需要层次理论等理论指导下实现的。故地方高校学术型博士生科研动力模型是理论与实践相融合的范式。一方面，地方高校学术型博士生科研动力模型作为一种理论范式，能够为博士生科研动力的相关研究奠定理论基础，为切实激发学术型博士生科研动力提供理论参考。另一方面，地方高校学术型博士生科研动力模型作为一种实践范式，能够在应用中不断发现、创生出新的理论，在实际应用过程中能够真正地激发学术型博士生的科研动力，切实提高学术型博士生的科研水平，使其产出更多优质的科研成果。地方高校学术型博士生科研动力模型是理论指导与实践应用的有机融合，在实际应用中要遵循理论指导性与实践适用性相结合的原则。

3. 运行严格性与适度灵活性的包容统一原则

本研究建构的地方高校学术型博士生科研动力模型的四个主要构成要素之间具有一定的内在逻辑关系。外部环境驱动、科研效能驱动、情绪情感驱动和价值信念驱动是环环相扣、层层递进的关系。在一定的外部环境驱动下，地方高校学术型博士生的科研效能感增强，从而产生了积极的情绪情感体验（如科研成就体验、科研兴趣等）。在积极良好的情绪情感体验驱动下，地方高校学术型博士生产生了一定的科研价值信念，这也是学术型博士生致力追求的最高科研境地。因此，在应用地方高校学术型博士生科研动力模型时应严格遵循其内在的运行流程，但在实际应用中也要根据具体情况对科研动力模型的运行流程进行实时调整，做到适度灵活。例如，一些学术型博士生已具备一定的科研能力，也有信心能够完成各项科研任务，具有较强的科研效能感。学校也提供了一定的资源平台，那么对于此类学术型博士生，培养单位要着重以促进其良好的科研情感体验以及培育其价值信念为主。综上，地方高校学术型博士生科研动力模型在实际应用时应遵循运行严格性与适度灵活性的包容统一原则。

本章小结

本章严格遵循程序化扎根理论检验的四种方式对已建构的地方高校学术型博士生科研动力理论模型进行了原始资料丰富性检验、概念系统性检验、理论性检验、应用性检验。首先，原始资料丰富性检验结果表明：本研究建构的地方高校学术型博士生科研动力理论模型中的主范畴、范畴及概念等均有丰富的原始资料作为支撑。其次，概念系统性检验结果表明：本研究建构的地方高校学术型博士生科研动力模型中的所有概念是有机统一的系统整体，且概念与范畴间、概念与概念间具有一定的内在逻辑关系。再次，理论性检验结果表明：本研究构建的地方高校学术型博士生科研动力理论模型中的概念具有充分的延展性，科研动力模型的构成要素与已有研究文献的契合度较高，能够随时回到已有研究文献中并得到佐证。

最后，在应用性检验阶段，依据已建构的地方高校学术型博士生科研动力理论模型的构成要素编制《地方高校学术型博士生科研动力情况调查问卷》，对问卷进行探索性因素分析后，再对问卷进行修改完善以形成最终版本调查问卷，然后采用调查问卷的第二部分——《地方高校学术型博士生科研动力量表》对全国 786 名地方高校的学术型博士生进行调查，并对调查结果进行验证性因素分析（结构方程模型验证），应用性检验结果表明：四个潜变量（外部环境驱动、科研效能驱动、情绪情感驱动、价值信念驱动）间存在显著相关关系且与地方高校学术型博士生科研总动力存在显著相关关系。26 个观测变量对四个潜变量产生了较为显著的影响，该模型的适配度处于良好水平。进一步依据适配度指标进行模型适配度的深度检验发现，各适配度指标均表现出适配度良好的水平，参数值达到了较为显著的水平，模型的观测变量与潜变量间的关系通过了数据验证。进一步表明运用扎根理论建构的地方高校学术型博士生科研动力理论模型与实际取样收集的数据间具有较高的适配度。因此，说明了本研究构建的地方高校学术型博士生科研动力模型具有一定的应用推广价值。

本研究建构的地方高校学术型博士生科研动力模型通过了原始资料丰富性检验、概念系统性检验、理论性检验、应用性检验，进而提出了应用地方高校学术型博士生科研动力理论模型的三个原则：内生与外促共同发挥联动作用原则、理论指导性与实践应用性的有机融合原则、运行严格性与适度灵活性的包容统一原则。

第三章
地方高校学术型博士生
科研动力现状调查与问题审视

一、地方高校学术型博士生科研动力现状分析

本研究运用经过探索性因素分析且较为完善、成熟的《地方高校学术型博士生科研动力情况调查问卷》中的"地方高校学术型博士生科研动力量表"对全国地方高校的 786 名学术型博士生进行大规模问卷调查，旨在了解时下我国地方高校学术型博士生科研动力的总体情况和不同人口学变量上的差异情况，以掌握地方高校学术型博士生科研动力现状，为探析地方高校学术型博士生存在的科研动力问题提供依据。对地方高校学术型博士生科研动力的总体情况和不同人口学变量上的差异情况分析之前，要对正式问卷调查的结果进行信度分析和效度分析。

通过对"地方高校学术型博士生科研动力量表"调查结果进行信度分析发现，量表中 4 个维度的克朗巴哈 α 值均大于 0.9（0.972、0.957、0.954、0.936）。说明该量表内部的一致性非常好，量表测量数据结果非常可靠，该量表具有较高的信度。量表信度检验结果如表 3-1 所示。

表 3-1　量表信度检验结果统计表

维度	Cronbach α 系数
外部环境驱动	0.972
科研效能驱动	0.957
情绪情感驱动	0.954
价值信念驱动	0.936

通过对"地方高校学术型博士生科研动力量表"调查结果进行效度分析发现，KMO 值和 Bartlett 的球形检验结果显示：量表 KMO 值为 0.926，远高于 0.6，Bartlett 球形度检验的巴特球形值为 22798.909，自由度（df）为 325，显著性（p）为 .000,说明地方高校学术型博士生科研动力量表具有一定的显著性。共同度（公因子方差）检验及因子载荷量检验结果显示：量表中的四个共同因子载荷系数均大于 0.5，其共同度也均大于 0.6（最小为 0.681），旋转后的累计方差解释率为 81.09%，远高于 50%，说明地方高校学术型博士生科研动力量表各维度划分相对较为合理，题目和各个维度相契合。量表达到了它的预期目标，准确地测量出了其要测定的内容。因此，可以判定该量表具有良好的效度。量表效度检验结果如表 3-2 所示。

表 3-2　量表效度检验结果统计表

题目编号	因子载荷系数				共同度（公因子方差）
	因子 1	因子 2	因子 3	因子 4	
N1	0.927	−0.012	0.013	0.031	0.861
N2	0.925	0.025	0.054	0.059	0.863
N3	0.911	0.007	0.035	0.059	0.835
N4	0.916	0.043	0.086	0.115	0.862
N5	0.934	0.065	0.094	0.116	0.899
N6	0.908	0.053	0.102	0.117	0.851
N7	0.908	0.024	0.112	0.139	0.857
N8	0.070	0.067	0.912	0.086	0.849
N9	0.075	0.081	0.922	0.084	0.869
N10	0.071	0.051	0.867	0.071	0.764

续表

题目编号	因子载荷系数				共同度（公因子方差）
	因子 1	因子 2	因子 3	因子 4	
N11	0.067	0.115	0.909	0.088	0.853
N12	0.113	0.103	0.881	0.130	0.817
N13	0.050	0.135	0.879	0.092	0.801
N14	0.128	0.116	0.104	0.882	0.819
N15	0.040	0.125	0.014	0.832	0.710
N16	0.093	0.073	0.091	0.918	0.865
N17	0.118	0.101	0.130	0.901	0.853
N18	0.097	0.115	0.144	0.883	0.823
N19	0.106	0.163	0.083	0.890	0.837
N20	0.061	0.856	0.046	0.069	0.743
N21	0	0.871	0.055	0.071	0.766
N22	−0.058	0.874	0.055	0.076	0.776
N23	0.024	0.838	0.086	0.102	0.721
N24	−0.048	0.878	0.071	0.082	0.785
N25	0.048	0.831	0.110	0.125	0.721
N26	0.262	0.703	0.208	0.274	0.681
特征根值（旋转前）	8.425	5.191	3.934	3.532	—
方差解释率 %（旋转前）	32.40%	19.97%	15.13%	13.58%	—
累积方差解释率 %（旋转前）	32.40%	52.37%	67.50%	81.09%	—
特征根值（旋转后）	6.083	5.065	4.993	4.94	—
方差解释率 %（旋转后）	23.40%	19.48%	19.21%	19.00%	—
累积方差解释率 %（旋转后）	23.40%	42.88%	62.08%	81.09%	—
KMO 值	0.926				—
巴特球形值	22798.909				—
df（自由度）	325				—
p 值（显著性）	.000				—

综上，通过对量表调查结果进行信度和效度检验后发现，"地方高校学

术型博士生科研动力量表"具有较高的信度和良好的效度，量表结构较为合理，具有一定的可靠性和代表性，能够进行下一步科研动力总体情况和不同人口学变量上的科研动力差异情况分析。

（一）地方高校学术型博士生科研动力总体情况

本研究主要采用平均值和标准差来分析时下地方高校学术型博士生科研动力的总体情况和外部环境驱动、科研效能驱动、情绪情感驱动、价值信念驱动各观测变量的现状。

对"地方高校学术型博士生科研动力量表"回收的数据进行描述性统计分析（见表 3-3），以了解时下地方高校学术型博士生科研动力的总体情况。分析结果显示：首先，地方高校学术型博士生科研动力的总体水平较为良好。786 名地方高校学术型博士生科研动力的总体平均值为 3.967，标准差为 0.542，最大值为 4.88，最小值为 1.50，最大值和最小值间相差 3.38。这表明最大值和最小值间表现出较为显著的差异，可以进行后续的差异性分析。其次，从标准差来看，四个潜变量：外部环境驱动、科研效能驱动、情绪情感驱动、价值信念驱动的标准差分别为 0.969、0.888、0.943、0.892，说明 786 名地方高校学术型博士生在外部环境驱动、情绪情感驱动上得分的离散程度大于在科研效能驱动、价值信念驱动上得分的离散程度，其中外部环境驱动的离散程度最大（0.969）。再次，从最大值和最小值来看，外部环境驱动、科研效能驱动、情绪情感驱动、价值信念驱动的最大值和最小值分别为（5,2）、（5,1）、（5,1）、（5,1），每个潜变量的最大值和最小值间均存在显著的差异。最后，从平均值来看，外部环境驱动、科研效能驱动、情绪情感驱动、价值信念驱动的平均值分别为 3.966、3.766、3.658、3.396，外部环境驱动的平均值最高，价值信念驱动的平均值最低，科研效能驱动和情绪情感驱动的平均值相对较低。说明外部环境对地方高校学术型博士生科研动力的影响较大，进一步反映出目前地方高校学术型博士生的科研动力主要来源于外部环境驱动，少数学术型博士生的科研动力来源于科研效能驱动和情绪情感驱动，极少数学术型博士生的科研动力来源于价值信念驱动。总体来看，地方高校学术型博士生科研动力的总体水平虽然较为良好，但其科研动力的来源并不均衡，还存在着许多科研动力方面的问题，例如过分依赖于外部环境驱动，仅依赖于外部环境驱动产生的动力是不具可持续性的。

表 3-3　地方高校学术型博士生科研动力总体情况描述性统计表

维度	样本量	最小值	最大值	平均值	标准差
外部环境驱动	786	2	5	3.966	0.969
科研效能驱动	786	1	5	3.766	0.888
情绪情感驱动	786	1	5	3.658	0.943
价值信念驱动	786	1	5	3.396	0.892
科研动力总分	786	1.5	4.88	3.697	0.542

（二）"外部环境驱动"维度的情况

对"地方高校学术型博士生科研动力量表"中外部环境驱动维度的7个观测变量（毕业要求、考核要求、精神激励、物质激励、情感激励、组织活动、同辈竞争）进行描述性统计分析，得出7个观测变量的最大值、最小值、平均值、标准差，如表 3-4 所示。结果显示："毕业要求"和"考核要求"的平均值最高（均为 4.06），说明外部环境驱动中对地方高校学术型博士生科研动力影响最大的因素是毕业要求和考试要求。大部分地方高校制定的博士生毕业要求和考核要求在一定程度上能够激发学术型博士生的科研动力。但值得注意的是，这些要求过于强制，极易消解学术型博士生的科研热情，引发学术型博士生的科研倦怠，甚至使学术型博士生产生"逃离"科研的心理。

我现在压力特别大，每天睁眼闭眼都在想小论文发表的事情，我们学校明确规定将发表 2 篇 CSSCI 和 1 篇全国中文核心论文作为毕业的条件之一，即便小论文达标了，还有开题、预答辩、外审、答辩、等环节，每个环节都是层层淘汰的，这些要求让我不敢有丝毫懈怠，每天拼命地写论文，希望早点达到这

些要求，顺利毕业，有的时候甚至压抑得喘不上气……（个案1 XY）

　　制定毕业要求和考核要求的核心目的是激发学术型博士生的科研动力，提升学术型博士生学术生产力，而不能让其沦为学术型博士生科研成长的"枷锁"。在"精神激励""物质激励""情感激励"中，"物质激励"的平均值最高（4.038），表明地方高校学术型博士生科研动力在很大程度上来源于各方面的物质激励，适当的物质激励确实能够激发学术型博士生的科研动力，若掌握不好物质激励的"度"，极易导致学术型博士生功利化科研导向。在这7个观测变量中，"组织活动""同辈竞争"的平均值最低，说明时下地方高校营造的学术氛围还不能有效激发学术型博士生的科研动力。从外部环境驱动的描述性统计分析结果和访谈结果来看，地方高校对博士生的科研任务要求、科研激励举措以及整体的学术氛围等方面存在一定的问题，严重阻碍了学术型博士生科研动力的产生。

表3-4　"外部环境驱动"情况描述性统计表

观测变量	代码	最小值	最大值	平均值	标准差
毕业要求	N1	2	5	4.060	0.987
考核要求	N2	2	5	4.060	1.047
精神激励	N3	2	5	4.031	1.066
物质激励	N4	2	5	4.038	1.006
情感激励	N5	2	5	3.961	1.044
组织活动	N6	2	5	3.911	1.032
同辈竞争	N7	2	5	3.892	1.049

（三）"科研效能驱动"维度的情况

　　对"地方高校学术型博士生科研动力量表"中科研效能驱动维度的6个观测变量（科研基础、科研能力与信念、学科专业力量支撑、师资力量支撑、资源平台保障、组织管理保障）进行描述性统计分析，得出6个观测变量的最大值、最小值、平均值、标准差，如表3-5所示。结果显示：

"师资（团队）力量支撑""学科专业力量支撑""资源平台保障"的平均值最高（3.826、3.812、3.803），说明地方高校的师资力量、学科专业力量和一定的科研资源平台保障能够有效激发学术型博士生的科研动力。在6个观测变量中，"科研基础""科研能力与信念"的平均值最低（3.709、3.673），说明地方高校学术型博士生的科研效能感存有一定的问题，其未能有效激发出学术型博士生的科研动力。

表3-5　"科研效能驱动"情况描述性统计表

观测变量	代码	最小值	最大值	平均值	标准差
科研基础	N8	1	5	3.709	1.032
科研能力与信念	N9	1	5	3.673	0.979
学科专业力量支撑	N10	1	5	3.812	0.946
师资（团队）力量支撑	N11	1	5	3.826	0.952
资源平台保障	N12	1	5	3.803	1.003
组织管理保障	N13	1	5	3.774	0.960

（四）"情绪情感驱动"维度的情况

对"地方高校学术型博士生科研动力量表"中情绪情感驱动维度的6个观测变量（科研兴趣、科研热情、成就感与满足感、体验感与获得感、价值认可、情感归属）进行描述性统计分析，得出6个观测变量的最大值、最小值、平均值、标准差，如表3-6所示。结果显示："成就感与满足感""体验感与获得感"的平均值最高（3.748、3.692），说明地方高校学术型博士生在科研中获得的成就感与满足感、体验感与获得感等科研情感体验在一定程度上能够激发其科研动力。在6个观测变量中，"科研兴趣""科研热情""价值认可""情感归属"的平均值相对较低（3.570、3.656、3.623、3.561），尤其"科研兴趣"的平均值最低，这也说明地方高校学术型博士生在科研兴趣爱好、科研认同方面存在一定的问题。

表3-6 "情绪情感驱动"情况描述性统计表

观测变量	代码	最小值	最大值	平均值	标准差
科研兴趣	N14	1	5	3.570	1.067
科研热情	N15	1	5	3.656	1.034
成就感与满足感	N16	1	5	3.748	1.006
体验感与获得感	N17	1	5	3.692	1.048
价值认可	N18	1	5	3.623	1.048
情感归属	N19	1	5	3.561	1.067

（五）"价值信念驱动"维度的情况

对"地方高校学术型博士生科研动力量表"中价值信念驱动维度的7个观测变量（自身价值、社会价值、责任感、使命感、科研主动性、科研自省、科研"性格化"）进行描述性统计分析，得出7个观测变量的最大值、最小值、平均值、标准差，如表3-7所示。结果显示："自身价值""社会价值"的平均值最高（3.623、3.569），说明地方高校学术型博士生为迫切实现其自身价值和社会价值能够产生一定的科研动力，从而积极地进一步开展科研。在7个观测变量中，"科研性格化""科研主动性""科研自省"的平均值最低（3.396、3.472、3.490），"责任感""使命感"的平均值也相对较低（3.469、3.500），这说明地方高校学术型博士生在科研自觉的形成和自身的责任意识方面存在一定的问题，尤其是其科研自觉的形成上存在较大问题。

表3-7 "价值信念驱动"情况描述性统计表

观测变量	代码	最小值	最大值	平均值	标准差
自身价值	N20	1	5	3.623	0.969
社会价值	N21	1	5	3.569	0.916
责任感	N22	1	5	3.469	0.889
使命感	N23	1	5	3.500	0.909
科研主动性	N24	1	5	3.427	0.892

续表

观测变量	代码	最小值	最大值	平均值	标准差
科研自省	N25	1	5	3.490	0.947
科研性格化	N26	1	5	3.396	0.892

二、地方高校学术型博士生科研动力差异性分析

为探究不同人口学变量对地方高校学术型博士生科研动力的影响，对问卷的数据进行差异性分析。差异性分析的方法主要采用独立样本 T 检验和单因素方差分析。独立样本 T 检验主要适用于自变量是二分变量（两个类别）、因变量是连续变量样本的检验，单因素方差分析主要适用于三个及以上群体平均数的差异性检验。本研究的人口学变量主要包括五个：性别、年龄、年级、学科类别、学校所属地区，其中对"性别"人口学变量的差异分析采用独立样本 T 检验，对"年龄""年级""学科类别""学校所属地区"人口学变量的差异分析采用单因素方差分析法。

（一）不同性别的学术型博士生在科研动力上的差异性分析

运用独立样本 T 检验的方法对不同性别的学术型博士生在科研动力上的差异性进行分析，分析结果如表 3-8 所示。结果显示：不同性别的学术型博士生在外部环境驱动、科研效能驱动、情绪情感驱动、价值信念驱动上的 p 值分别为 0.833、0.712、0.275、0.300，p 值均大于 0.05，说明不同性别的学术型博士生在外部环境驱动、科研效能驱动、情绪情感驱动、价值信念驱动上不存在显著性差异。但从平均值来看，男生的平均得分为 3.97、3.78、3.69、3.43，女生的平均得分为 3.96、3.36、3.62、3.75。由此看出，男生在外部环境驱动、科研效能驱动、情绪情感驱动、价值信念驱动上的平均得分均高于女生的平均得分，表明地方高校男学术型博士生

的科研动力强于女学术型博士生的科研动力。

表3-8 不同性别的学术型博士生在科研动力上的差异性分析结果统计表

维度	性别（平均值 ± 标准差）		t	p	组间均值比较
	女 (n=379)	男 (n=407)			
外部环境驱动	3.96±0.97	3.97±0.97	−0.211	0.833	
科研效能驱动	3.36±0.89	3.78±0.89	−0.370	0.712	
情绪情感驱动	3.62±0.95	3.69±0.93	−1.092	0.275	男＞女
价值信念驱动	3.75±0.91	3.43±0.87	−1.038	0.300	
总分	3.66±0.58	3.73±0.50	−1.730	0.084	
★ p<0.05 ★★ p<0.01					

　　为清晰展现男生、女生在不同维度上的科研动力差异情况，绘制出男生、女生在不同维度上的科研动力表现水平示意图（主要依据平均值指标），如图3-1所示。通过示意图可看出，男生在四个维度上的科研动力表现水平为：外部环境驱动＞科研效能驱动＞情绪情感驱动＞价值信念驱动，说明男学术型博士生科研动力主要源于外部环境的驱动，内源性驱动（如价值信念驱动、情绪情感驱动）对其科研动力的产生影响较小。女生在四个维度上的科研动力表现水平为：外部环境驱动＞价值信念驱动＞情绪情感驱动＞科研效能驱动，说明女学术型博士生的科研动力也主要源于外部环境的驱动。但与男学术型博士生不同的是，女学术型博士生在注重外部环境驱动的同时，也较为注重价值信念、情绪情感等内源性驱动。进一步分析平均值指标，发现男学术型博士生的科研效能感（3.78）要高于女学术型博士生的科研效能感（3.36）。女学术型博士生对科研的价值信念（3.75）要强于男学术型博士生对科研的价值信念（3.43）。

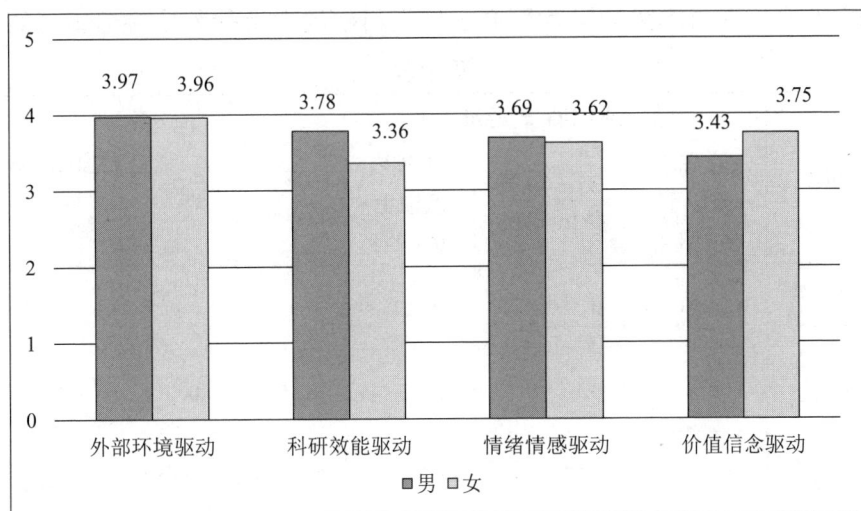

图 3-1　不同性别的学术型博士生在各维度上的科研动力表现水平示意图

（二）不同年龄的学术型博士生在科研动力上的差异性分析

运用单因素方差分析的方法对不同年龄的学术型博士生在科研动力上的差异性进行分析，分析结果如表 3-9 所示。结果显示：不同年龄的学术型博士生在外部环境驱动、科研效能驱动、情绪情感驱动、价值信念驱动上的 p 值分别为 0.000、0.000、0.000、0.000，说明不同年龄的学术型博士生在外部环境驱动、科研效能驱动、情绪情感驱动、价值信念驱动上存在极其显著性差异。从平均值来看，30 周岁及以下的学术型博士生平均得分为 4.34、4.08、4.03、3.74，31-40 周岁的学术型博士生平均得分为 3.37、3.10、3.28、2.91，41 周岁及以上的学术型博士生平均得分为 1.98、2.67、2.34、2.77。由此看出，30 周岁及以下的学术型博士生的平均得分最高，31-40 周岁的学术型博士生的平均得分次之，41 周岁及以上的学术型博士生的平均得分最低。说明 30 周岁及以下的学术型博士生的科研动力强于31-40 周岁的学术型博士生的科研动力，31-40 周岁的学术型博士生的科研动力强于 41 周岁及以上的学术型博士生的科研动力。

表3-9 不同年龄的学术型博士生在科研动力上的差异性分析结果统计表

维度	年龄（平均值 ± 标准差）			F	p	组间均值比较
	30 周岁及以下 (n=514)	31-40 周岁 (n=225)	41 周岁及以上 (n=47)			
外部环境驱动	4.34±0.93	3.37±0.58	1.98±0.29	163.24	0.000★★	
科研效能驱动	4.08±0.90	3.10±0.37	2.34±0.44	137.575	0.000★★	30 周岁及以下 >31-40 周岁 >41 周岁及以上
情绪情感驱动	4.03±0.91	3.28±0.43	2.67±0.47	182.448	0.000★★	
价值信念驱动	3.74±0.80	2.91±0.60	2.77±0.44	196.993	0.000★★	
总分	4.05±0.31	3.16±0.47	2.44±0.39	730.475	0.000★★	
★ p<0.05 ★★ p<0.01						

　　为清晰展现不同年龄的学术型博士生在不同维度上的科研动力差异情况，绘制出不同年龄的学术型博士生在不同维度上的科研动力表现水平示意图，如图 3-2 所示。通过示意图可看出，31 周岁及以下的学术型博士生在四个维度上的科研动力表现水平为：外部环境驱动 > 科研效能驱动 > 情绪情感驱动 > 价值信念驱动，31-40 周岁的学术型博士生在四个维度上的科研动力表现水平为：外部环境驱动 > 情绪情感驱动 > 科研效能驱动 > 价值信念驱动，41 周岁及以上的学术型博士生在四个维度上的科研动力表现水平为：价值信念驱动 > 情绪情感驱动 > 科研效能驱动 > 外部环境驱动。由此表明，随着年龄的增长，学术型博士生的科研动力由外部环境驱动逐步转向价值信念、情绪情感等内源性驱动。因此，地方高校在激发学术型博士生科研动力时，对不同年龄段的学术型博士生应着重采用不同的驱动方式。

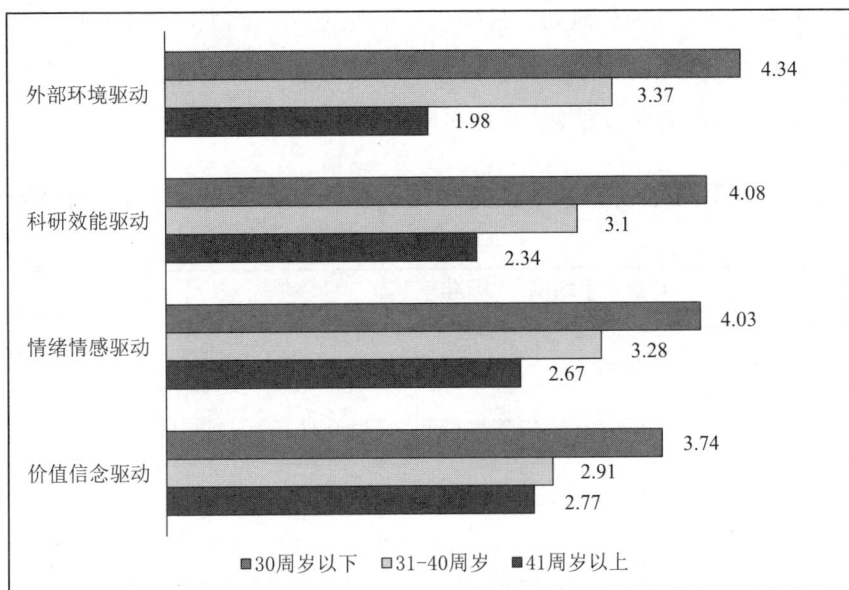

图 3-2 不同年龄的学术型博士生在各维度上的科研动力表现水平示意图

（三）不同年级的学术型博士生在科研动力上的差异性分析

运用单因素方差分析的方法对不同年级的学术型博士生在科研动力上的差异性进行分析，分析结果如表 3-10 所示。结果显示：不同年级的学术型博士生在外部环境驱动、科研效能驱动、情绪情感驱动、价值信念驱动上的 p 值分别为 0.000、0.000、0.000、0.000，说明不同年级的学术型博士生在外部环境驱动、科研效能驱动、情绪情感驱动、价值信念驱动上存在极其显著性差异。从平均值来看，一年级的学术型博士生平均得分为 4.52、4.35、4.34、3.87，二年级的学术型博士生平均得分为 3.86、3.60、3.41、3.28，三年级的学术型博士生平均得分为 3.96、3.97、4.21、3.73，四年级的学术型博士生平均得分为 2.32、2.87、2.63、2.91。一年级的学术型博士生的平均得分最高，二年级的学术型博士生的平均得分要高于三年级的学术型博士生的平均得分，四年级的学术型博士生的平均得分最低，由此看出，随着年级的增长学术型博士生科研动力逐步呈现出减弱的趋势，一年级的学术型博士生的科研动力最强，二年级的学术型博士生的科研动力次之，相比于二年级的学术型博士生，三年级的学术型博士生的科研动力稍有减弱，四年级的学术型博士生的科研动力相对最弱。

表 3-10　不同年级的学术型博士生在科研动力上的差异性分析结果
统计表

维度	年级（平均值 ± 标准差）				F	p	组间均值比较
	博一 (n=187)	博二 (n=279)	博三 (n=203)	博四 (n=117)			
外部环境驱动	4.52±0.87	3.86±0.66	3.96±1.15	2.32±0.27	98.438	0.000★★	博一 ＞ 博二 ＞ 博三 ＞ 博四
科研效能驱动	4.35±0.72	3.60±0.40	3.97±1.20	2.87±0.36	103.021	0.000★★	
情绪情感驱动	4.34±0.70	3.41±0.52	4.21±1.15	2.63±0.43	141.813	0.000★★	
价值信念驱动	3.87±1.02	3.28±0.61	3.73±0.64	2.91±0.57	127.977	0.000★★	
总分	4.27±0.30	3.54±0.49	3.97±0.14	2.68±0.38	511.018	0.000★★	
★ p<0.05 ★★ p<0.01							

为清晰展现不同年级的学术型博士生在不同维度上的科研动力差异情况，绘制出不同年级的学术型博士生在不同维度上的科研动力表现水平示意图，如图 3-3 所示。通过示意图可看出，一年级的学术型博士生在四个维度上的科研动力表现水平为：外部环境驱动＞科研效能驱动≈情绪情感驱动＞价值信念驱动，二年级的学术型博士生在四个维度上的科研动力表现水平为：外部环境驱动＞科研效能驱动＞情绪情感驱动＞价值信念驱动，三年级的学术型博士生在四个维度上的科研动力表现水平为：情绪情感驱动＞外部环境驱动≈科研效能驱动＞价值信念驱动，四年级的学术型博士生在四个维度上的科研动力表现水平为：价值信念驱动＞科研效能驱动＞情绪情感驱动＞外部环境驱动。由此表明，随着年级的增长，学术型博士生的科研动力由外部环境驱动逐步转向价值信念、情绪情感等内源性驱动，一年级和二年级的学术型博士生的科研动力主要源于外部环境驱动和科研效能驱动，三年级和四年级的学术型博士生的科研动力主要源于情绪情感

驱动和价值信念驱动。

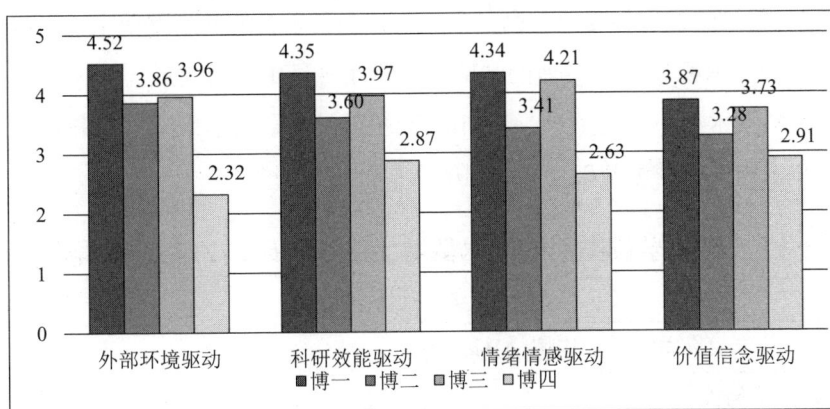

图 3-3　不同年级的学术型博士生在各维度上的科研动力表现水平示意图

（四）不同学科的学术型博士生在科研动力上的差异性分析

运用单因素方差分析的方法对不同学科类别的学术型博士生在科研动力上的差异性进行分析，分析结果如表 3-11 所示。结果显示：不同学科类别的学术型博士生在外部环境驱动、科研效能驱动、情绪情感驱动、价值信念驱动上的 p 值分别为 0.000、0.000、0.000、0.000，说明不同学科类别的学术型博士生在外部环境驱动、科研效能驱动、情绪情感驱动、价值信念驱动上存在极其显著性差异。从平均值来看，自然科学类的学术型博士生平均得分为 4.43、4.33、4.33、4.14，工学类的学术型博士生平均得分为4.33、3.97、4.13、3.48，医学类的学术型博士生平均得分为 4.11、3.85、3.62、3.51，农学类的学术型博士生平均得分为 3.21、3.16、2.93、2.72，人文与社会科学类的学术型博士生平均得分为 2.40、2.90、2.68、2.94，自然科学类的学术型博士生的平均得分 > 工学类的学术型博士生的平均得分 > 医学类的学术型博士生的平均得分 > 农学类的学术型博士生的平均得分 > 人文与社会科学类的学术型博士生的平均得分。由此看出，自然科学类的学术型博士生科研动力相对较强，人文与社会科学类的学术型博士生的科研动力相对较弱。这与二者的学科特性紧密相关，自然科学类的学术型博士生往往具有较强的理性思维和活跃度，希望能够尽快在科研中寻求到"生长点"，其科研积极性相对较高。人文与社会科学类的学术型博士生则需要长时期的知识积累和夯实理论基础，才能在科研中有所突破。人文与社会科学类的学术型博士生须进行长期的理论积淀，属"慢热型"，其科研动力将在知识积累和理论基础夯实过程中逐步生成。

表3-11 不同学科类别的学术型博士生在科研动力上的差异性分析结果统计表

维度	学科（平均值 ± 标准差）					F	p	组间均值比较
	人文与社会科学 (n=102)	农学 (n=81)	医学 (n=306)	工学 (n=149)	自然科学 (n=148)			
外部环境驱动	2.40± 0.27	3.21± 0.49	4.11± 0.88	4.33± 0.92	4.43± 0.96	78.905	0.000★★	自然科学＞工学＞医学＞农学＞人文与社会科学
科研效能驱动	2.90± 0.35	3.16± 0.35	3.85± 0.84	3.97± 0.94	4.33± 0.79	68.175	0.000★★	
情绪情感驱动	2.68± 0.41	2.93± 0.41	3.62± 0.91	4.13± 0.77	4.33± 0.78	102.202	0.000★★	
价值信念驱动	2.94± 0.57	2.72± 0.60	3.51± 0.64	3.48± 0.86	4.14± 0.85	109.371	0.000★★	
总分	2.73± 0.37	3.01± 0.44	3.77± 0.40	3.98± 0.25	4.31± 0.36	371.515	0.000★★	
★ p<0.05 ★★ p<0.01								

为清晰展现不同学科的学术型博士生在不同维度上的科研动力差异情况，绘制出不同学科的学术型博士生在不同维度上的科研动力表现水平示意图，如图3-4所示。通过示意图可看出，自然科学类的学术型博士生在四个维度上的科研动力表现水平为：外部环境驱动＞科研效能驱动≈情绪情感驱动＞价值信念驱动，工学类的学术型博士生在四个维度上的科研动力表现水平为：外部环境驱动＞情绪情感驱动＞科研效能驱动＞价值信念

驱动，医学类的学术型博士生在四个维度上的科研动力表现水平为：外部环境驱动＞科研效能驱动＞情绪情感驱动＞价值信念驱动，农学类的学术型博士生在四个维度上的科研动力表现水平为：外部环境驱动＞科研效能驱动＞情绪情感驱动＞价值信念驱动，人文与社会科学类的学术型博士生在四个维度上的科研动力表现水平为：价值信念驱动＞科研效能驱动＞情绪情感驱动＞外部环境驱动。由此表明，不同学科的学术型博士生在不同维度上的科研动力存在较大差异，人文与社会科学类的学术型博士生的科研动力主要源于价值信念、情绪情感等内源性驱动，而自然科学类、工学类的学术型博士生、医学类、农学类的学术型博士生的科研动力的产生较为依赖外部环境的驱动，尤其自然科学类的学术型博士生科研动力的产生对外部环境依赖性最强。

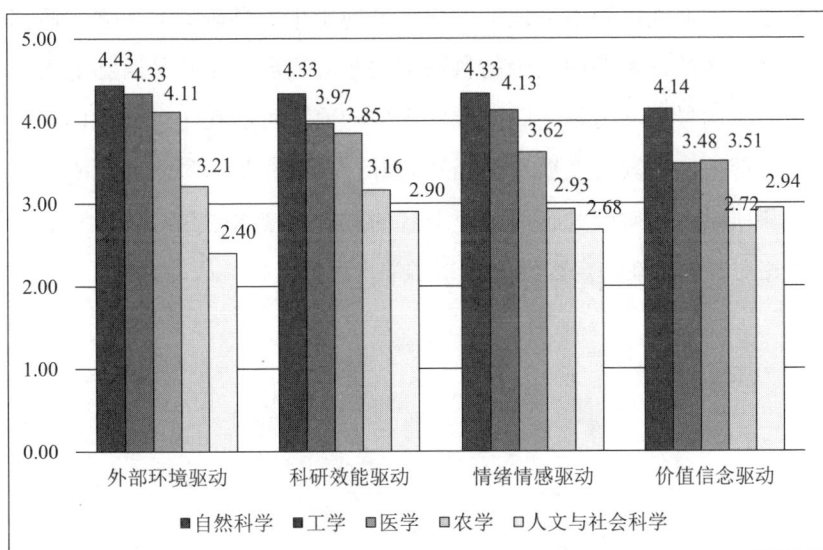

图 3-4 不同学科类别的学术型博士生在各维度上的科研动力表现水平示意图

（五）不同地区的学术型博士生在科研动力上的差异性分析

运用单因素方差分析的方法对不同地区的学术型博士生在科研动力上的差异性进行分析，分析结果如表 3-12 所示。结果显示：不同地区的学术型博士生在外部环境驱动、科研效能驱动、情绪情感驱动、价值信念驱动上的 p 值分别为 0.000、0.000、0.000、0.000，说明不同地区的学术型博士生在外部环境驱动、科研效能驱动、情绪情感驱动、价值信念驱动上存在极其显著性差异。从平均值来看，东部地区的学术型博士生平均得分为 4.14、4.34、4.35、4.45，中部地区的学术型博士生平均得分为 4.00、4.34、3.99、3.43，北部地区的学术型博士生平均得分为 3.82、3.58、3.41、3.25，南部地区的学术型博士生平均得分为 3.84、3.61、4.56、3.73，西部地区的学术型博士生平均得分为 2.98、2.93、2.71、2.43。东部地区的学术型博士生的平均得分 > 中部地区的学术型博士生的平均得分 ≈ 南部地区的学术型博士生的平均得分 > 北部地区的学术型博士生的平均得分 > 西部地区的学术型博士生的平均得分。由此看出，东部地区的学术型博士生的科研动力相对较强，中部地区和南部地区的学术型博士生的科研动力次之，西部地区和北部地区的学术型博士生的科研动力相对较弱，尤其是西部地区的学术型博士生的科研动力最弱。造成此现象的原因可能在于东部地区、中部地区、南部地区的教育发展水平相对较好，具有充足的科研资源平台，对博士生科研投入相对较大，而西部地区的教育发展水平相对较为一般，科研资源相对匮乏，在一定程度上桎梏了学术型博士生科研动力的产生。

表 3-12　不同地区的学术型博士生在科研动力上的差异性分析结果统计表

维度	学校所在地区（平均值 ± 标准差）					F	p	组间均值比较
	东部地区 (n=148)	中部地区 (n=174)	北部地区 (n=161)	南部地区 (n=156)	西部地区 (n=147)			
外部环境驱动	4.14± 0.96	4.00± 1.20	3.82± 0.64	3.84± 0.56	2.98± 0.34	91.824	0.000★★	东部地区>中部地区≈南部地区>北部地区>西部地区
科研效能驱动	4.34± 0.78	4.34± 0.79	3.58± 0.37	3.61± 1.05	2.93± 0.37	103.389	0.000★★	
情绪情感驱动	4.35± 0.76	3.99± 1.02	3.41± 0.48	4.56± 0.96	2.71± 0.44	100.18	0.000★★	
价值信念驱动	4.45± 0.85	3.43± 0.84	3.25± 0.58	3.73± 0.59	2.43± 0.60	122.063	0.000★★	
总分	4.32± 0.32	3.94± 0.29	3.52± 0.47	3.94± 0.20	2.76± 0.41	415.635	0.000★★	
★ p<0.05 ★★ p<0.01								

为清晰展现不同地区的学术型博士生在不同维度上的科研动力差异情况，绘制出不同地区的学术型博士生在不同维度上的科研动力表现水平示意图，如图 3-5 所示。通过示意图可看出，东部地区的学术型博士生在四个维度上的科研动力表现水平为：价值信念驱动＞科研效能驱动≈情绪情感驱动＞外部环境驱动，中部地区的学术型博士生在四个维度上的科研动力表现水平为：科研效能驱动＞外部环境驱动≈情绪情感驱动＞价值信念驱动，北部地区的学术型博士生在四个维度上的科研动力表现水平为：外部环境驱动＞科研效能驱动＞情绪情感驱动＞价值信念驱动，南部地区的学术型博士生在四个维度上的科研动力表现水平为：情绪情感驱动＞科研效能驱动＞外部环境驱动＞价值信念驱动，西部地区的学术型博士生在四个维度上的科研动力表现水平为：外部环境驱动＞科研效能驱动＞情绪情感驱动＞价值信念驱动。由此表明，教育发展水平较好地区（东部地区、

中部东区、南部地区）的学术型博士生的科研动力主要源于价值信念、情绪情感、科研效能等内源性驱动，教育发展水平相对一般地区（西部地区）的学术型博士生的科研动力主要依靠外部环境驱动。

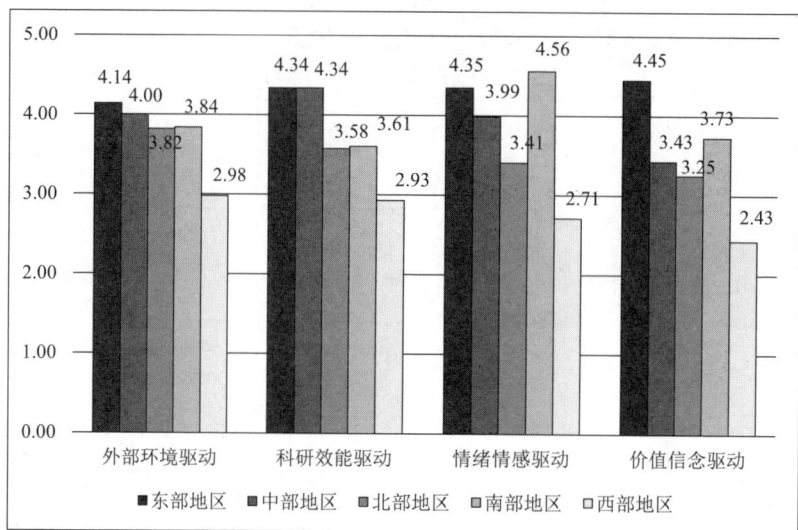

图 3-5　不同地区的学术型博士生在各维度上的科研动力表现水平示意图

三、地方高校学术型博士生科研动力的问题审视

　　剖析地方高校学术型博士生存在的科研动力问题及其成因时，本研究在《地方高校学术型博士生科研动力情况调查问卷》第三部分中设计了相关题目，以此对《地方高校学术型博士生科研动力情况调查问卷》第二部分量表调查结果和访谈结果进行补充和验证。第三部分问卷设计及信效度检验结果如下。

　　首先，第三部分问卷维度的划分主要依据已建构的学术型博士生科研动力理论模型的构成要素和扎根理论收集的原始访谈资料。问卷共设计 36 个题，一级维度分为主观因素和客观因素，二级维度为经过检验的学术型博士生科研动力模型的构成要素，三级维度为二级维度对应的观测变量，详见表 3-13。

表 3-13 调查问卷第三部分维度划分表

一级维度	二级维度	三级维度（观测变量）
主观因素	科研动机	科研的最大驱动因素；最能激发科研动力的毕业要求和考核要求；科研评价制度的满意度
	科研效能感	科研基础；科研能力；科研信心
	科研兴趣	是否对科研感兴趣
	科研成就体验	能否在科研中获得成就感与满足感；能否在科研中获得体验感
	科研认同	能否认同科研的价值与意义；能否在科研中获得归属感
	自我实现	能否在科研中获得个体的成长与发展；能否实现自身的社会价值
	责任意识	能否意识到科研是博士生的职责与使命
	科研自觉	科研积极性；能否在科研中不断地反思与自我审视；科研成为习惯
客观因素	学术氛围	组织学术活动情况；同学间的学术氛围；学校的整体学术氛围
	激励方式	实际获得的物质激励、精神激励、情感激励情况；最能激发科研动力的物质激励方式、精神激励方式、情感激励方式；最想获得的科研激励方式
	支撑条件	师资和专业力量情况；是否具备科研团队；提供的科研资源平台情况
	组织管理	是否具有完备的组织与管理制度

其次，通过对第三部分"影响地方高校学术型博士生科研动力因素的基本情况"调查问卷进行 KMO 和 Bartlett 的球形检验，检验结果显示：取样适切性量数 KMO 值为 0.705，KMO 值大于 0.6，表示可以对问卷进行因素分析。Bartlett 的球形检验结果中显著性为 .000，近似卡方为 725.528，自由度为 253，说明此问卷具有良好的效度，具体检验结果见表 3-14。

地方高校学术型博士生科研动力研究

表 3-14　问卷第三部分 KMO 和巴特利特球形度检验

KMO 取样适切性量数		0.705
巴特利特（Bartlett）球形度检验	近似卡方	725.528
	自由度	253
	显著性	.000

最后，对第三部分"影响地方高校学术型博士生科研动力因素的基本情况"调查问卷的总信度和各维度信度分析，信度指标采取标准化 α 系数作为信度指标值。信度检验结果显示：主观因素维度的 α 值为 0.708，客观因素维度的 α 值为 0.712，总问卷的 α 值为 0.798，各维度以及总问卷的信度系数 α 值均大于 0.7，说明了第三部分问卷——"影响地方高校学术型博士生科研动力因素的基本情况"内部一致性与稳定性良好，问卷的信度较高。具体信度检验结果如表 3-15 所示。

表 3-15　问卷各维度与总问卷信度检验结果统计表

检验项目	主观因素	客观因素	总问卷
指标数量	20	15	35
标准化 α 系数值	0.708	0.712	0.798

本研究依据《地方高校学术型博士生科研动力情况调查问卷》第二部分（量表）、第三部分的问卷调查结果以及综合扎根理论获取的原始访谈资料全面地审视时下地方高校学术型博士生存在的科研问题。经分析发现，时下地方高校学术型博士生科研动力的形成存在以下方面问题。

（一）功利化科研倾向突出

地方高校学术型博士生科研存在明显的功利化倾向，说明，他们科研动力的形成受外部环境驱动影响较大。调查研究发现，时下地方高校学术型博士生功利化科研倾向突出，许多学术型博士生将科研视为其实现外在功利化目标和获取外在利益的手段或方式，在此意义上，这成了驱动他们科研的主要因素。

在调查学术型博士生科研动力的主要来源上，对"促使您搞科研最大的驱动因素"进行描述性统计分析发现，74.94% 的学术型博士生认为驱动其搞科研最大的因素是外部条件的刺激，9.16% 的学术型博士生认为驱动其搞科研最大的因素是对科研具有浓厚的兴趣，5.08% 的学术型博士生认为驱动其搞科研最大的因素是迫切需要自我实现。接着对观测变量"毕业要求"——"我努力搞科研是为了达到学校的毕业要求"进行描述性统计分析发现，分别有 49.24%、28.50%、13.99% 的样本处于完全符合、比较符合、基本符合水平。对观测变量"考核要求"——"我努力搞科研是为了完成学校的各项考核要求"进行描述性统计分析发现，分别有 36.90%、44.91%、10.94% 的样本处于完全符合、比较符合、基本符合水平。以上表明大多数地方高校学术型博士生将科研视为其达成外在目的的手段或方式，尤其是完成学校规定的毕业要求和考核要求。

> 对于我们这些应届生来讲，压力很大，一方面年龄也不小了，另一方面经济的压力也在增大，所以现在急需博士毕业改变生活、经济现状，博士毕业的前提之一是完成学校规定的要求，比如论文发表啊、参会啊、实习啊，所以现在促使我搞科研的动力是完成要求、顺利毕业。（个案 3 ZZX）

> 说实话，起初我对科研还具有一定的兴趣，但随着任务的不断增多，我的科研兴趣在逐步消失，现在搞科研的唯一动力是顺利毕业。（个案 7 HYY）

> 这些要求让我不敢有丝毫懈怠，每天拼命地写论文，希望早点达到这些要求，顺利毕业，有的时候甚至压抑得喘不上气……（个案 1 XY）

从问卷调查结果得知，时下地方高校学术型博士生功利化科研倾向突出，大多数学术型博士生带着功利化心态以及出于功利化目的搞科研，科研对其而言是获取外在利益、实现外在功利化目标的手段或方式，而非学术天职的使然和学术旨趣的驱使。地方高校学术型博士生已沦为科研的"经济人"，而非科研的"守护者"。据此，功利化科研的取向驱动或支配着他们科研的目的。一方面，学术型博士生功利化科研倾向会遮蔽科研的本真，学术型博士生只注重科研带来的外部利益，忘却了科研真正的价值和意义，甚至为获取科研带来的外部利益"不择手段"，极易引发学术不端。另一方面，功利化科研倾向会使学术型博士生一味注重"短平快"的成果产出，忽视科研基础的夯实，导致学术型博士生科研基础不牢固，其所开展的研究也都"浮"在表层，难以进行深入性探索。这不仅难以使学术型博士生产出高质量的科研成果，还会在校园内滋生"急功近利"的科研之风。在此中风气影响下，学术博士生的功利化科研倾向将愈演愈烈，这不仅污染了学术生态，还会导致博士生的培养质量下滑。因此，地方高校学术型博士生逐步转变功利化的科研倾向，改变科研认知观念，切实认知到科研是一名博士生学术天职的使然和学术志趣的驱使。各地方高校也要采取多种举措来转变学术型博士生功利化的科研倾向。

（二）过度依赖物质性激励

过度依赖物质性激励对不少地方高校学术型博士生科研动力的形成产生了重要影响。物质激励在一定程度上确实能激发地方高校学术型博士生的科研动力，但一定要掌握好物质激励的"度"，既要做到适度，又要避免过度。物质激励程度不够，不能充分调动学术型博士生的科研积极性、激发其科研热情，学术型博士生易安于现状，秉持"佛系"心态搞科研。物质激励程度过度，极易迷失学术型博士生的科研本心，使其养成功利主义的科研惯习。

通过对观测变量"物质激励"——"一定的物质激励能够提升我的科研动力（如奖学金、各种科研福利等）"进行描述性统计分析发现，分别有62.34%、15.52%、9.40%的样本处于完全符合、比较符合、基本符合水平，说明物质激励在一定程度上提升了地方高校学术型博士生的科研动力。接着对"最能激发出您科研动力的物质激励方式"进行描述性统计分析发现，46.31%的学术型博士生认为最能激发科研动力的物质激励方式是奖学金（包括国家奖学金、学业奖学金和学校设立各种的奖学金），36.26%的学术型博士生认为最能激发科研动力的物质激励方式是科研福利。说明在所有的物质激励方式中，奖学金和各项科研福利最能激发出地方高校学术博士生的科研动力。在对"在科研过程中获得物质激励的情况如何"进行描述性统计分析时，25.19% 的学术型博士生认为非常多，42.37% 的学术型博士生认为比较多，说明了地方高校采取了较多的科研激励举措。在对"在科研过程中最想获得的激励"进行描述性统计分析发现，63.36% 的学术型博士生想获得物质激励，12.98% 的学术型博士生想获得精神激励，3.82% 的学术型博士生想获得情感激励，19.85% 的学术型博士生既想获得物质激励又想获得精神激励和情感激励，大部分学术型博士生想获得物质激励。

问卷调查结果表明，目前大部分地方高校学术型博士生过度依赖奖学金、各项科研福利等科研的物质激励，物质激励已成为其主要的甚至唯一的科研动力来源。地方高校学术型博士过度依赖科研的物质激励，会使其在科研过程中迷失科研本心、违背科研初衷，为求科研的速成，忽视自身科研基础的夯实，最终导致其科研能力不仅不会有"质"的提升，还会滋生浮躁的学术风气。结合访谈发现，大多数地方高校的科研奖励标准中，"发表论文"占据较大比例。地方高校极为重视学术型博士生发表论文的级别，将论文的级别作为评选各类奖学金、科研荣誉称号的重要指标。这也间接导致学术型博士生陷入论文发表"内卷化"浪潮之中，为获取奖励，学术型博士生"为了发表而发表"，只关注发表论文的数量和级别，不关注论文的实质性内容，最终只能是养成功利主义的科研生产惯习。

奖学金、优秀科研工作者基金、高水平论文发表基金、优秀博士论文基金等奖励确实能激发我们搞科研的动力，但这些奖励评选的标准与规则太不合理啦！论文占据的比重太大。举个例子，我今年获批了一项校级博士生科研启动项目，并以第二参与人的身份实质性参与了导师的国家自然科学基金项目结题，唯一遗憾的是没能在刊物上发表论文。奖学金评选时，我同届的一名博士生仅仅以 1 篇某不知名的职业学院学报击败了我，戏剧性地拿到了学业奖学金，并荣获科研达人称号。从这里就可以看出论文在奖学金评比中占据的比重究竟有多大，若不改革奖学金评选制度，只会造成大家只"盯着"论文，对其他科研活动熟视无睹。（个案 27 ZLX）

科研成果多，不但能为以后工作奠定基础，博士在读期间还能拿到很多科研奖励，但科研奖励也就那几种，像国家奖学金、学业奖学金、科研补助等。学校一刀切，博一到博四科研奖励设置都是一样的，学校也没根据年级、专业的不同设置不同的科研奖励，能得奖的总是那几个极少数的人。（个案31 WCX）

除了对科研的物质激励情况进行调查外，还对地方高校学术型博士生科研的精神激励和情感激励情况进行了调查。对观测变量"精神激励"——"一定的精神激励能够提升我的科研动力（如各种科研荣誉称号、未来就业前景等）"、情感激励——"一定的情感激励能够提升我的科研动力（如获得导师、家人、同学朋友的鼓励与认可等）"进行描述性统计分析后发现，在精神激励上，分别有39.44%、19.08%、19.72%的样本处于完全符合、比较符合、基本符合水平。在情感激励上，分别有36.77%、13.61%、22.14%的样本处于完全符合、比较符合、基本符合水平。这说明了一定的精神激励和情感激励能够提升地方高校学术型博士生的科研动力。接着分别对"您在科研过程中获得精神激励的情况如何""您在科研过程中获得情感激励的情况如何"进行描述性统计分析发现，在精神激励上，44.40%的学术型博士生认为很少，22.90%的学术型博士生认为几乎没有。在情感激励上，36.64%的学术型博士生认为很少，25.95%的学术型博士生认为几乎没有。说明在实际科研过程中学术型博士生很少能获得精神激励和情感激励，地方高校对其精神激励和情感激励采取的举措较少，间接地导致了学术型博士生过分依赖物质性激励。从地方高校学术型博士生最想获得的精神激励和情感激励调查结果来看，学术型博士生最想获得的精神激励方式是良好的就业前景（55.12%），学术型博士生最想获得的情感激励方式是获得导师的鼓励与认可（49.78%）。说明博士生导师在学术型博士生科研中发挥着至关重要的作用，导师对学术型博士生的鼓励与认可等情感关怀能够激发其科研动力。

在地方高校学术型博士生科研激励方式中，物质激励是基础，精神激励和情感激励是关键，三者相互影响、相互作用。在地方高校学术型博士生科研中，只有将三者有机结合起来，才能最大程度激发学术型博士生的科研动力。

（三）科研效能感普遍偏低

调查发现，大部分地方高校学术型博士生科研效能感不强，难以驱动他们科研动力的形成。科研效能感是指个体通过对自身真实科研状况的认知、评估与判断，对能否完成特定科研任务的信心程度，它是自我效能感在科研领域的具体运用。科研效能感在学术型博士科研中主要具有四方面作用：一是有助于激发学术型博士生的科研动力；二是有助于规范学术型博士生的科研行为；三是有助于实时调整学术型博士生的科研目标；四是有助于锻造学术型博士生强大的科研韧性。科研效能感高的学术型博士生通常具有强大的科研动力，其能够带着浓厚的科研兴趣积极地开展科研。科研效能感低的学术型博士生的科研动力普遍不足，其时常怀疑自身的科研能力，缺乏一定的科研兴趣和科研热情，进行着"被动式"科研。

分析问卷结果发现，在科研基础上，57.00%的学术型博士生认为自身科研基础较为薄弱，24.05%的学术型博士生认为自身科研基础一般，11.32%的学术型博士生认为自身科研基础比较扎实，7.63%的学术型博士生认为自身科研基础非常扎实。说明了大多数地方高校学术型博士生认为自身科研基础较为薄弱。在科研能力上，41.73%的学术型博士生认为自身科研能力一般，24.68%的学术型博士生认为自身科研能力较弱，18.07%的学术型博士生认为自身科研能力非常强，15.52%的学术型博士生认为自身科研能力比较强。说明了地方高校学术型博士生普遍认为自身科研能力一般。在众多能力中，地方高校学术型博士生认为逻辑思维能力（38.55%）和批判性思维能力（28.63%）最为重要。在科研信心上，14.25%的学术型博士生表示非常有信心完成特定的科研任务，0.10%的学术型博士生表示比较有信心完成特定的科研任务，51.27%的学术型博士生表示不太有信心完成特定的科研任务，34.38%的学术型博士表示没有信心完成特定的科研任务。说明了地方高校大多数学术型博士生的科研信心不足。

以上调查结果表明，目前地方高校学术型博士生的科研效能感普遍偏低，其时常怀疑自身的科研能力，认为自身科研基础薄弱、科研能力一般，无信心完成一定的科研任务。在这种情况下，受科研效能驱动而形成的科研动力就很难形成。在科研中，其往往会选择简单的科研任务，不敢选择富有挑战性的科研任务，也不能进行自主地科研创新。地方高校学术型博士生科研效能感普遍偏低直接导致了其科研动力普遍不足。地方高校学术型博士生的科研之路并非坦荡无阻，在科研中遭遇挫折、陷入困境属常事，关键在于博士生能否以及如何克服困难。科研效能感高的学术型博士生拥有足够的科研信心，足够的科研信心能够激发学术型博士生强大的科研动力，帮助其克服科研困难和走出科研困境。

最开始非常有信心实验能成功，但随着实验的一次次失败，现在我连一点信心都没了，有时会反问自己真的适合读博吗？还能继续读博吗？（个案33 JX）

我本科学的是市场营销，硕士学的是管理学，博士跨考的教育学。和人家教育学科班出身的没法比，我搞科研也没什么信心，觉得就是在混日子、等毕业，现在毕业是支撑我搞科研唯一的动力。（个案18 SZW）

实事求是地说，可能我天生就不是读博的"料"，在读博的路上始终都在陪跑，根本没有冲出一条属于自己的科研之路。（个案31 WCX）

科研效能感低的学术型博士生时常会对自身的科研基础和科研能力产生怀疑，在科研中往往喜欢选择难度系数低的研究主题，对于那些真正富有创造性和挑战性的研究主题则选择规避。其在科研中遇到挫折时极易放弃，首先想到的不是如何更好地解决问题，以走出科研困境，而是设想科研失败带来的一系列严重后果，进而其会产生过重的心理负担和不良的情绪，最终导致其科研受阻。而这样的结果又会进一步加剧地方高校学术型博士生科研效能感的降低，使学术型博士生的科研陷入恶性循环中，在不断恶性循环中地方高校学术型博士生的科研动力将消耗殆尽。读博期间会有很多奖励……如果你科研能力够强、发表文章够多，得到这些简直轻而易举，这三年不但学费不用愁，你还赚钱呢！在名额这么少的情况下，对于我这种科研小白、底子薄、写不出东西的人

来说，这些奖项我也就想想吧。（个案 1 XY）

我的科研能力比较弱，在读博期间也没打算发多少文章，能够毕业就行了，不像我们师门其他同学，有的是 985、211 院校考进来的，人家科研基础就好，和他们根本没法比。（个案 30 ZH）

（四）科研成就感普遍不足

调查发现，地方高校学术型博士生的科研成就感普遍不足，一定程度上影响了他们科研动力的形成。科研成就感是博士生在科研过程中因取得成功、充分发挥了自身潜能以及实现自身价值而获得的良好、愉悦的科研情感体验。地方高校学术型博士生经常获得科研成就感能够激发其科研动力，促进其积极主动地开展科研。地方高校学术型博士生的科研成就感不足，将直接导致其科研动力减弱，进而阻碍其开展科研。

问卷调查结果显示，对于"您在科研过程中能否获得成就感与满足感"，48.60% 的学术型博士生表示从不能在科研中获得成就感与满足感，28.50% 的学术型博士生表示偶尔能在科研中获得成就感与满足感，12.85% 的学术型博士生表示有时能在科研中获得成就感与满足感，10.05% 的学术型博士生表示经常能在科研中获得成就感与满足感。说明大多数地方高校学术型博士生都不能在科研中获得成就感与满足感。对于"您在科研过程中能否获得体验感"，38.82% 的学术型博士生表示从不能在科研中获得体验感，43.64% 的学术型博士生表示偶尔能在科研中获得体验感，11.32% 的学术型博士生表示有时能在科研中获得体验感，6.22% 的学术型博士生表示经常能在科研中获得体验感，说明大多数学术型博士生偶尔能在科研中获得体验感。

问卷调查结果表明，地方高校学术型博士生的科研成就感普遍不足，大部分学术型博士生不能在科研过程中获得内心的愉悦和满足，这也直接导致了其科研动力不断减弱，进行着"被动式"科研。科研成就感作为学术型博士生的主观体验，会受到多种主客观因素的影响，如博士生自身的科研能力与科研任务难度间的差异、外部奖励、资源条件、自身毅力、取得阶段性成功等。从访谈中得知，在地方高校学术型博士生科研成就感的诸多影响因素中，"取得科研的阶段性成功"这一因素最为重要，取得科研的阶段性成功主要指发表论文、出版著作、获得荣誉、实验的成功、成果得到转化、学术成果被认可等。然而，目前大部分地方高校学术型博士生因未能在科研中取得阶段性成功而产生挫败感，长期的挫败感的累积使得学术型博士生逐步丧失科研信心，科研兴趣与热情、科研理想与信念不断被消磨。长期下去，地方高校学术型博士生将产生科研倦怠，畏惧甚至抵触科研，不能主动投入科研中，在科研中常常敷衍了事。

我们学校博士毕业的标准是发表 2 篇 CSSCI 论文和 2 篇全国中文核心论文。若未达到这个标准，即使写完学位论文也没有用，学校不给送外审，不允许参加学位论文的预答辩、答辩，目前我还没有发文章，投了好多期刊，但都被拒稿了，现在特别焦虑，连写学位论文的动力都没有啦！（个案 1 LR）

做了两年的实验从未成功过，每次都以失败告终，导致我现在都没有信心做实验，感觉毕业遥遥无期。（个案 15 HJN）

搞科研是非常耗费脑细胞，很辛苦的，必须取得一些阶段性的成果，从中体味到获得感，才能激励自己不断前行。我们组的一位三年级的博士生，这三年来做实验很努力，下了很多功夫，但就是不出成果，现在连做实验的欲望都没啦，甚至他都开始怀疑人生啦。所以，阶段性的取得一点成就，是能激发我们科研动力的。（个案 16 LWZ）

科研中取得阶段性成功后，学术型博士生的科研成就感将提升，进而产生了强大的科研动力，为获得更多的科研成就体验，学术型博士生更加积极主动地开展科研，并在科研中不断突破自我、不断创新。

我现在已经发表 1 篇 SCI，这给予了我莫大的鼓励与肯定，说明我还是有一定的科研能力，我现在非常有信心能够高质量地完成毕业论文。（个案 10 LYL）

每当看到自己的文章被转载、咨政建议被采纳，觉得特别有成就感，这也

促使我要更加努力搞科研，争取产出更多优质的科研成果。（个案 30 ZH）

（五）科研自觉还尚未形成

调查发现，大多数地方高校学术型博士生还尚未形成科研自觉，难以促成他们相应的科研动力的形成。科研自觉是个体的生命自觉在科研领域的具体表现，它是指具有生命自觉的个体在科研中基于对科研的感知、体验而形成稳定的科研倾向，个体能够在科研中表现出较强的自主性[①]。形成科研自觉是地方高校学术型博士生致力追求的最高科研境地。拥有科研自觉的学术型博士生具有持续、稳定的科研动力，无须凭借任何外力，就能够积极主动地开展科研，进行自主科研创新，并在科研中不断反思、发展和完善自我。地方高校学术型博士生科研自觉的形成不是一蹴而就的，需要通过长时期的内在积淀。科研自觉的形成大致分五个阶段，这五个阶段层层递进，是一个相互联系、相互促进的有机统一体。

第一阶段，明晰科研的价值与意义，坚定接受科研。学术型博士生要备较强的自主意识，要发自内心地接受科研，这种接受一定是积极、主动的接受。学术型博士生只有发自内心的热爱与接受科研，耐得住孤独与寂寞，才能切实体味到科研带来的成功与欢乐。第一阶段是学术型博士生科研自觉形成的基础。

第二阶段，产生积极正向的科研行动。学术型博士生在明晰科研的价值与意义，坚定接受科研的基础上，要产生积极性正向的科研行为。此阶段学术型博士生的注意由被动选择转向主动选择，由外部环境的刺激产生了一定的科研情感体验。一定保证产生的科研情感体验是积极的、正向的，只有积极正向的科研情感体验才能产生积极正向的科研行为。这里的科研行为主要包括撰写学术论文、开展实验、参加各类学术活动等。第二阶段是学术型博士生科研自觉形成的关键。

---

① 陈兴德.科研自觉：职院校教师的科研文化诉求 [J].教育理论与实践，2011（3）：28-30.

第三阶段，进行理性的价值判断。学术型博士生还需对正进行的科研行为做出理性的价值判断，不断调节、控制其科研行为，保障其科研行为始终都是积极的、正向的。无论是学术型博士生的科研情感体验还是其科研行为，都需要理性加以调节和控制。唯有此，学术型博士生才能产生积极正向的科研行为，进而逐步促进科研自觉的形成。第三阶段是学术型博士生科研自觉形成的保障。

第四阶段，重塑价值体系。在经历外部环境刺激、科研行为选择、理性的价值判断三个阶段后，学术型博士生的科研自觉已初步形成，随着其科研自觉的不断建构、内化，学术型博士生在科研行动过程中会产生许多价值观念，这时需其理性地厘清这些价值观念间的内在逻辑关系，甄别出主要的价值观念，剔除不重要的或错误的价值观念，最终将这些价值观念加以体系化，形成系统的价值体系。前三个阶段形成的科研自觉不具稳定性，学术型博士生形成系统的价值体系有助于加强、稳固其科研自觉。第四阶段是学术型博士生科研自觉形成的巩固与升华。

最后阶段，实现科研自觉"性格化"。此阶段是学术型博士生科研自觉的最高阶段，是学术型博士生科研追求的终极旨归。科研自觉"性格化"是指学术型博士生将对科研的价值信念、态度、认知等形成有机统一的整体，并将其内化为自身性格特征的一部分，使之和自身的个性、学习方式、生活方式等融为一体。科研自觉"性格化"能够引导、调节及规范学术型博士生的科研行为，无论在何时何地开展科研，学术型博士生都有内在一致的科研价值体系，都能够对科研进行理性且准确的价值判断，能够遵循科研规范，坚守科研底线，始终保持稳定、持久的科研动力，从而能够积极主动地开展科研。

问卷调查结果显示，对于"您能够坚定地接受并积极主动地搞科研"，66.41%的学术型博士生表示较不符合，14.12%的学术型博士生表示很不符合，12.72%的学术型博士生表示完全符合，6.75%的学术型博士生表示比较符合。说明大部分地方高校学术型博士生不能坚定地接受并积极主动地搞科研。对于"您能够在科研过程中不断地进行自我审视和阶段性反思"，

46.56% 的学术型博士生表示很不符合，36.51% 的学术型博士生表示较不符合，12.47% 的学术型博士生表示比较符合，4.46% 的学术型博士生表示完全符合。说明大多数地方高校学术型博士生在科研中很少进行自我审视和阶段性反思。对于"科研对您来说已成为一种习惯，您能自觉地搞科研"，81.81% 的学术型博士生表示很不符合，8.78% 的学术型博士生表示较不符合，3.69% 的学术型博士生表示比较符合，5.72% 的学术型博士生表示完全符合，表示很不符合的比例已超过 80%。说明大部分地方高校学术型博士生不能自觉地搞科研，科研对其而言也未形成一种习惯。

问卷调查结果表明，时下大多数地方高校学术型博士生还尚未形成科研自觉，在科研自觉形成的五个阶段中，大部分地方高校学术型博士生还尚未达到第一阶段的要求，即大部分地方高校学术型博士生还不能明晰科研的价值与意义，不能坚定地接受科研。对于实现科研自觉的最高目标——科研自觉"性格化"更无从谈起。

> 科研最理想的境界是让它成为你的一种生活方式，而不是需要人提醒，是自动、自发、自觉的，我觉得在校博士生很少有人能达到这种境界吧，反正我是没达到。（个案 10 LJT）

> 说句实话，我现在都不知道科研到底有啥意义？可能这不是一个博士生应该说的话，四年的博士生涯中我真的没体会到科研的意义，我现在完全处于被动式科研的状态，想尽快达到毕业要求，顺利毕业，这也是我搞科研唯一的目的，可能有点功利化，但这确实是我内心的真实想法。（个案 31 WCX）

科研自觉作为地方高校学术型博士生科研的最高境地，其在形成过程中会受到一系列主客观因素的影响，如学术型博士生自身的科研兴趣、高校的科研资源平台保障等。

本章小结

　　本章运用《地方高校学术型博士生科研动力情况调查问卷》对全国786名地方高校学术型博士生进行问卷调查，获悉时下地方高校学术型博士生科研动力总体情况、四个维度的情况以及不同人口学变量的科研动力差异情况，综合分析由扎根理论获取的原始访谈资料以及问卷调查结果发现目前地方高校学术型博士生存在的科研动力问题包括：功利化科研倾向突出；过度依赖物质性激励；科研效能感普遍偏低；科研成就感普遍不足；科研自觉还尚未形成。

第四章
地方高校学术型博士生科研动力问题的归因分析

综合分析《地方高校学术型博士生科研动力情况调查问卷》第二部分、第三部分的调查结果、扎根理论收集的原始访谈资料以及已有相关文献，发现地方高校学术型博士生科研动力问题的成因主要包括四方面：博士生科研评价制度不尽合理、科研保障机制不健全、科研兴趣普遍缺乏、科研认同感有待提升。

一、博士生科研评价制度不尽合理

分析地方高校学术型博士生对学校现行的博士生科研评价制度满意度调查结果发现（如图 4-1 所示），65.01% 的学术型博士生表示对学校现行的博士生科研评价制度非常不满意，22.01% 的学术型博士生表示对学校现行的博士生科研评价制度不太满意，表明绝大多数学术型博士生对地方高校现行的博士生科研评价制度不满意。地方高校学术型博士生对学校现行的博士生科研评价制度满意度较低的根本原因在于地方高校的博士生科研评价制度不尽合理，这也导致了学术型博士生的功利化科研倾向突出、过度依赖物质性激励等问题。地方高校现行的博士生科研评价制度不尽合理具体主要表现在三方面：评价指标的"符号崇拜"、评价主体的"职责缺位"、评价结果的"学位关联"。

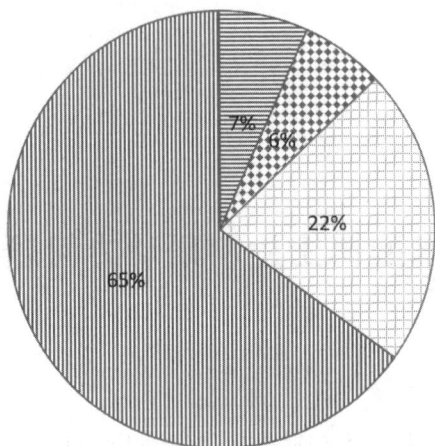

■非常满意　⊠比较满意　▦不太满意　▥非常不满意

图 4-1　地方高校学术型博士生对学校现行的博士生科研评价制度满意度统计图

（一）评价指标的"符号崇拜"

论文发表制度是目前地方高校最主要的博士生科研评价制度，通过分析地方高校学术型博士生最不满意的博士生科研评价制度调查结果发现（如图 4-2 所示），82.44% 的学术型博士生表示对学校的论文发表制度最不满意，说明地论文发表制度是大部分学术型博士生最不满意的博士生科研评价制度。地方高校现行的论文发表制不但未能有效促进学术型博士生开展科研，甚至在很大程度上桎梏了学术型博士生开展科研。由访谈得知，目前论文发表制度已成为大多数学术型博士生的"心头大患"，间接地反映出地方高校现行的博士生论文发表制度确实存在一定问题。

我现在压力特别大，每天睁眼闭眼都在想小论文发表的事情，我们学校明确规定将发表 2 篇 CSSCI 和 1 篇全国中文核心论文作为毕业的条件之一。（个案 1 XY）

要想毕业，必须得通过研究方法报告、开题、预答辩、外审、答辩，还要在 CSSCI（正刊）上至少发表 2 篇文章，感觉实在太难啦！（个案 18 SZW）

论文写作和发表是博士生科研训练的重要过程，在博士生培养中意义重大。论文写作和发表是科学研究的内在要求，一方面，从研究者本身看，研究要能够提升博士生的逻辑思维能力、批判性思维能力、写作与表达能力，从而保障博士生培养质量。另一方面，从研究问题本身看，研究的问题具有真实性、价值性，要么是原点性的基本理论问题，要么是重要的亟须解决的实践问题。由是，理论上博士生论文发表制度具有一定的合理性。但，许多地方高校在实际的博士生论文发表制度的制定和执行过程中却发生了异化，背离了该制度的初衷。地方高校在制定博士生科研评价标准时，往往出于省时省力的考虑，将评价指标简单地设定为易测量、可操作的多种量化指标。有些地方高校将论文级别定为 A 类、B 类、C 类、D 类，在确定论文级别时只找行政人员或各院系的学科带头人进行讨论，从未征求过博士生的意见或建议。这也充分说明地方高校博士生科研评价指标的制定大多出于"官本位"，而非"博士生本位"和"科研本位"，这也给博士生科研评价指标蒙上了厚厚一层"行政化""简单化"色彩。在"官本位主义"和"简单主义"下，地方高校博士生科研评价指标已深深陷入"符号崇拜"的藩篱，过分注重论文发表的数量和级别，忽视论文本身的质量，这在一定程度上消解了科研的本真，违背了科研的初衷，致使博士生论文发表制度不但未能推动博士生开展科研，反而引发了博士生们的科研焦虑，消解了其科研热情，降低了其科研积极性，从而普遍地地影响了他们科研追求的功利化倾向和对物质性激励的过度依赖倾向。地方高校学术型博士生论文发表制度中评价指标的"符号崇拜"主要有三方面表征。

首先，评价指标过于僵化，缺乏科学性和一定的弹性，致使科研的功利心理普遍存在。时下，大部分地方高校严格执行着博士生论文发表制度，它们要求博士生在学期间必须在规定的刊物上发表一定级别和数量的论文才能获得博士学位申请的机会，否则即便完成学位论文的撰写，也面临着延期毕业的风险。面对严苛的毕业条件，他们可能暂时隐藏了那份本可以释放的科研兴趣和热爱，暂时放下了心中那种纯粹的科研理想和责任，埋头于完成毕业要求和任务指标的奋斗之中，如此，普遍存在源于功利心态的科研动力就不言而喻了。这种看似科学合理、公平公正的评价，实质上并未切实考虑学术型博士生科研的现实状况、未能遵循科学研究的内在规律，甚至打破了科学研究的内在规律，也未能很好地回答"为何要在规定的期刊发表 A 篇论文而非 B 篇论文才能获得博士学位""为何要在 C 期刊而非 D 期刊发表论文才能获得博士学位""为何 1 篇南大核心论文能抵消 2 篇北大核心论文""为何 2 篇 SCI 论文能抵消 2 篇甚至更多篇的 CSSCI 论文"等问题。

我们学校要求博士生必须在学校规定的 A 类和 B 类期刊上至少发表 1 篇文章才能毕业，除 A 类和 B 类外，在其他刊物上发表多少篇文章也没用，这也在一定程度上引发了我们的科研焦虑。为什么非要在 A 类和 B 类期刊上发表文章，期刊类别制定的标准是什么？经过同行评议或征求过我们博士生的意见了吗？我觉得要求发表文章这没错，都博士啦，不发表文章也说不过去，但必须在学校规定期刊上发表，我觉得这一要求有点过分。（个案 29 LRC）

其次，评价指标"同质化"，致使毕业导向的科研心理产生。地方高校在制定学术型博士生科研评价指标时，出现"一刀切"的现象，未能体现出不同学科、专业及培养模式（定向或非定向）间的差异。时下，许多地方高校采用同一套科研评价指标体系来对学术型博士生的科研进行评价，甚至文科类博士生的科研评价指标体系和理工科类博士生的科研评价指标体系相同。地方高校强制性要求所有学术型博士生必须在规定时间内和指定刊物上发表一定级别和数量的论文才能毕业，只注重论文的级别和数量。这就使得他们把完成毕业要求和任务作为科研的主要目的，难免导致不少学术型博士生毕业导向的科研心理产生。对于文科类学术型博士生而言，需进行长时期的理论积淀和厚植基础，有了深厚的知识基础和理论积淀后，才能够游刃有余地进行论文的写作，进而才有可能产出出高质量的科研成果。其为求过早过快地发表论文，在科研中力求速成，很可能会忽视自身知识基础的夯实，自身知识基础不牢固、理论积淀不深厚，很难产出真正高质量的科研成果，科研能力也不会得到真正的提升。对于理工科类学术型博士生而言，其需要做大量的实验，由于实验结果一般具有实效性，尽快发表论文，进行研究成果的分享是其学科特性的内在要求。因此，地方高校要为不同学科、不同专业类别的学术型博士生构建不同的科研评价指标体系，绝不能搞"一刀切"，所有学科专业的学术型博士生沿用一套同样的科研评价指标体系。

　　不像他们理科生有实验，发文章相对容易一些，基本上实验做出来，文章自然也就出来啦！我们文科生需要不断地积累，看很多的书和期刊，才能写出东西，所以出文章的速度要比理科生速度慢。（个案 26 JH）

　　最后，评价指标的"符号情结"严重，致使产出导向的科研心理形成。分析多所地方高校关于博士生论文发表要求的文件会发现同样的规律，即文件中会凸显出要求博士生发表论文的数量和级别，论文发表的数量和级别在文件中格外醒目，如使用加粗字体、带有颜色的字体、带有斜线的字体等。这也反映出了博士生科研评价指标的"符号情结"较为严重，过于注重发表论文的"量"，而非"质"，过于注重期刊的级别和影响力，而非博士生的科研能力是否有所提升。如此，快速发表论文，不问论文的价值和质量的科研心态就容易形成。地方高校学术型博士生科研能力要依据多种指标，进行综合化衡量。仅采用"符号化"的评价指标无法准确衡量出学术型博士生真实的科研能力。在级别高的刊物上发表论文，并不能完全说明该学术型博士生的科研能力一定强。在级别相对较低的刊物上发表论文，也不能表明该学术型博士生的科研能力一定弱，就不具备科研潜质。发表论文的级别与数量仅作为衡量博士生科研能力的一方面，而非全部。

　　学校规定在校认定的 A 类、B 类或 T 类发表 1 篇论文，或在 CSSCI（不含扩展版）发表 2 篇论文才能毕业，我的研究领域是冷门绝学，能发表的期刊也就仅 5 本：《出土文献》《敦煌研究》《历史地理研究》《中国边疆史地研究》《中国历史地理论丛》，"狼多肉少"的情况下在这5本期刊上发文章比登天都难！可能我的研究方向与这些期刊的选题风格不一致，我在其他期刊上发表了论文，但没在这5本期刊上发表，那么一定能说明我的学术水平差吗？别人发表3篇CSSCI，我发表1篇CSSCI，他的学术水平一定比我强吗？（个案9 WMY）

今年博四啦，正常明年6月份毕业，但学校规定至少发表2篇SCI才能毕业，目前还差1篇。众所周知，SCI投稿、审稿、发表周期非常长，从录用到发表至少需要1年之久，有的甚至2年或三年。现在我还在修改小论文，目前看形势不容乐观，明年延期的可能性非常大。我很苦恼，发表论文真的能衡量出一个人的科研水平吗？我强烈呼吁应该修改论文发表制度。（个案19 LP）

在"符号崇拜"的评价指标下，地方高校学术型博士生极易产生功利主义科研倾向，养成功利主义的科研惯习，过度依赖物质性激励。

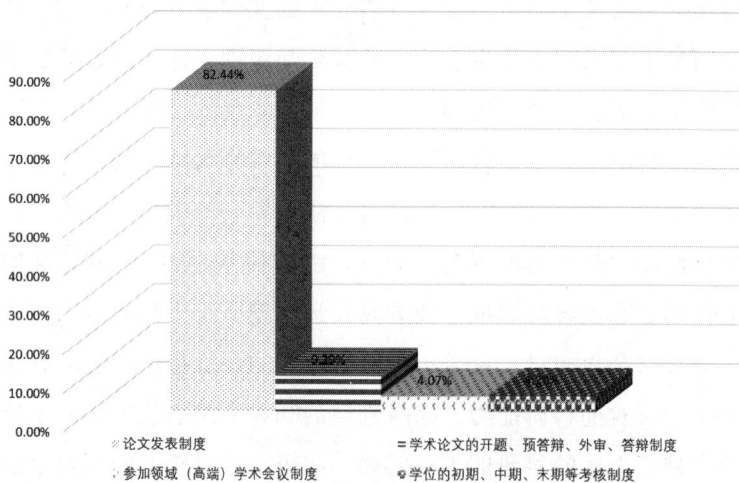

图4-2　地方高校学术型博士生最不满意的博士生科研评价制度统计图

（二）评价主体的"职责缺位"

博士生导师是地方高校学术型博士生的首要学术负责人，其与博士生的关系最为紧密，对博士生的科研潜质、科研能力与学术品性也最为清楚，因此地方高校学术型博士生的科研能力如何及其能否获得博士学位，主要应由地方高校和博士生导师来评判和把握，地方高校和博士生导师理应成为学术型博士生科研评价的主体。然而，从问卷调查和访谈中得知，许多地方高校学术型博士生未能如期毕业的原因并非是其科研能力弱、不具备科研潜质或未完成学位论文的撰写，真正原因在于大多学术型博士生未能在学校规定的学术刊物上发表论文。这反映出学术刊物正逐步承担或取代地方高校和博士生导师的职责，成了评判学术型博士生的科研能力的主体，掌握着学术型博士生能否获得学位的重权。作为学术型博士生科研真正评价主体的导师和高校的评价权逐步弱化，其评价职责严重缺位。

毋庸置疑，学术刊物作为地方高校学术型博士生科研的第三方评价机构，具有无法取代的作用和价值。一方面。其在一定程度上能衡量出学术型博士生的写作与表达能力、逻辑思维能力等。另一方面，在学术刊物上发表论文是对学术型博士生的阶段性鼓励与认可，提升其科研信心，使其更加积极主动地开展科研。然而，受多种因素所致，目前高水平、高质量的学术刊物在逐年减少，地方高校学术型博士生的数量在逐年增长。高水平、高质量学术刊物的逐年减少学术型博士生发表需求的逐年增强的矛盾日益凸显，为求顺利毕业，学术型博士生甚至不惜一切代价发表论文，学术型博士生"论文发表内卷化""过度竞争""恶意竞争"等问题日趋严重，产生这些问题的重要原因之一。在简单主义、量化主义以及官僚主义的科研评价制度下，地方高校和博士生导师愈发依赖第三方评价机构——学术刊物，忽视甚至忘却了自身才是学术型博士生真正的科研评价主体，其科研评价权正逐步弱化甚至已完全移交给学术刊物，学术型博士生科研能力及其其能否获得博士学位在很大程度上取决于学术刊物。这不仅会消解学术型博士生的科研热情，导致学术型博士生功利化科研倾向突出，还会造成科研评价不准确，造成评价的严重失误。使那些真正具有科研能力的学术型博士生会受科研评价制度的制约而不能获得博士学位，反而那些科研表现平庸、科研能力一般的学术型博士生能够轻松获得博士学位。长期下去，科研能力强的学术型博士生的科研信心将受挫，科研动力也会下降，不再积极主动地开展科研，科研能力一般的学术型博士生将继续抱有侥幸心理，在科研中投机取巧、"混日子"。当这部分学术型博士生不再把科研创新和提升自身科研能力作为科研的目标时，物质性激励就容易成为他们的科研动力。地方高校学术型博士生的功利化科研倾向将愈演愈烈，"混学位"的现象也会越来越严重，最终导致地方高校学术型博士生的培养质量将变得堪忧。

（三）评价结果的"学位关联"

学术型博士生的功利化科研倾向严重、陷入论文发表的"内卷化"之中的很大原因在于科研评价结果与学位高度关联。时下，大多地方高校的论文发表与博士学位的获得紧密关联，学校明确规定必须在规定时间内发表一定数量和级别的学术论文才能获得申请博士学位的机会，否则即使完成学位论文的写作，也无法申请获得博士学位。很多地方高校学术型博士生因未到达论文发表要求而面临延期毕业，甚至超过最长修业年限被清退。相比我国，西方许多国家的高校早已不强制性要求博士生发表阶段性论文，阶段性论文发表与获得博士学位不直接相关。它们关注的核心与重点更多在博士学位论文的质量上，并对其提出了一系列严苛的要求，博士生所做的一切工作都要围绕博士学位论文开展，博士学位论文必须做细、做精、做深。正如洪堡所言"在和谐、自由、开放、平等、不被任何事物束缚的条件下，研究生才能真的去'研'、去'究'"[①]。目前，我国一些"双一流"高校也开始尝试废止博士生论文发表制度，如清华大学、北京大学、北京航空航天大学等，但对博士生论文发表不做统一要求并不意味着不鼓励、不支持、不提倡，学校不做统一要求也不意味着学院、博导、博士生本人没有要求，其终极旨归是通过给予博士生充分的自由促进其学术生产力的提高[②]。

---

① [德] 洪堡.论国家的作用 [M].林荣远，译.北京：中国社会科学出版社，1998：91.

② 刘超，沈文钦，李曼丽.科研"松绑"与质量升级——试论博士生教育的新形势与新要求 [J].学位与研究生教育，2021（2）：8-14.

地方高校现行的论文发表制度，表面上看似公平公正、客观合理，实质上具有更多强制性与约束性的意味。论文发表与获取学位紧密关联，学术型博士生时刻面临着延期毕业、被清退、被取消学位的风险，一定程度上引发了其科研焦虑，使其丧失了科研信心与科研动力。不可否认的是，论文发表制度确实能够在一定程度上激发学术型博士生的科研动力，提升其科研能力，使其积极主动地开展科研，进一步促进地方高校的学术繁荣。但一些基础性问题仍值得我们理性审思，学术型博士生发表论文究竟是出于自身学术旨趣和学术天职的驱使还是出于外在制度的约束？倘若出于学术型博士自身学术旨趣和学术天职的驱使，那么现行的论文发表制度应废止，或秉承自愿原则不做任何约束性论文发表要求。如果是出于外在制度的要求，那么很容易培养出一大批"冰冷的、失去灵魂的卓越"学术生产者。因为地方高校学术型博士生更多的是将论文发表视为其实现功利化目标、获取外部利益的手段或方式，其只关心论文发表的级别与数量，从不关注论文的质量，势必会养成功利主义的学术生产惯习。

二、科研保障机制不健全

地方高校学术型博士生的科研效能感普遍偏低的原因除学术型博士生自身因素影响外，最主要的根源在于地方高校的博士生科研保障机制不健全。科研保障是地方高校学术型博士生产生科研期待、提升科研信心、顺利进行科研的主要支撑因素，主要包括资源平台保障、组织管理保障、学术氛围保障等。科研保障影响着学术型博士生科研的全过程，并直接决定着学术型博士生能否顺利开展科研。良好的科研保障下，地方高校学术型博士生将产生较强的科研效能感，对科研将产生信心与期待，能够积极主动地开展科研，并在科研中不断地突破自我、完善自我。缺乏一定的科研保障，地方高校学术型博士生的科研效能感将降低，科研信心也会受挫，其会时常怀疑自身的能力和水平，最终导致无法顺利开展科研。通过问卷调查和访谈发现，目前大部分地方高校的科研保障机制还不健全，主要表现在资源平台匮乏、组织管理松散、学术氛围淡薄三方面。

（一）资源平台匮乏

资源平台是地方高校学术型博士生最重要的科研保障条件，缺乏一定的资源平台支撑，再具备科研潜质和科研能力的学术型博士生也无法顺利开展科研，再美好的科研构想也无法付诸实施。博士生科研资源平台主要包括"隐性"资源平台和"显性"资源平台。从问卷调查结果来看，时下地方高校的博士生科研资源平台普遍匮乏，具体表现如下。

1. "隐性"资源平台较为薄弱

本研究的"隐性"资源平台主要包括学院（所、中心）的学科专业力量及师资力量。通过对地方高校的学科专业力量调查结果分析发现（如图4-3所示），43.77%的学术型博士生表示所在学院的学科专业力量一般，26.59%的学术型博士生表示所在学院的学科专业力量相对较弱，18.45%的学术型博士生表示所在学院的学科专业力量比较强大，仅11.19%的学术型博士生表示所在学院的学科专业力量非常强大，说明目前大多数地方高校的学科专业力量一般，还不足够强大，难以提升学术型博士生的科研效能感。进一步分析地方高校的师资力量调查结果发现（如图5-8所示），52.04%的学术型博士生表示所在学院的师资力量相对较弱，27.74%的学术型博士生表示所在学院的师资力量一般，6.99%的学术型博士生表示所在学院的师资力量比较雄厚，仅13.23%的学术型博士生表示所在学院的师资力量非常雄厚。超过半数的学术型博士生认为该学院的师资力量相对较弱，说明了大多地方高校的师资力量相对薄弱。

综上，目前地方高校的师资力量还不足够雄厚，导师对学术型博士生的学术指导停留在一般水平，难以为其提供高水平、高难度、高质量的学术指导，这也在一定程度上降低了学术型博士生的科研效能感，使其无法完成富有挑战性、创造性的科研任务。那么，源于科研效能感的科研动力就很难产生。

　　我本科和硕士都是研究核物理的，但在博士期间导师要求我必须研究理论物理，因为他对核物理了解的还不够深入，无法对我进行指导，加之学校的资源条件有限，无法提供核物理的实验设备和实验试剂，因此我只能研究理论物理。之前对理论物理研究较少，现在上手研究感觉很吃力，入学前我还打算在博士期间真正地做出点东西，多发几篇 SCI，目前来看毕业都成了问题。（个案 12 WZQ）

　　同时，地方高校的学科专业力量处于一般水平，还不足够强大，未能使学术型博士生产生荣誉感、归属感及责任感等积极的科研情感体验，其科研效能感也不会提升。

学科专业力量　　　　　　　　　师资力量

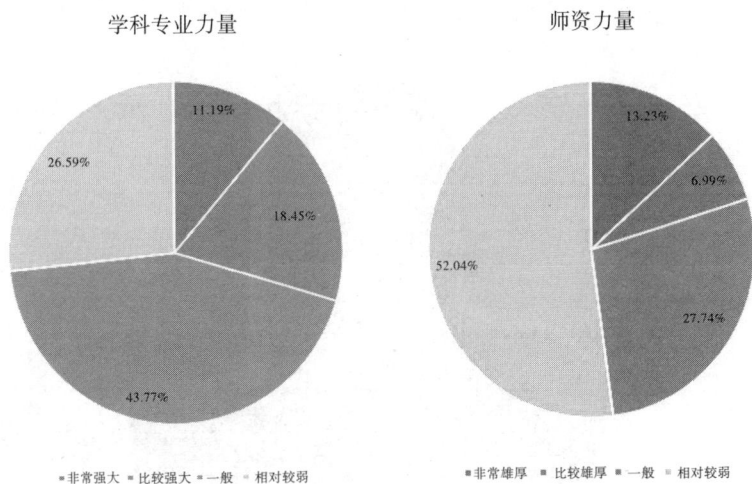

图 4-3　地方高校学科专业力量与师资力量调查结果统计图

　　进一步分析地方高校的科研团队情况调查结果发现（如图 4-4 所示），56.87% 的学术型博士生表示所在学院没有专门的科研团队，25.32% 的学术型博士生表示所在学院有专门的科研团队，17.81% 的学术型博士生对所在学院的科研团队情况表示不清楚。说明大多地方高校还未组建专门的科研团队。地方高校科研团队的核心目标在于发挥科研群体力量，形成优势互补，最大限度地促进团队成员产出高质量的科研成果。美国著名学者大卫·布拉德福德（David Bradford）在《追求卓越的管理》中指出："千万不可忽视团队的价值和力量，有时它的价值和力量超乎我们的想象，优质团队是追求卓越的重要助推力量。"[1] 地方高校学术型博士生加入科研团队，在科研团队的引领下能够依据自身科研基础合理分工、团结协作，实现知识共享，形成技能优势互补，学术型博士生还会在完成科研任务过程中，产生责任感、成就感等积极的科研情感体验，进而会产生一定的科研动力，推动其积极主动地开展科研，从而能够极大提升其科研成果产出率。但目前来看，大多地方高校尚未组建稳定的、专门的科研团队，仅是博士生导师和其指导的博士生组成的小型课题组，且各课题组同学和同学间、导师和同学间的交流与联系甚少，这也在一定程度上影响了学术型博士生科研效能感的提升。

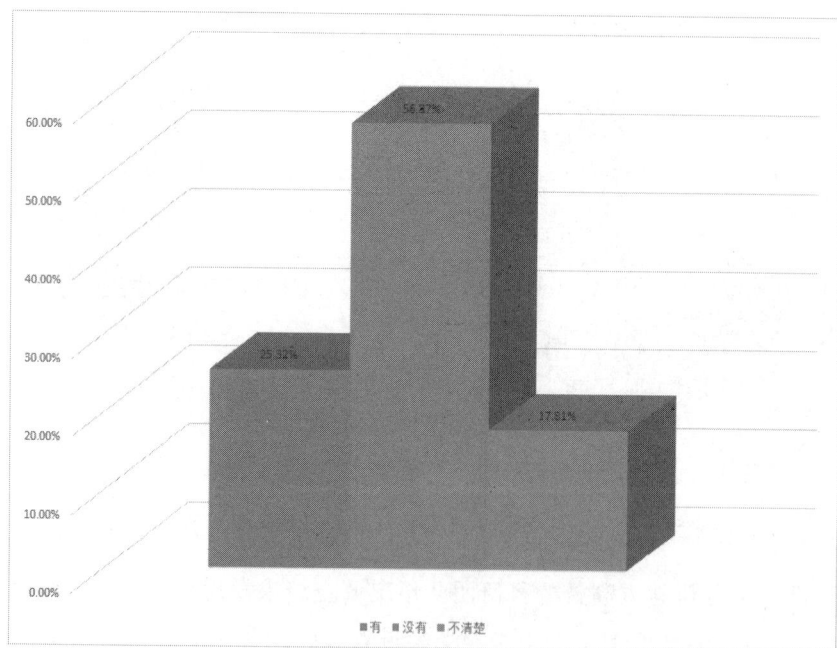

图 4-4　地方高校组建科研团队情况调查结果统计图

---

① [美] 大卫·布拉德福德. 追求卓越的管理 [M] 刘冉龙，韩以群，译. 北京：人民出版社，2008：27-34.

2."显性"资源平台相对匮乏

地方高校为博士生提供的"显性"科研资源与平台情况调查结果显示（如图4-5所示），47.46%的学术型博士生认为学校提供的科研资源与平台很少，22.01%的学术型博士生认为学校提供的科研资源与平台非常多，18.58%的学术型博士生认为学校提供的科研资源与平台比较多，11.95%的学术型博士生认为学校几乎没提供任何的科研资源与平台。结果表明大多地方高校不能为博士生提供充足的科研资源平台，地方高校提供的科研资源平台无法满足学术型博士生科研实际所需。最基础的科研资源平台匮乏，科研能力再强的学术型博士生也无法顺利开展科研，再美好的科研构想也将幻灭，再缜密的科研蓝图也将成为"一纸空文"，无法顺利付诸实施。

兼备科研欲望与能力，还要有一定的科研平台来支撑，否则无法顺利开展研究。我一直想制备氨基酸型驱油用表面活性剂，对此非常感兴趣，看了好多相关的文章和书籍，一直都想做，但我们学校没有氨基酸类的试剂和测试剂的仪器——核磁，所以这个实验我一直没做成，也是个遗憾吧！（个案28 LSY）

科研资源平台匮乏，地方高校学术型博士生的科研积极性将降低，科研热情也将逐步消耗殆尽，科研效能感也将随之降低，最终导致其无法顺利开展科研。科研资源平台保障是地方高校学术型博士生科研过程中最重要的保障条件，若其得不到根本性保障，学术型博士生不会产生较高的科研效能感，科研将会受阻。

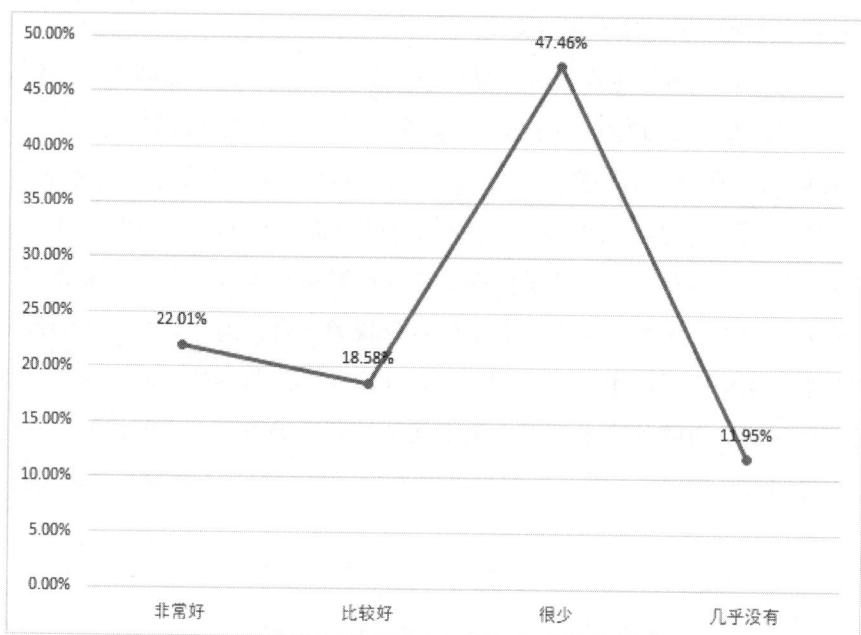

图 4-5　地方高校提供的"显性"科研资源与平台调查结果统计图

（二）组织管理松散

系统完善的组织管理为地方高校学术型博士生提供了制度性保障，只有在完善的组织管理下，学术型博士生才能够有条不紊地开展科研，进而产生较高的科研效能感。分析调查结果发现，目前地方高校博士生科研的组织管理较为松散，尚未形成系统完善的组织管理体系，这对他们科研效能感的提升是不利的。

地方高校对博士生科研的组织与管理情况调查结果显示（如图 4-6 所示），47.07% 的学术型博士生表示学校对博士生科研的组织与管理较为松散，18.45% 的学术型博士生表示学校未制定任何的博士生科研组织与管理制度，18.58% 的学术型博士生表示学校制定了非常完备的博士生科研组织与管理制度，15.90% 的学术型博士生表示学校制定了比较完备的博士生科研组织与管理制度。结果表明了大部分地方高校的博士生科研组织管理较为松散，尚未制定系统、完备的组织管理制度，也未形成系统的组织管理体系。地方高校学术型博士生科研得不到基础性的制度保障，在混乱无序的组织管理下，学术型博士生的科研效能感将大幅度降低。

　　我们学校的科研管理部门主要是为老师申报奖项与课题、职称评审服务的，为我们博士生服务的很少。学校在管理上缺少人文关怀，根本不考虑我们学科专业的特点和我们的实际情况，将论文的级别定得过高，我对学校相关科研管理部门由"希望"变成"失望"最终变成了"绝望"。（个案14 SY）

　　学校专门为全校的博士生设立了科研孵化中心和科研管理中心，但就是摆设而已，这两个中心根本没运行，也没任何的规章制度，好像是为了应付上级检查设立的。这两个中心设立的宗旨是为博士生最大限度地提供一切条件，促进博士生科研成果的产出率，但现在完全背离了这个宗旨，就连最基本的CSSCI数据库学校都没提供，博士生们查资料非常不方便，这也在一定程度上引发了我们的焦虑感。（个案24 XYF）

　　学习保障制度与生活保障制度对我们博士生做科研至关重要，学习保障制度不到位，我们的科研、学业就会受阻，生活保障制度不到位，会间接影响我们的科研及学业。我一直想吐槽我们的自习室管理，座位随意坐，公共图书乱拿乱放，环境脏乱差，根本无人管理，这些严重影响了我们做科研的心情，在这种环境下如何能做好科研呢？（个案32 HY）

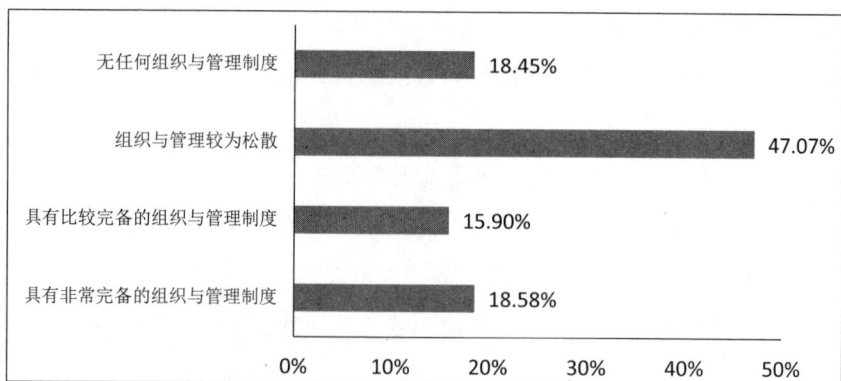

图 4-6　地方高校的博士生科研组织管理情况调查结果统计图

（三）学术氛围淡薄

学术氛围是高校通过长期积淀形成的文化底蕴，以潜移默化的方式影响着高校师生的科研、生活及学习。英国著名高等教育思想家约翰·亨利·纽曼在其代表作《大学的理想》中描述："众多朝气蓬勃、充满活力、具有问题意识、渴望求知的年轻人聚在一起，相互影响与促进，即使没有教授的指点与帮助，这群年轻人也会取得一定的成就。"[①] 学术氛围对地方高校学术型博士生的科研至关重要，它能够转变学术型博士生的科研认知，影响着学术型博士生科研全过程。浓郁的学术氛围熏陶下，地方高校学术型博士生的科研效能感将提升，并产生强大的科研动力，能够积极主动地开展科研。淡薄的科研氛围下，地方高校学术型博士生的科研效能感将降低，其科研动力相对较弱，科研主动性相对缺乏。

分析学术型博士生周围同学间营造的学术氛围调查结果可知（如图 4-7 所示），57.00% 的学术型博士生表示周围同学间未营造出任何的学术氛围，仅 4.16% 的学术型博士生表示周围同学间营造出的学术氛围非常浓郁。说明目前地方高校学术型博士生们营造出的学术氛围较为淡薄，这将直接导

---

① ［英］约翰·亨利·纽曼. 大学的理想 [M] 徐辉，等译. 杭州：浙江教育出版社，2001：13-21.

致学术型博士生的科研动力与科研效能感降低，进而影响其顺利开展科研。从访谈中得知，博士生们共同营造出的学术氛围对其科研影响较大。主要原因在于，地方高校学术型博士生的科研之路并不是平坦无阻的，许多学术型博士生在博士二年级或博士三年级会因毕业论文选题、写作等因素而遭遇科研阈限[①]，学术型博士生的科研在一定程度上会受到阻碍。然而，在良好、浓郁的学术氛围熏陶下，学术型博士生们将相互交流讨论，一同解决科研难题，这不仅可以启发身处科研阈限中学术型博士生的思维，激发其科研动力，还能帮助其顺利跨越科研阈限。顺利跨越科研阈限后，学术型博士生的科研能力将得到飞跃式提升。

博三是博士学位论文写作的关键期，写作过程中会经常出现卡顿的现象，陷入某个问题中"跳"不出来，论文写作就会进行不下去，经常和导师、同学沟通交流，得到他们的指点与帮助，能够促进问题的解决，使写作更顺畅。（个案 2 LR）

博二下学期面临博士毕业论文选题、开题，因选不到好的题目我几度崩溃，心里已做了延期毕业的打算。周围许多同学同我一样陷入了论文选题的困境，但他们没有放弃，反而化压力为动力，即使拼个"头破血流"也要突破这个困境，这种精神深深感染了我，在大家的相互鼓励与帮助下，最终我选出了满意的博士毕业论文题目。所以，周围同学的影响也是产生科研动力的因素之一吧。（个案 24 XYF）

写博士毕业论文时经常会遇到一些困难，经常与同学交流、讨论，会促进加速的解决，平时大家一起吃、一起玩、一起学、一起交流讨论，在这种和谐、融洽、自由的氛围熏陶下，会激发科研动力。（个案 36 HY）

---

① 李永刚.阈限过渡：博士生学术成长的关键期及其跨越[J].高等教育研究，2019（12）：58-67.

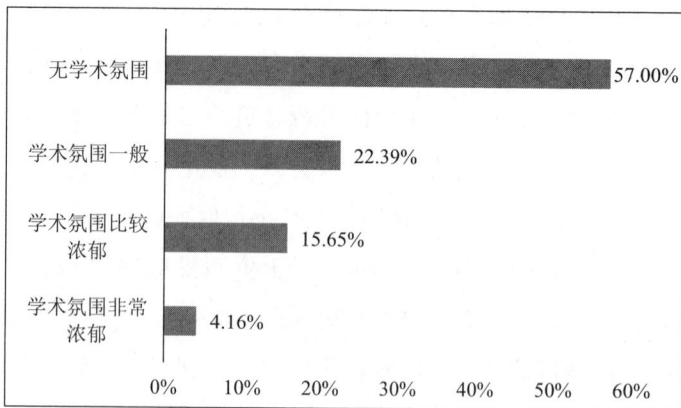

图 4-7　地方高校学术型博士生同学间营造的学术氛围情况调查结果统计图

　　分析地方高校组织学术活动情况调查结果（如图 4-8），46.56% 的学术型博士生表示学校偶尔会组织一些学术活动，22.39% 的学术型博士生表示学校很少组织学术活动，22.64% 的学术型博士生表示学校经常组织学术活动。表明地方高校组织各类学术活动相对较少，未能在校园中营造出浓郁的学术氛围。接着对学术型博士生对地方高校的学术氛围感知情况调查结果进一步分析（如图 4-8 所示），55.85% 的学术型博士生表示学校的整体学术氛围一般，仅 12.98% 的学术型博士生表示学校的整体学术氛围非常浓郁，说明了大多数地方高校的整体学术氛围比较淡薄。淡薄的学术氛围下，地方高校学术型博士生的科研期待与热情将降低，随之科研效能感和科研动力也将降低。

　　有学术追求的人占少数，大多数人都在朝着早点达到毕业标准、顺利毕业而努力，平时都是自己学自己的，交流也很少，都是"各扫门前雪"，在这种氛围下大家很容易随波逐流，养成惰性的科研心理。（个案 20 HYL）

　　学校平时也没啥大型的学术活动，偶尔会请外面的专家做 1—2 小时的学术报告，报告的内容大多是他们自己研究的东西，没研究过的人根本听不懂，所以参加的人很少。相比那些双一流高校，它们会定期举办学术活动，学术活动类型多样，且内容具有针对性，人家学校的学术氛围很浓，在那种浓厚的学术

氛围下，自然会促使你好好搞科研。(个案 25 LQF)

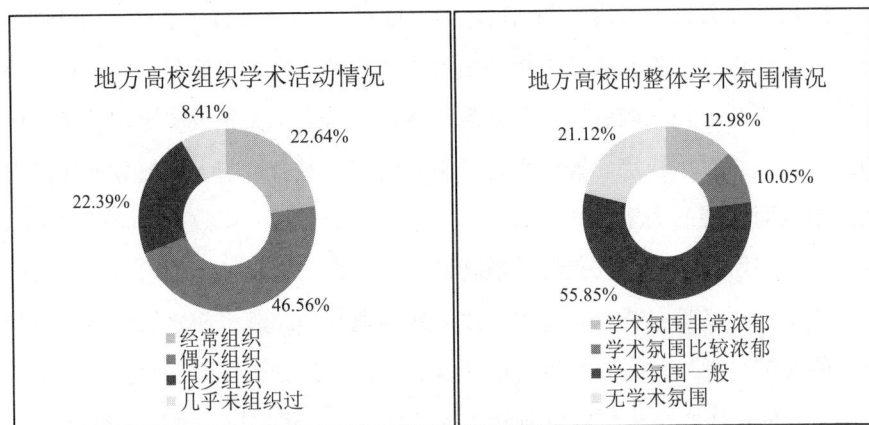

图 4-8　地方高校组织学术活动情况及整体学术氛围调查结果统计图

三、科研兴趣普遍缺乏

目前，地方高校的学术型博士生尚未形成科研自觉，不能积极主动地进行科研，其主要原因之一在于地方高校学术型博士生普遍缺乏科研兴趣。德国著名社会学家韦伯（Weber）指出："深沉的爱和浓烈的兴趣是学术研究的前提，只有深沉的爱和浓烈的兴趣才能激发学术灵感。"[①] 科研兴趣是地方高校学术型博士生科研的催化剂，也是学术型博士生科研的内在推动力量。兴趣浓厚的学术型博士生，往往具有较强的科研动力，能够积极主动地进行科研，往往具有积极的科研情感体验，科研对其而言是一种享受与满足，而不是负担。反之，缺乏科研兴趣的学术型博士生，往往不能够积极主动地做科研，在科研中常产生无力感、焦虑感、苦恼等负面情绪，科

---

① [德]马克思·韦伯.学术与政治：韦伯的两篇演说[M].冯克利，译.北京：生活·读书·新知三联书店，2005：20-31.

研对其而言更是一种负担。

德国著名哲学家哈贝马斯（Hbermas）在其经典著作《认识与兴趣》中将人的兴趣分为技术兴趣、实践兴趣与解放兴趣[①]。技术兴趣是指人们试图通过对技术的占有和外部条件的控制而产生的兴趣，其相对容易产生但也容易消失，须不断地强化刺激。实践兴趣是指在维持人际关系或实际情境中产生的兴趣，其相对不稳定。解放兴趣是指人们基于对自由与人性解放的向往以及获得全面发展的渴望而产生的兴趣，它是人们穷尽一生致力追求的兴趣取向。哈贝马斯指出，解放兴趣是最高层次的兴趣，它是基于技术兴趣与实践兴趣产生的，又是对技术兴趣和实践兴趣的批判与超越，使之始终能够受到理性的支配与制约。按照哈贝马斯的认识兴趣理论分析框架，地方高校学术型博士生的科研兴趣也可相应地分为技术兴趣、实践兴趣、解放兴趣。

地方高校学术型博士生科研的"技术兴趣"可认为是学术型博士生通过依靠外部工具或某些技术手段而产生的科研兴趣，"技术兴趣"支配下的学术型博士生科研主要有四方面表现：一是研究视野窄化，缺乏创新意识，只能从特定的视角考虑研究问题，不能多视角对其进行深入剖析；二是研究模式固化，对不同的研究问题均采用相同的研究模式；三是研究方法技术化，不论是否适用，在研究中大量使用前沿与流行的技术手段，力求将整个研究包装的"高大上"，然而研究内容并无实质性创新，实则"换汤不换药"，极易陷入研究为技术服务而非技术为其服务的窠臼；四是研究倾向功利化，对科研产生兴趣是为了获取外部利益或达到某种目的。技术兴趣能够在一定程度上激发出学术型博士生的科研动力，燃起学术型博士生的科研热情。但，也容易使学术型博士生在科研中过分依赖技术，忽视了长期的科研内在建构过程。这种没有学术积淀的研究只能成为"空中楼阁"，难以"落地生根"。

地方高校学术型博士生科研的"实践兴趣"是学术型博士生在相互交往和实际情境中产生的兴趣，这里的交往主要是指学术型博士生们之间及

---

① [德]哈贝马斯.认识与兴趣[M].郭官义，李黎，译.上海：学林出版社，1999：12-14.

其和老师间的沟通交流。学术型博士生在相互交往和特定的情境中能迅速产生兴趣，并深刻感知到群体的力量，在这种力量的推动下产生一定的科研动力。然而，实践兴趣具有不稳定性、短暂性及经验性等特点。学术型博士生对其过度依赖，容易使学术型博士生困于情境并局限于行动之中，无法挣脱，最终陷入唯经验、唯情境的桎梏中。

地方高校学术型博士生科研的"解放兴趣"是学术型博士生发自内心地想实现自身的全面发展、形成独立与自由的精神，通过理性的驱使而产生的兴趣。"解放兴趣"是地方高校学术型博士生科研兴趣的最高层级，也是其致力追求的科研兴趣。在"解放兴趣"的驱使下，地方高校学术型博士生能够自觉地规范其科研行为，在科研中始终保持理性，对科研中出现的一切问题能够进行合理准确的价值判断，避免盲从与跟风，始终保持研究的"心智理性"。相比于技术兴趣与实践兴趣，解放兴趣更具稳定性与持久性，一旦形成便很难消失。然而，现实中地方高校学术型博士生解放兴趣比较缺乏，难以支持他们产生内生性科研兴趣。

以"技术兴趣"和"实践兴趣"为基础，在"解放兴趣"的驱使下，地方高校学术型博士生将产生强大的科研动力，能够积极主动地开展科研，并且在科研中能够进行自主地创新，不断挑战与突破自我。那么，时下地方高校学术型博士生是否具有科研兴趣？若有科研兴趣，究竟是哪种类型的兴趣？"技术兴趣"？"实践兴趣"？"解放兴趣"？抑或是三者同时具备？

分析促使学术型博士生搞科研最大的驱动因素调查结果发现（如图4-9所示），74.94%的学术型博士生表示促使其搞科研最大的驱动因素是外部条件的刺激，仅9.16%的学术型博士生表示促使其搞科研最大的驱动因素是对科研具有浓厚的兴趣。为了双向印证，接着对"学术型博士生是发自内心地对科研感兴趣"调查结果分析后发现（如图4-10所示），18.32%的学术型博士生表示非常符合，9.80%的学术型博士生表示比较符合，50.76%的学术型博士生表示较不符合，21.12%的学术型博士生表示很不符合。超过一半的学术型博士生表示较不符合，说明目前地方高校学术型博士生普遍缺乏科研兴趣，促使学术型博士生搞科研最大的驱动因素是外部条件的刺激，而非发自内心地对科研感兴趣。若地方高校学术型博士生对科研缺乏兴趣，其不会产生持久、稳定的科研动力，也不会发自内心地主动搞科研，极易导致学术型博士生功利化科研倾向严重，最终养成功利主义的科研惯习。从访谈中得知，对于少数具备科研兴趣的学术型博士而言，按照哈贝马斯在认识兴趣理论中对兴趣的分类，目前学术型博士生具备的科研兴趣仅仅是"技术兴趣"或"实践兴趣"，或者是"技术兴趣"和"实践兴趣"，极少有学术型博士生具备科研的高层次兴趣——"解放兴趣"。多数学术型博士生的科研兴趣是基于自身的现实需求和为达到一定的外部目的而产生的，而非在理性的驱使下自然而然产生。

我利用 Text Mining5.9、Ucinet、Nvivo、DMKD8.8 等软件写了好多文章，现在对文章写作越来越感兴趣啦，其实写多了你就会发现，写文章是有套路的，只要软件玩的明白并且套路对，根本不愁写文章。（个案 26 JH）

一定要和同学、老师多交流，不能闭门造车，在交流与讨论中你会突然找到兴趣点或者有种茅塞顿开、柳暗花明的感觉。（个案 19 LP）

引用爱因斯坦的一句名言"兴趣是最好的老师"，科研最大的动力还是来自内心的兴趣吧，其他条件都是次要的，如果没有兴趣会觉得写论文很煎熬。说句消极的话（笑），如果对科研不是发自内心的热爱，对科研毫无兴趣，搞科研仅是为更好就业、评职称、混学历，那么我建议不要攻读博士学位，否则这一路你会很痛苦，这种痛苦是心理和生理夹杂的，很难描述，我目前就非常痛苦。（个案 24 XYF）

地方高校在培育学术型博士生的科研兴趣时，应以培育学术型博士生科研的"技术兴趣"和"实践兴趣"为基础，以培育学术型博士生的解放兴趣为终极旨归。

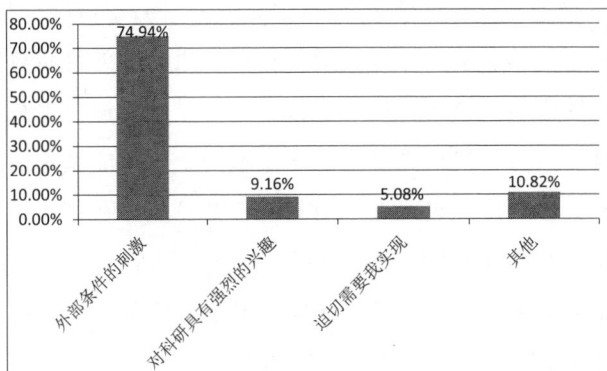

图 4-9　地方高校学术型博士生科研驱动因素调查结果统计图

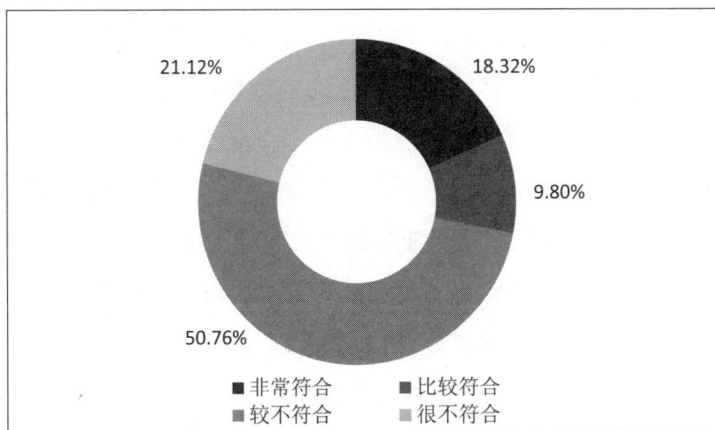

图 4-10　地方高校学术型博士生科研兴趣调查结果统计图

四、科研认同感有待提升

只有对某事物具有深层次的认同，个体才会产生高度的自觉行为[①]。地

---

① 杨国荣. 人类行动与实践智慧 [M]. 北京：生活·读书·新知三联书店，2013：47-50.

方高校学术型博士生只有对科研具有深层次的认同，对科研的价值与意义给予认可，其才能够主动地开展科研，从而产生高度的科研自觉行为。地方高校学术型博士生的科研认同感直接决定着学术型博士生在科研中的投入度和参与度。只有科研认同感强的学术型博士生才能真正地投入科研活动，在科研中的参与度和投入度相对较高，并且能够在科研活动中进行自主的科研创新，表现出强大的创造力。

地方高校学术型博士生的科研认同感不仅影响着学术型博士生科研自觉的形成及科研动力的产生，还直接影响着学术型博士生的学术职业取向。科研认同感高的学术型博士生，其会对学术产生浓厚的兴趣，认为学术职业是崇高的，学术研究之人是高尚的，这些类人往往会选择以学术为业。科研认同感低的学术型博士生往往带着功利化的心态做科研，时常会有"逃离"科研的想法，进行着"被动式"科研，这类人毕业后大多会流向非学术领域。一战结束后，德国政治经济不稳定，全社会被批判、否定与怀疑的思想所笼罩。面对慕尼黑大学学生对未来的困惑、忧虑与不解，德国社会学家韦伯做了题为《以学术为业》的著名演说，在演说中韦伯强调，"兴趣爱好、批判性思维、逻辑思维、创新思维对科研意义重大。大学生缺乏这些特质是无法进行科研的，即便侥幸取得一定的科研成果，那么这些科研成果的真正价值也是值得怀疑的"。同时，韦伯还打破了大学生对于学术职业的美好幻想，他将学术职业比喻为一场"赌博"，人们投入大量赌注，但仍无法预知输赢。他还指出："立志以学术为业的人，要有足够强大的心理承受力，因为进入学术界，可能要从底层做起，要承受收入低、地位低、处境艰难的风险。"[1]从韦伯的描述中可窥探出当时德国整个社会的学术职业发展状况不容乐观，他更多的是对当时学术职业环境表示担忧。国际经合组织调查研究发现，美国、加拿大、阿根廷博士生毕业后选择以学术为业

① [德]马克斯·韦伯.学术与政治：韦伯的两篇演说[M].冯克利，译.北京：三联书店，2013：47-50.

的人数低于40%[①]，中国博士生毕业后选择以学术为业的人数低于55%[②]。随着知识经济时代与信息化时代的来临，产业结构调整重组，非学术部门对博士生的需求量增加，博士生毕业后流向非学术职业岗位不可避免。目前非学术职业岗位给予的"诱惑"正逐步超越学术职业岗位，加之博士生对科研的认同感相对较低，结果会引发大量的博士生毕业后流向非学术职业岗位，不会选择进入高校或科研院所等学术部门，进而造成学术职业岗位人才紧缺的困局。长期下去，在不断的恶性循环中，将引发高校师资队伍结构失衡，使得高等教育质量急剧下滑。由是，地方高校要着重提升学术型博士生的科研认同感，大力倡导学术型博士生选择以学术为业，逐步引导其逐步回归学术职业之路。

分析地方高校学术型博士生能否认同科研的价值和意义的调查结果发现（如图4-11所示），49.36%的学术型博士生表示从不能认同科研的价值和意义，24.05%的学术型博士生表示偶尔能认同科研的价值和意义，12.85%的学术型博士生表示有时能认同科研的价值和意义，13.74%的学术型博士生表示经常能认同科研的价值和意义。说明大部分地方高校学术型博士生不能认同科研重大的价值与意义。接着对地方高校学术型博士生能够在科研中获得归属感的调查结果分析后发现（如图4-11所示），51.91%的学术型博士生表示从不能，获得归属感21.50%的学术型博士生表示偶尔能获得归属感，11.07%的学术型博士生表示有时能获得归属感，15.52%的学术型博士生表示经常能获得归属感。说明大部分地方高校学术型博士生不能在科研中获得一定的归属感。

上述调查结果表明，目前地方高校学术型博士生的科研认同感相对较低，亟待提升。否则，较低的科研认同感很难强化他们的科研兴趣，也就很难催生源于科研认同感的科研动力的形成。假如一名学术型博士生不能

---

① 沈文钦，王东芳，赵世奎.博士就业的多元化趋势及其政策应对［J］.教育学术月刊，2015（2）：35-45.

② 范巍，蔡学军，成龙.我国博士毕业生就业状况趋势分析［J］.教育发展研究，2010（7）：79-81.

对科研形成高度的认同，不能对科研的重大价值与意义给予认可，就不会主动开展科研，更不会产生高度的科研自觉行为，这是导致地方高校学术型博士生尚未形成科研自觉的根本性原因。

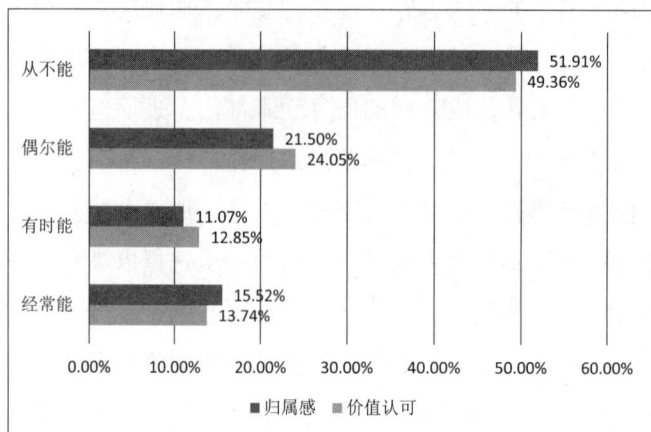

图 4-11　地方高校学术型博士生对科研的价值认可与情感归属调查结果统计图

本章小结

　　针对上一章地方高校学术型博士生存在的科研动力问题，综合分析《地方高校学术型博士生科研动力情况调查问卷》第二部分、第三部分的调查结果、扎根理论收集的原始访谈资料以及已有相关文献，发现地方高校学术型博士生科研动力问题的成因主要包括四方面：一是博士生科研评价制度不尽合理：评价指标的"符号崇拜"、评价主体的"职责缺位"、评价结果的"学位关联"；二是科研保障机制不健全：资源平台匮乏、组织管理松散、学术氛围淡薄；三是科研兴趣普遍缺乏；四是科研认同感有待提升。

第五章
地方高校学术型博士生科研动力的提升策略

　　如何保障和促进地方高校学术型博士生把不同的内外因素转化为他们的科研动力，直接影响着学术型博士生在科研中的参与度、投入度及其科研成果产出率，进而影响地方高校博士生的培养质量。实证调查研究发现，时下我国地方高校学术型博士生存在的科研动力问题主要表现为功利化科研倾向突出、过度依赖物质性激励、科研效能感普遍偏低、科研成就感普遍不足、科研自觉还尚未形成等问题。产生以上问题的成因主要包括四方面：博士生科研评价制度不尽合理、科研保障机制不健全、科研兴趣普遍缺乏、科研认同感有待提升。针对地方高校学术型博士生科研动力问题的成因，本章建构了地方高校学术型博士生科研动力的提升策略。

一、变革博士生论文发表制度，建构弹性化科研评价体系

　　时下，"论文发表"已成为地方高校学术型博士生科研评价的核心指标，其引发了博士生的功利化科研倾向突出、过度依赖物质性激励以及养成科研浮躁心理等一系列严重问题，致使地方高校学术型博士生在科研中丢失

了赤诚之心。科学研究的底线就在于研究者必须怀有一颗赤诚之心[①]，若学术型博士生一旦丢失了赤诚的科研之心，在科研中舍本逐末，甚至为追求科研带来的外部利益不择手段，其便无心于"真正"的科研，严重的话还会导致各类学术不端事件的发生。尤其在国家破"五唯"的政策背景下，地方高校博士生论文发表制度改革势在必行。且这对于改善当下地方高校学术型博士生突出的功利化科研倾向、过度依赖物质性激励等问题极其必要和重要。

然而究竟应如何变革博士生论文发表制度确实值得学界深思的关键性问题。如果我们盲目废止地方高校博士生论文发表制度显然是不可取的。首先，论文发表是地方高校学术型博士生科研训练的重要组成部分以及检验地方高校学术型博士生培养质量的重要指标，一定程度上确实能够衡量出地方高校学术型博士生的科研能力，同时也能为地方高校学术型博士生奠定学术基础、积累学术资本，成为其日后进入高校或科研院所的"试金石"。其次，地方高校的论文发表制度有其内在的法理逻辑和学术逻辑[②]。在法理逻辑上，地方高校博士生论文发表制度符合国家制定的博士学位申请、博士学位授予的法律法规的规定及其出台的相关科研政策要求。在学术逻辑上，地方高校论文发表制度是保障博士生学位论文质量及其能否获得博士学位的内在要求。假如一名博士生从未在正规刊物上发表论文或未接受过系统的论文写作训练，那么其写作能力、逻辑思维能力、语言表达能力以及创新能力便无法得到有效衡量，其学位论文的质量也很难得到保障。最后，在当前大部分地方高校还未能对博士生的招生、培养以及就业实行一体化动态追踪管理的情况下，盲目废止博士生论文发表制度，很可能会导致大批博士生"混学位""搭便车"现象的发生，这将导致地方高校博士生的培养质量大幅度降低。由是，既要保证地方高校博士生论文发表制度

---

① 王洪才.高等教育评价破"五唯"的难点、痛点与突破点 [J].社会科学文摘，2021（7）：10-12.

② 徐雷.作为博士学位授予标准的学术论文发表：逻辑正当性与误区澄清 [J].学位与研究生教育，2020（7）：31-39.

不违背国家破"五唯"的政策导向，又要全面保障地方高校博士生培养质量，在不废止地方高校博士生论文发表制度的条件下，应对博士生论文发表制度进行深度变革，建构一种弹性化的科研评价体系，使其更加人性化、科学化与合理化。

（一）评价指标由单一转向多元：提升发表制度的内在张力

目前，有的地方高校主要采取或仅采取发表论文的级别和数量来对学术型博士生的科研进行评价，这种单一的科研评价方式极大削弱了学术型博士生的科研热情，打消了学术型博士生的科研积极性，引发了学术型博士生的功利化科研倾向严重、过度依赖外在的物质性激励等问题，不利于他们把外在的要求和因素转化为积极的科研压力，也就不利于源于外部环境驱动的科研动力形成。2018年，国家也出台了破"五唯"的政策，要求高校必须破除"唯论文""唯项目""唯支撑"……仔细剖析政策文件可发现，破除"唯论文"的内核在于如何破"唯"，而不是如何破"论文"，破除"唯论文"不代表论文不重要或不用发表论文，而是不应把论文当成唯一的科研评价指标，应构建一种多元化的科研评价指标体系，使科研评价制度更加科学合理且富有弹性[1]。在对地方高校学术型博士生的科研进行评价时，地方高校不应将论文作为唯一的科研评价指标，依据不同学科、专业的特点制定不同的科研评价指标，应构建多元化的科研评价指标体系，以提升地方高校博士生论文发表制度的内在张力[2]，具体可从以下几方面入手。

第一，地方高校要逐步取缔博士生统一论文发表的强制性要求。地方高校对博士生发表论文不做统一要求不代表降低标准，也不代表对学生的科研"放任不管"，而是对学术型博士生的科研提出了更高的要求，由原来仅注重论文发表的级别和数量逐步转移至注重学位论文的质量以及学术型博士生是否具备科研创新能力、能否产出创新性科研成果等方面上。地方

① 易凌云.“五唯”问题：实质与出路 [J].教育研究，2021（1）：4-14.
② 赵祥辉.博士生发表制度的“内卷化”：表征、机理与矫治 [J].高校教育管理，2021（3）：104-113.

高校不再做统一强制性要求不代表院系（所）、博士生导师以及学术型博士生自身没有要求，其核心旨归是将博士生科研评价权下放，使之更加弹性化、人性化，以彰显博士生论文发表制度之内在张力。如此，有利于外部要求和因素向学术型博士生积极的科研压力的转化，帮助他们摆脱功利化倾向的科研动力，促成他们形成理性的科研动力。地方高校对学术型博士生的科研进行评价时，要根据不同学科、专业以及研究领域的特点建构不同的科研评价指标体系，不能搞"一刀切"。学校科研管理部门前期需要通过征求各学院（所）意见的方式，制定出大致的科研评价指标，再由院系的学术委员会仔细商讨，并依据本学院学科专业的特点制定出具体的科研评价指标。对于数学、物理、化学、生命科学、地理学等基础学科的学术型博士生来讲，地方高校要鼓励其专心开展深入性探索，以产出高质量的科研创新成果为目标，对此类学术型博士生的论文发表不做强制性要求，鼓励其竭尽全力发表高水平的 SCI 论文,若实在发表不出 SCI 论文,可根据日常的科研表现（如实验情况、协助导师实质性完成课题情况等）来对其科研进行系统性评价。基础学科学术型博士生的科研评价重点应聚焦于学位论文的质量上，具体包括博士学位论文的创新性、应用推广价值、理论价值等。而对于医学、农学、商学、教育学、经济学、语言文学、机械工程学等应用学科的学术型博士生来讲，地方高校应鼓励其多开展应用性研究，开展的研究要与地方经济发展紧密结合，且能够为本区域的经济发展做出贡献。对应用学科的学术型博士生进行科研评价时，不仅要注重其学位论文的质量，更要注重其阶段性研究成果是否隐含一定的社会价值以及该成果能否进行转化、应用。例如一名机械工程学的学术型博士生未能在 SCI 上发表论文，但其研制出了新型机械配件，且通过试验确实能很好地应用于机械运转中，在一定程度上提高了机械运转效率，并由此获得了新型研发专利，那么在对这名学术型博士生进行科研评价时，不能紧盯 SCI 论文这一指标，其获得的新型研发专利要纳入科研评价指标体系中，并且该评价指标权重要等同于甚至要高于在 SCI 上发表论文的评价指标权重。

第二，地方高校对学术型博士生的科研成果要求不能仅局限于发表论文，撰写（参编）著作、申请专利、咨政建议被采纳和应用、撰写研究报告、实质性参与课题的结题、科研成果获国家级或省级奖项、研发新型技术、研制新药物、新试剂（运用临床）等都可纳入其中。在设置学术型博士生的科研评价指标权重时，要依据不同学科专业的实际情况进行合理设置，需要特别注意的是，其他科研成果形式和论文的重要性是等同的，一定不能将论文的评价指标权重设置过高。例如，对一名临床医学专业的学术型博士生的科研进行评价时，除了看其是否发表过高水平 SCI 论文（Nature、Science、Cell 等）外，还要综合其在实验室的日常表现，以及跟随导师出门诊、急诊、病房接收、救治患者的综合表现。发表论文仅是博士生科研评价指标体系中的一部分，学术型博士生发表过 SCI 论文并不代表其科研能力一定较强，未发表过 SCI 论文也不代表其科研能力一定较弱，地方高校在对学术型博士生的科研进行综合评价时，要充分尊重学科专业差异，依据不同学科、专业以及研究领域的特点制定多元化的科研成果要求，绝不能仅考虑发表论文这一项，这在一定程度上能够促使地方高校的博士生科研评价制度更加科学化和合理化。多元的评价指标能有效扭转学术型博士生科研能力难以施展、科研的价值外在化等问题，使他们正确看待外部环境驱动的作用，从而合理地处理外部要求和因素在催生科研动力过程中的重要性。

第三，对于未能在规定刊物（SCI、CSSCI、JST、全国中文核心等）上发表论文的地方高校学术型博士生，不能为其贴上"科研能力差""不适合读博士""不具备科研潜质""科研水平低"的标签，这不仅会把他们的科研动力逼向科研功利化和物质性激励强烈依赖的境地，还会影响其他因素在他们科研动力形成过程中的作用，尤其可能消解这些学术型博士生的科研兴趣和热情，影响他们的科研认同感，致使他们难以形成源于情绪情感驱动的科研动力。因此，地方高校可以对这类学术型博士生现有的且未发表的科研成果（论文、研究报告、著作等）进行严格的四级审查，以对其科研情况进行综合性评价。首先，第一关由博士生导师进行审查，重点审查科研成果的创新性以及是否具有一定的价值和意义。其次，博士生导师审查通过后，再由学院学术委员会专家对科研成果进行审查，学术型博士生对科研成果进行简述，学术委员会各位专家对其进行提问，根据学术型博士生的回答表现以及科研成果的质量进行无记名投票，决定是否送至下一级审查单位。再次，通过博士生导师、学院学术委员会专家的审查后，科研成果送至学校复审，学校组织相关领域专家再次对科研成果的创新性、理论与应用价值等进行严格审查，通过后送至校外相关领域专家进行审查。最后，通过前面三级审查后，地方高校将科研成果以匿名的形式至少送三个校外专家进行外审，外审专家必须是博士生导师，与博士学位论文外审不同的是，为淡化"淘汰""强制"色彩，校外专家的最终评价结果没有"通过"与"不通过"之分，主要对科研成果的理论性、创新性和应用价值进行了客观合理的评判，并提出一些针对性的意见或建议，为地方高校对学术型博士生科研评价提供参考与借鉴。四级审查结束后，地方高校和博士生导师综合考虑审查结果以及学术型博士生日常科研表现对学术型博士生科研进行系统、准确地评价，最终得出客观、公正的评价结果。学术型博士生日常科研表现主要包括参与高端学术会议的次数、实质性协助导师完成课题的申报和结题、参与各类学术活动的积极性、实验数据处理及分析能力等。

（二）评价主体由期刊转向导师和培养单位：改善发表制度的重要保障

培养单位和博士生导师作为学术型博士生科研的评价主体，本应成为学术型博士生的"学术守门人"，承担着对学术型博士生的科研能力与科研潜质进行评判的重任。但由于时下地方高校普遍实行的、具有"强制"意味的博士生论文发表制度，使真正的科研评价主体的责权不断弱化，学术型博士生科研评价权逐步移交甚至完全移交给第三方评价机构——学术期刊，学术期刊跃升为地方高校学术型博士生科研的评价主体，学术型博士生能否毕业、何时毕业完全由学术期刊决定。毋庸置疑，学术期刊上刊载的论文确实能在一定程度上反映出地方高校学术型博士生的科研水平[1]，但其不能成为学术型博士生主要或唯一的评价主体，也不能完全掌握地方高校学术型博士生能否毕业的"生杀大权"，否则将会有越来越多的地方高校学术型博士生为盲目追求论文的发表而丢失科研的赤诚之心、背离科研初衷，为短平快发表论文不惜一切代价，甚至走向学术不端之路。这样的话，他们的科研动力会越来越来源于功利化倾向和物质性激励，更是异化了外在要求和因素在催生他们科研动力形成过程中的督促性、鼓励性、关怀性价值和作用。因此，学术型博士生的科研评价主体要由学术期刊逐步转向导师和培养单位，一定要充分发挥培养单位和博士生导师作为学术型博士生科研评价主体的"学术守门人"之作用，引导其科研评价责权的回归，切实对学术型博士生的科研能力、科研潜质以及科研成果背后承载的理论性、创新性以及应用价值做出科学准确的判断，具体可从博士生导师和培养单位两个层面入手。

在博士生导师层面。第一，博士生导师作为地方高校学术型博士生学术的首要责任人，其应与学术型博士生建立和谐、平等、融洽的关系。除为学术型博士生提供高质量、高水平的学术指导外，更重要的是要对其进行人文关怀，要时常关心学术型博士生的心理状态、科研情况、学习情况、未来就业情况等，与学术型博士生经常谈心、沟通与交流，达到彼此心灵的交融，让学术型博士生充分感受到被呵护与爱，使学术型博士生在枯燥的博士生涯中倍感温暖。唯有此，学术型博士生在科研、生活和学习中才能展现出真实的自我，博士生导师对其日常科研表现以及科研能力的评判才会更加准确。第二，博士生导师要秉持"民主＋自由探索"相结合的学术指导风格，做到严慈适度，对学术型博士生不能完全放任不管也不能过于专制，给予其充分的自由。博士生导师充当的角色类型应是亦师亦友的

---

[1] 王洪才.高等教育评价破"五唯"的难点、痛点与突破点 [J].社会科学文摘，2021（7）：10-12.

指引者和倾诉者，绝不能不能是科研上的"老板与员工"的关系①。博士生导师要充分尊重学术型博士生的兴趣爱好，让其自由探索，不能强制学术型博士生围绕自身的课题撰写学术论文，不能侵占学术型博士生的科研成果，一定要根据真实的学术贡献来决定论文署名的顺序。总之，博士生导师决不能将学术型博士生培养成为"冰冷的学术生产者"，要将其培养成有温度、有灵魂、综合素养高的卓越人才。第三，博士生导师可以结合自身经验以及列举一些实例来扭转学术型博士生对发表论文的认知与态度，使之切实认知到发表论文是其学术天职的使然，也是博士阶段科研训练不可或缺的一部分。同时，也要让学术型博士生认识到论文发表的数量与级别不是最重要的，更重要的是论文背后所承载的创新性与应用价值。第四，博士生导师要对学术型博士生论文的选题、写作、修改、润色和投稿进行全方位指导，鼓励学术型博士生平时撰写的阶段性论文要与学位论文紧密结合，引导其开展深入性与长线性研究。第五，博士生导师要经常对学术型博士生进行学术伦理道德教育，警示学术型博士生要注意科研诚信，坚守科研底线，避免一切学术不端行为的发生。

在培养单位层面。一是，地方高校在博士生论文发表制度的顶层设计上要淡化"强制"色彩，对各院系（所）制度的执行情况要进行实时监督与管理。二是，地方高校要对现行的教师考评机制进行深度变革，将"导师对博士生的人文关怀程度"这项内容纳入教师考评体系中，目前许多地方高校的博士生导师只注重对博士生的学术指导而忽略对其进行人文关怀，主要原因在于教师考评体系中教学和科研占据的比例较大，缺少了"导师对研究生进行人文关系"的相关内容②。三是，地方高校要建立学术型博士生科研动态追踪调查机制，建立博士生科研数据库，收集大数据实时了解学术型博士生的科研动态及其对博士生导师的满意度，并将结果及时反馈

① 徐岚.导师指导风格与博士生培养质量之关系研究[J].高等教育研究，2019（6）：58-66.

② 刘宁宁.导师指导如何影响博士生学术职业取向的变化[J].研究生教育研究，2021（5）：17-24.

给博士生导师，以便博士生导师及时转变学术指导方式以及人文关怀方式。四是，地方高校要定期组织关于博士生论文写作类、研究方法的运用类、科研诚信类的学术报告或讲座，促进学术型博士生的科研能力和学术诚信度的提升。

（三）评价取向由"淘汰"转向"激励"：优化发表制度的根本诉求

目前，"博士生论文发表制度"已成为学界广泛关注且备受争议之话题[①]，许多地方高校学术型博士生对本校实行的论文发表制度不予认同，其主要原因在于论文发表与获得博士学位紧密关联，学术型博士生在规定年限内未完成"小论文"发表将面临延期毕业或被清退的风险，"发表不出小论文就会延期毕业、就会被清退、就不能撰写学位论文"成了许多地方高校学术型博士生的"梦魇"，造成了学术型博士生的科研焦虑，这也给博士生论文发表制度涂上了厚厚的"淘汰性""强制性"色彩，博士生论文发表制度更多具有了淘汰与强制的意味。博士生论文发表制度在如此备受争议的情况下，还能在地方高校广泛实施与执行，一方面，其确实能够在一定程度上保障博士生的培养质量；另一方面，在当下大部分地方高校还未能实现对博士生的招生、培养以及就业实行一体化动态监督管理的情况下，盲目废除该制度会引发学术型博士生"混学位""搭便车"现象的发生，从而将导致博士生培养质量急剧下滑。但需理性审思的是，搞科研应本应是博士生学术天职的使然，发表论文也理应是博士生自觉主动的事情，若强制性发表论文或发表不出论文就被"淘汰"，一方面，会引发地方高校学术型博士生的科研焦虑，为求毕业博士生们力争"短平快"发表论文，反而会陷入"愈写而愈写不出""愈发而愈不得发"的境地，在这种条件下产出科研成果的质量可想而知。在无法完成毕业条件的压力下，一切纯粹的科研效能驱动、情绪情感驱动和价值信念驱动等可能都会失效，他们科研的

---

① 郭英剑. 该不该规定博士生发表文章才能毕业 [N]. 中国科学报，2018-6-5（7）.

唯一动力可能就是发表论文以顺利毕业，不知不觉中，他们的科研动力可能完全出于功利性和物质性激励；另一方面，每个人都带着功利化的心态搞科研，还会助长地方高校功利化的科研风气。那么，在不废除地方高校博士生论文发表制度的情况下，如何使该制度既能让学术型博士生发自内心地接受，激发出其强大的科研动力，促进其高效率地产出高质量的科研成果，从而保障博士生的培养质量，又能使该制度变得更加科学合理，更富有人性化和弹性化。地方高校学术型博士生科研的评价取向由"淘汰"逐步转向"激励"，淡化博士生论文发表制度的"淘汰性""强制性"，更加强化该制度的"激励性"，或许是最有效的出路。即化"淘汰""强制"为"激励"，将地方高校的博士生论文发表制度看作是一种激励制度，而非淘汰性与强制性制度。

首先，地方高校在制定学术刊物级别时，要充分考虑各院系（所）的意见，将不同学科的学术刊物分为不同的级别，决不能搞"一刀切"，将论文发表的学术刊物级别简单地定为A类、B类、C类、D类、E类，学术刊物级别的制定既要有科学依据，也要满足博士生的需求，始终遵循以生为本的原则。制定学术刊物级别的核心旨归是在于根据学术型博士生发表学术刊物的不同级别对其进行适当奖励，而不是学术型博士生未能在规定刊物上发表文章就会被"淘汰"、就面临延期毕业的风险，至于地方高校学术型博士生能否被"淘汰"还要综合考虑多元评价的结果。其次，地方高校学术型博士生在学校规定的高水平学术刊物（SCI、CSSCI、SSCI、CSCD等）上发表论文，学校和博士生导师可以对其进行适当的物质激励，伴以精神和情感激励，以促进学术型博士生撰写、发表论文的积极性和主动性，及时消解其写作过程中出现的焦虑、烦躁等负面情绪。比如对于科研能力突出、在高水平学术刊物上发表论文的学术型博士生，博士生导师可酌情为其发放一定的科研劳务费，以资鼓励。学校还可以组织科研奖励会，为发表高水平论文的学术型博士生颁发荣誉奖章或证书，同时要更加安慰、激励未能发表论文的学术型博士生，对此类博士生可进行单独的科研指导和情感关怀。最后，地方高校可适当要求学术型博士生发表论文，但不能强制且要求标准也一定不能过高，在科研评价体系中科研奖励的占据比例要远高于科研要求的占据比例，也就说学术型博士生发表的论文越多，获得的奖励越多。这不意味着地方高校降低了对学术型博士生的科研要求，也不意味着地方高校对学术型博士生放任不管，而是要淡化发表制度"淘汰""强制""硬性要求"的色彩，将重心聚焦在"激励"上，以促进学术型博士生积极主动地发表论文，从而产出更多优质的科研成果。

为进一步淡化地方高校博士生论文发表制度的"淘汰""强制"色彩，提升地方高校学术型博士生的培养质量，地方高校可采取博士生分流退出机制。实际上，西方许多国家早已在博士生培养过程中实行了分流退出制度，这种"严进严出"的博士生培养制度确实提升了博士生培养质量，其已成为西方国家博士生培养质量保障的一把"制胜利剑"①。目前，我国已有14所高校（北京大学、清华大学、北京航空航天大学等）率先开展了博士生分流退出的试点工作，后续也有一些高校在博士生培养中也尝试采用分流退出制度，但效果均不理想。究其原因在于，一是，许多高校误读了分流退出的真正意涵；二是，分流退出制度在执行过程中发生异化，流于形式。实质上，分流退出中的"分"是对博士生进行分向培养，"流"指的是分向培养的两种方式：一是继续攻读博士学位；二是流向下一级，即获得硕士学位。"退出"指的是以质量为判断基准的过程性淘汰，更加强调的是过程性淘汰，并非直接淘汰，而是给了了博士生更多的机会，这也使得分流退出制度更加人性化和柔性化②。地方高校在学术型博士生培养中采取分流退出机制时，须注意以下几点：第一，要根据不同学科专业特点制定不同的学术型博士生分流退出方案。第二，学术型博士生分流退出制度实施过程中要进行全程动态监督与管理，并实行追责制，避免制度实施流于形式。第三，依托于大数据技术，建立学术型博士生分流预警机制，对将被

① 杨青.美国一流大学博士生分流淘汰制度的运行机制及启示－以康奈尔大学为例[J].中国高教研究，2019（10）：91-98.

② 郭琳.研究生教育的"分流退出"：意涵阐释与路径探析[J].研究生教育研究，2021（5）：45-50.

分流的博士生进行提醒；第四，对已被分流的学术型博士生，地方高校要对其妥善安置，例如为其提供就业指导、提供一定的就业补助、进行心理疏导和情感关怀等。总之，分流退出机制的核心旨归是为了"更好的育人"和"育更好的人"[1]，地方高校在制定学术型博士生分流退出方案时，一定要紧抓"育人"这条主线。

二、建立健全科研保障机制，营造富有人文关怀的学术氛围

健全的科研保障机制是地方高校科研的"生命线"，也是地方高校学术型博士生能够顺利开展科研的前提与基础。实证调查研究发现，时下大部分地方高校尚未建立完善的科研保障机制，主要表现为：科研资源平台匮乏、组织管理松散、学术氛围淡薄，难以促进学术型博士生基于主客观因素考虑而产生的科研效能感，从而严重限制了源于科研效能驱动而形成的科研动力。因此，地方高校要建立健全科研保障机制，营造富有人文关怀的学术氛围，确保学术型博士生能顺利地开展科研，真正使学术型博士生便于搞科研、乐于搞科研。

（一）提供"显隐交融"的科研资源平台

充足的资源平台是地方高校重要的科研保障条件之一，也是地方高校学术型博士生顺利开展科研的必要条件。若缺乏一定的资源平台，再具备科研能力的博士生也无法顺利开展科研，再美好的科研构想也无法付诸实施。已有研究表明，充足的科研资源平台下，博士生的自我效能感普遍较高，其能够积极主动地开展科研，在科研中更有可能实现自我创新[2]。据此，

---

[1] 罗容海.博士生分流退出机制的目的还是指向育人 [N].光明日报，2021-10-29（2）.

[2] 刘成科，孔燕.博士生科研自我效能感的现状调查及提升策略 [J].研究生教育研究，2017（12）：42-46.

地方高校要为学术型博士生构建充足的科研资源平台，这有利于他们产生良好的科研效能感，进而促进他们形成由科研效能驱动而逐渐凝聚的科研动力。构建的科研资源平台要包括显性资源平台和隐性资源平台。显性资源平台主要包括设施设备、图书资料、科研经费、学习空间、实验室硬件条件等。隐性资源平台主要包括学科专业力量、师资（团队）力量、各项科研规章制度等。

在显性资源平台的构建方面。首先，地方高校要尽力满足学术型博士生科研所需的一切硬件条件。对于理工科博士生来讲，可以为其购买国内外先进的仪器设备，引进新技术，定期加强实验室建设，为其发表国际高水平论文、提升科研能力奠定坚实的物质基础。对于人文与社会科学博士生来讲，可以为其购买大量的图书（包括名著、译著、期刊等）资料，还要为其提供充足的国内外不同类型的数据库，如 ERIC、CNKI、Web of Science、Springer、Proquest 等，便于其查阅文献。其次，地方高校要为学术型博士生提供充足的科研经费，包括差旅费、会务费、成果出版费、科研劳务费、科研奖励费等，保证科研经费惠及每位博士生。因为在物质性条件得到一定的充足时，他们就不容易产生物质性激励过度依赖的需求。最后，地方高校要设立多种类型的博士生科研项目，并为获得科研立项的博士生提供经费支持，鼓励、刺激学术型博士生积极主动地开展科研，在亲身体验科研项目的申请、结题过程中，学术型博士生的科研能力会得到质的提升。

在隐性资源平台的构建方面。首先，地方高校各二级院所要加强学科专业建设的力度，致力于向省级和国家级一流学科专业发起努力，提升学科专业的影响力与辐射力。学科专业力量的驱使下，学术型博士生会产生强烈的专业认同感和责任感，期望实现自身价值，进而产生强大的科研动力，主动进行科研。其次，地方高校要不断完善博士生导师培训制度，不断加强博士生导师师资队伍建设，力争建设出一支能为博士生提供高水平学术指导、具备人文关怀、综合实力雄厚的师资队伍。目前，地方高校博士生导师队伍中，稍年长的导师的指导风格往往依据自身多年指导博士生的经验积累而成，但可能会缺少系统性反思，其指导模式相对较为固化，结果是可能培养出大批"同质化"的博士生。年轻导师通常沿用自己博士求学间导师的指导风格，缺乏一定的指导经验，难以对博士生进行针对性的有效指导。许多高校会发生这样的现象：新晋博士生导师非常年轻，年龄甚至不足30岁，博士毕业于世界名校，发表过数篇国际高水平论文，甚至在Nature、Cell上发表过论文，科研能力异常突出，但其指导博士生却异常吃力，指导的博士生整体质量不高，这并不能表明该导师的指导能力或学术水平不足，而是其缺乏一定的指导经验。因此，地方高校要为不同学科、不同年龄段的博士生导师开设博士生导师培训课程，真正提升博士生导师的指导能力，培训课程要求所有导师必须参加，培训课程不能仅开设一次，要在博士生培养全过程定期开设，培训课程的形式可以包括线上线下相结合、模块与专题相结合、必修与选修相结合等，博士生导师修满学分、经考察合格后才能指导博士生。此外，地方高校还要定期举办博士生指导经验交流研讨会，促使各博士生导师在经验交流中不断反思、总结自身的指导风格与指导模式，进一步积累指导经验。最后，地方高校要建设高水平的一流科研团队，并将学术型博士生纳入团队之中，唤起学术型博士生的责任感与使命感，进而激发其科研动力。地方高校建设科研团队时要注意几方面：第一，科研团队负责人是团队的核心与灵魂，整体把握着团队的运转方向，团队责任人不但要具备较强的学术能力，还要具备较强的领导力与把控力。第二，科研团队的结构必须合理，而且要具备稳定性，团队成员间要形成知识技能的优势互补，团队结构具体包括团队成员的年龄、研究方向、团队总体规模等。第三，科研团队运行过程中要时刻遵循以人为本的宗旨，鼓励成员的自我超越和创新，在团队中营造出创新的氛围，并将这种创新精神逐步打造成传统，代代相传，形成特色。

（二）建立富有专业性、弹性化的科研管理制度

制度保障是地方高校学术型博士生开展科研的前提，只有在系统完善的管理制度下，地方高校学术型博士生才能有序、顺利地开展科研。实证

调查研究发现，当前大多地方高校尚未建立完备的博士生科研管理制度，博士生科研管理较为混乱，博士生科研管理行政化色彩浓厚，缺乏专业性和弹性化，严重制约了地方高校学术型博士生科研的顺利开展，降低了他们的科研效能感，不利于他们形成源于科研效能驱动而生成的科研动力。为此，地方高校要建立一套富有专业性、弹性化的博士生科研管理制度，具体包括以下两方面。

一方面，地方高校要成立专业的博士生科研管理机构。目前，我国大多数地方本科高校均成立了专门的本科生教学管理机构，如本科生教学质量监控中心、本科生教学质量管理中心、本科生教学质量评价中心等，鲜少有地方高校成立专门的博士生科研管理机构。地方高校对博士生的科研管理主要由科研处（部）和研究生院（研究生工作部）负责，这些部门除负责的日常的博士生科研管理外，还要负责本校教师科研项目的申报与结题、各种荣誉称号与和奖项的申报等工作，相比于博士生的科研管理，这些高校更加重视教师科研项目与奖项的申报工作，很可能导致博士生的科研管理流于形式，进而引发博士生培养质量的下滑。此外，地方高校的科研处（部）和研究生院（研究生工作部）与博士生培养单位各司其职、沟通联系较少，常发生博士生培养与管理脱节的现象。因此，地方高校有必要建立专门且专业的博士生科研管理机构，负责对博士生的科研实行精准化、一体化管理。地方高校建立专门的博士生科研管理机构时，需要注意：首先，管理者必须懂教育、懂科研，并且能够遵循教育规律和科研规律，时下大多地方高校的科研管理部门"行政化"色彩浓厚的根源在于管理者的"行政化"思维严重，管理者缺乏对教育与科研规律的把握。换言之，管理者不懂教育、不懂科研。因此，博士生的科研管理权一定要交由真正懂教育、懂科研的专业人员，博士生科研管理的核心旨归不在于如何管理，更多在于通过管理来更好地育人，更有效地促进博士生科研成果的产出，使博士生获得全面发展。其次，博士生科研管理部门要与二级培养单位建立紧密联系，对博士生科研过程实行全方位的动态监控，还要建立科研管理制度落实监督机制，避免二级培养单位执行管理制度时流于形式。

最后，博士生科研管理部门在制定、执行各项科研管理制度时，要紧抓"育人"这条主线，一切科研管理制度的实施都是为博士生服务，核心目的是提升博士生科研成果产出率和博士生的培养质量，实现博士生的全面发展，只有牢牢抓住这条主线，才能避免科研管理制度在执行过程中发生异化。

另一方面，地方高校要建立弹性化的博士生科研管理制度。首先地方高校要制定博士生科研的总体制度，然后根据总体制度为博士生科研的各环节制定相应的具体制度，各环节主要包括课程学习、论文写作或发表、学术报告与交流、初期考核、中期考核、末期考核、开题报告、论文外审、预答辩、答辩等。制定具体的科研管理制度时，一定要体现出科研管理制度的高标准与严要求，管理制度要具有包容性、弹性化与人性化。包容性、弹性化与人性化的科研管理制度会使他们感受到心内的呵护和科研上的支持，有利于增强他们的科研效能感。例如，地方高校在制度博士生论文发表制度时，要充分考虑不同学科、专业博士生的差异性，制定弹性化、人性化的发表制度，关于地方高校学术型博士生论文发表制度的制定，前面已大篇幅阐释，这里不再赘述。

（三）营造浓厚、自由的学术氛围

学术氛围是高校通过长期的内在积淀而形成的高校本质、特色、文化底蕴及精神风貌的综合体现。[①]学术氛围是否浓厚关涉学术型博士生的科研动力。因为浓厚的学术氛围昭示着他们学校文化魅力和精神气象，会焕发地方高校学术型博士生的科研热情，激发其科研动力，促使其积极主动地开展科研。反之，在淡薄的学术氛围下，地方高校学术型博士生的科研积极性将降低，科研热情也将逐渐被消解，学术型博士生极易随波逐流。由是，为提高地方高校学术型博士生的科研积极性，激发其科研动力，焕发其科研热情，地方高校要营造浓厚、自由的学术氛围。

---

① 刘文博.研究生浓郁学术氛围的形成机制及对策研究[J].思想教育研究，2014（1）：95-97.

　　在博士生个体层面。第一，学术型博士生要树立崇高、远大的学术理想，明晰科研的价值与意义，要能够积极主动地开展科研，并在科研中不断创新。第二，学术型博士生要始终保持一颗赤诚且纯粹的科研之心，切实认知到搞科研是博士生学术天职的使然，并非外部利益的驱使。第三，学术型博士生要能够自行消除学术焦虑，自觉地抵御学术不良之风的影响，时刻以高标准的学术规范来严格要求自己。第四，学术型博士生要具备学术道德和学术诚信，做到以身示范，保证自身学术成果的原创性，尊重他人的学术成果，坚决杜绝一稿多投、篡改数据、贩卖学术论文等一切学术不端行为的发生。第五，学术型博士生要加强与同学、老师间的学术研讨，切勿"闭门造车""单打独斗"。学术型博士生还要积极参加不同类型的学术活动，比如学术研讨会、学术年会、学术报告会、博士生学术论坛等。

　　在博士生导师层面。博士生导师在营造浓厚、自由的学术氛围上发挥关键性作用。博士生导师作为博士生的第一学术负责人，其与博士生的关系最为紧密，博士生导师自身的道德修养和学术品质会对地方高校学术型博士生的科研行为产生潜移默化的影响，发挥着示范与引领的作用。有学者曾这样描述道："研究生是导师的缩影，导师的修养与人品影响并决定着研究生的修养与人品，有什么样的导师，就会有什么样的研究生。"① 因此，博士生导师要不断提升自身的道德修养与科研水平，自觉地遵守学术伦理规范，恪守学术研究准则，为地方高校学术型博士生树立良好榜样。博士生导师要为学术型博士生提供高水平、高质量的学术指导，学术指导要做到"适度""适当""适时""适切"。除了对学术型博士生进行学术指导外，博士生导师还要对其进行人文关怀，人文关怀甚至比学术指导更为重要，导师要让学术型博士生充分感受到被呵护与爱，要与其建立一种自由、平等、融洽、信任的关系。唯有此，学术型博士生才会对博士生导师敞开心扉，二者间才会形成良性、健康的互动氛围。学术型博士生和博士生导师之间的互动不能仅停留在表面互动上，重要的是要实现心灵交融，在彼此

---

① 许克毅，叶城，唐玲.导师与研究生关系透视[J].学位与研究生教育，2000（2）：
　　59-62.

心灵交融过程中，学术型博士生会更加深入感受到导师的学术魅力与人格魅力，进而会对导师产生一定的认同感、亲近感、依赖感、敬佩感等情感体验。

在地方高校层面。首先，地方高校要建立弹性化、人性化的科研管理制度，营造开放自由、富有人文关怀的学术环境，要调和好学术管理与行政管理间的矛盾，避免行政权力过多干涉学术活动，保障学术自由，在校园中形成良好的学术自由之风。其次，地方高校要定期组织学术交流活动，开展学术交流在一定程度上能够拓宽博士生的研究视野，使其掌握领域最新的研究前沿与动态。学术交流活动可以包括国内学术交流活动和国际学术交流活动，国内学术交流活动可以包括组织学术论坛、学术年会、学术报告会、学术沙龙、学术研讨会、科技作品展览以及邀请国内知名专家学者作报告、研讨、答疑等，国际学术交流活动可以包括资助具有科研潜质、科研能力突出的博士生出国短期访学、邀请国际专家学者以线下或线上的形式作报告等。最后，地方高校要建立全方位的学术活动支撑体系，为学术型博士生的学术活动提供咨询服务，帮助学术型博士生解决科研困惑，也可以为处于科研焦虑期的学术型博士生提供心理咨询与心理疏导，帮助其顺利渡过科研焦虑期。

三、培养博士生科研的"解放兴趣"

杜威指出，"基于兴趣的学习结果和无任何兴趣但努力奋进的学习结果会表现出质的差异"①，学生"爱学""乐学"，才能够"会学""学会"。那么对于地方高校学术型博士生科研而言，只有其发自内心地"爱上科研""乐于科研"，才能"会搞科研""搞好科研"。可以看出，兴趣与科研有着不可

① ［美］约翰·杜威.教育中的兴趣及努力［M］展江，何道宽，主编.北京：中国传媒大学出版社，2018：90-96.

分割的渊源。没有兴趣的科研是痛苦，甚至是折磨的。虽然在科研的道路上，理性的折磨是必要的，但有时候心理的折磨让人更加难以承受。丧失兴趣的科研难以持续支撑和提供情绪情感驱动，使他们难以承受情感和精神折磨之"轻"。如果能够找回他们对科研的纯真兴趣，为他们提供科研兴趣"解放"的支持性措施和条件，那必定是令人欣慰的。兴趣对于博士生科研至关重要，若地方高校学术型博士生缺乏一定的科研兴趣，那么再多的制度性约束和外部利益刺激，也无法驱使学术型博士生真正地投入科研活动中，更无法使学术型博士生真正产生强大的科研动力。因此，地方高校要致力于学术型博士生科研兴趣的培育，以激发其内生的科研动力，使其能够真正地投入科研活动中，并能够在科研中进行自主地创新。

德国著名哲学家哈贝马斯（Hbermas）在其经典著作《认识与兴趣》中将人的兴趣分为技术兴趣、实践兴趣与解放兴趣三个层面。技术兴趣是指人们试图通过对技术的占有和外部条件的控制而产生的兴趣，其相对容易产生但也容易消失，须不断地强化刺激[1]。实践兴趣是指在维持人际关系或实际情境中产生的兴趣，其相对不稳定，容易使人陷入情境中，无法自拔[2]。解放兴趣是指人们出于对自由与人性解放的向往以及获得全面发展的渴望而产生的兴趣，它是人们穷尽一生致力追求的兴趣取向[3]。借助哈贝马斯的认识兴趣理论框架，地方高校学术型博士生的科研兴趣也可以分为技术兴趣、实践兴趣、解放兴趣三个层面。技术兴趣与实践兴趣是地方高校学术型博士生为满足自身现实需求和达到一定外部目的而产生的兴趣，二者不能算为"纯粹"的科研兴趣。解放兴趣是地方高校学术型博士生发自内心地想实现自身的全面发展、获得独立与自由的精神，通过理性的驱使自然而然产生的兴趣，其很少或不掺有任何现实利益的"杂质"，可称为"纯粹"的科研兴趣。对于本科生和硕士生来讲，其至少要具备科研的工具兴趣和实践兴趣，而对于接受最高学历层次教育的博士生来讲，其在具备

---

① ［德］哈贝马斯.认识与兴趣[M].郭官义，李黎，译.上海：学林出版社，1999：12.
② ［德］哈贝马斯.认识与兴趣[M].郭官义，李黎，译.上海：学林出版社，1999：13.
③ ［德］哈贝马斯.认识与兴趣[M].郭官义，李黎，译.上海：学林出版社，1999：14.

科研的工具兴趣和实践兴趣基础上，还应具备科研的解放兴趣，要在解放兴趣的驱使下开展科学研究。唯有此，学术型博士生才能够真正产生持久、稳定、强大的科研动力，进而积极主动地开展科研。

（一）坚守"理性研究"，鼓励博士生开展"反思性实践"

大学存在的首要价值在于高深知识的传承与创新，但其还有更为重要的存在价值，便是大学能够赋予人理性，培育理性之人。哥伦比亚大学校长李·布林格（Lee C.Bollinger）指出："大学是守护理性的最后阵地，即便全世界、全社会失去理性，大学仍会提供理性的教育和培育理性之人，大学校园里仍会充满理性气息，大学生仍会进行理性研究。"[①] 理性是产生解放兴趣的基础，解放兴趣须在理性的驱使下产生，理性与解放兴趣相伴而生、相互依存。地方高校培育学术型博士生科研"解放兴趣"的过程也就是培育其理性的过程。因此，地方高校学术型博士生要坚守"理性研究"，地方高校要鼓励博士生开展"反思性实践"[②]。

1. 坚守"理性研究"

地方高校学术型博士生要着眼于科研促使他们理性发展和理性自由的解放旨趣，坚守"理性研究"：首先，地方高校学术型博士生要加强理性思维的锻炼，树立理性的目标，具有批判力、甄别力、审慎力。追求理性目标过程中，能够进行合理准确的价值判断，并采取有效正确的行动方式。无论在科研还是在生活中，一个具备理性思维的人，知道什么是正确的，什么是错误的，什么应该做，什么不应该做，更知道应该如何做，应该如何做得更好。这就意味着具有理性思维的人能够游刃有余地处理好个人事务和社会事务，能够积极主动地去做事并力求极致。地方高校学术型博士生一旦具备理性思维，其就能够正确认知科研的价值与意义，迅速产生科

① 李斌.哥伦比亚大学校长：大学需改变体制适应全球化浪潮 [N].中国青年报，2012-11-14（7）.

② 赵小丽，蔡国春.试论研究生科研兴趣的培养：以"解放兴趣"为旨归 [J].学位与研究生教育，2020（8）：52-57.

研认同感，进而产生高层次的科研兴趣——解放兴趣，并在解放兴趣的驱使下，进行科学研究。理性驱使下产生的科研解放兴趣，是经过地方高校学术型博士生反复研判与慎思后形成的，其具有稳定性和持久性，一旦形成便难以消失。

其次，地方高校学术型博士生要坚守学术研究之道，坚定以学术为业的决心。"以学术为业"具有双重意蕴：第一重是积累学术资本，将学术当成日后谋生的职业；第二重是将学术看作是职责与使命的召唤。地方高校学术型博士生不能仅将学术当成谋生的职业，而是要"为了学术而学术"，将学术看作是使命的召唤。地方高校学术型博士生绝不能做仅凭借学术谋生之人，而是要做"为学术而生""为学术奉献一切"之人。唯有此，地方高校学术型博士生产生的科研兴趣才是"纯粹"的兴趣，才能真正称得上是科研的"解放兴趣"。

再次，为增强地方高校学术型博士生以学术为业之决心。一方面，学术型博士生要具备崇高的学术信仰和远大的学术追求，能够潜心学术研究，恪守学术研究准则，遵循学术伦理，能够运用学术为社会做出贡献，从而引领社会之发展。另一方面，地方高校要为学术型博士生实现以学术为业的目标提供组织制度与文化保障上的支持。一是要创造学术自由、兼容并包的文化环境，二是要建立体现学术自由、富有人文关怀的弹性学术管理制度，三是要从组织因素方面给予支持，例如地方高校可以构建各种类型的学术共同体等。

最后，地方高校学术型博士生与导师间要建立交往理性，胡塞尔指出："由于个体天生带有一定的偏见与傲慢，视野容易窄化，这时就需要进行主体间交互，个体在主体间交互过程中，视野将变得开阔，主体间逐渐形成理解，个体逐步被统摄为自然的一部分，最终与自然融合归一。"[1]哈贝马斯在交往行动理论中指出，"主体间的交往能够潜移默化地帮助主体建立理

---

[1] 韩骁.原初自然的出场—论胡塞尔对"自然"的现象学还原[J].世界哲学，2018（6）：98-108+158.

性，获得理性意识"①。由是，地方学术型博士生与导师间建立交往理性，有助于学术型博士生进行"理性研究"。对于二者间如何建立交往理性，应着重从以下两方面突破：一是建立平等、融洽、信任的师生关系，学术型博士生与导师具有平等的地位；二是构建交互式理解，理解是一切交互活动开始的前提，博士生导师应对学术型博士生多些理解与鼓励，帮助其增强科研自信。交往理性的建立能使学术型博士生有效地构建个人、科研和导师之间的良性或生态关系，反过来，这种学术生态性关系会促使或强化他们选择和投入科研的真挚兴趣。

2. 鼓励博士生开展"反思性实践"

哈贝马斯的认识兴趣论中指出："解放兴趣是在个体的不断反思中而产生，个体产生解放兴趣的过程本身就是个体进行反思的过程。"② 由此看出，反思是个体产生"解放兴趣"的重要因素。地方高校学术型博士生科研过程是科学的实践过程，学术型博士生若想在此实践过程中产生"解放兴趣"，那么就必须在实践的全过程增添反思的"色彩"，也就是说地方高校学术型博士生要践行"反思性实践"，培育"反思性实践"能力。美国教育家、哲学家舍恩（Schon）提出了"反思性实践"理论，并倡导个体要进行"反思性实践"。舍恩认为，"反思性实践"是指个体只有在实践中进行反思才能获得真知与解放，大部分的经验、规律以及原理必须通过实践和反思才能澄清 ③，舍恩更加强调"在实践中反思""边反思边实践"，但其并未陷入"唯经验主义"的窠臼。而是强调在认知的基础上进行反思与实践。舍恩将"反思性实践"分为两个层次："行动中所知""行动中反思"④，那么地方高

① [德]哈贝马斯.交往行动理论（第二卷）[M].洪佩玉，等译.重庆：重庆出版社，1994：81.
② [德]哈贝马斯.认识与兴趣[M].郭官义，李黎，译.上海：学林出版社，1999：14-16.
③ 王军.舍恩反思实践专业教育理论及其当代价值[J].黑龙江高教研究，2021（8）：13-19.
④ 陆德海."反思型执业者"的培养——唐纳德·舍恩"反思性实践"理论及其对专业学位教育的影响[J].复旦教育论坛，2009（6）：31-35.

校学术型博士生开展"反思性实践"时，同样也包含"行动中所知""行动中反思"这两个层次。首先，"行动中所知"是指地方高校学术型博士生要积极主动地开展科研，在实际的科研活动中获取科研经验、提升自身的科研能力，绝不能"坐而论述""纸上谈兵"。"行动中所知"实质是地方高校学术型博士生的一种体验式研究，要求学术型博士生亲身参与体验科研活动，在参与科研活动中产生科研的"解放兴趣"。其次，"行动中反思"是指地方高校学术型博士生在开展科研活动过程中要不断地进行反思，及时总结，根据反思结果及时转换科研思路、调整科研目标。"行动中所知"是"行动中反思"的基础，只有"所知"才能"反思"，"行动中反思"是"行动中所知"的深化，只有"反思"才能检验"所知"。地方高校学术型博士生在科研中进行"行动中反思"既包括对科研本身的反思，又包括对整个科研过程的反思。为促进学术型博士生践行"行动中反思"：一是地方高校学术型博士生自身要转换思考的逻辑，要切实认知到思考与实践不能割裂，二者是相辅相成、共同促进的关系。二者也并非主客体二元对立，思考不能脱离实践而单独存在，没有实践的思考无异于"空中楼阁""一纸空文"。同样，在实践中也不能没有思考，没有思考指导的实践必将偏离轨道，变得毫无意义。因此，地方高校学术型博士生要学会在知行统一中反思。二是要以问题为纽带，通过一系列有意义联结的问题来培育学术型博士生的批判性逻辑思维能力，学术型博士生在不断解决科研问题的过程也是其反思的过程。三是在开展科研过程中，学术型博士生要敢于"试误"，选择富有挑战性的研究主题，并在不断"试误"中进行反思，科研中的每一次"试误"都是互相关联的，每一次"试误"既是对本次科研过程及结果的思考，也是为再一次"试误"做准备。

（二）鼓励博士生自主选择，提升主体效能感

选择对兴趣有补偿的作用，当个体做出自主选择时，其会对原本不感

兴趣的事物逐步产生兴趣，也会对原本感兴趣的事物更加感兴趣^①。个体对事物的自主选择度和控制度愈高，个体对该事物产生的兴趣就愈加浓烈^②。因此，地方高校要鼓励学术型博士生自主选择，给予学术型博士生更多自主选择的机会，保证其学术自由，确保其学术活动不被任何外界事物所干扰束缚，这样学术型博士生才会真正产生强烈的科研兴趣，进而产生一定的科研动力。反之，约束或剥夺他们应有的选择权，不仅会直接伤害他们的科研兴趣，也会压制源于情绪情感驱动的科研动力的产生。

访谈得知，一些地方高校的博士生导师强制性要求学术型博士生参与自己的课题，学术型博士生开展的一切研究也必须围绕课题进行。还有些导师要求学术型博士生的研究方向必须与自己的研究方向相一致，不允许博士生自主选择研究方向，不允许博士生自主确定阶段性论文和博士学位论文的选题。在如此高压强制的环境下，地方高校学术型博士生又如何能产生真正的科研兴趣？即便产生了科研兴趣，也仅是规则或"枷锁"下的兴趣，不能称为纯粹的科研"解放兴趣"，这样的科研兴趣也不具稳定性和持久性，极易消失。地方高校学术型博士生若想真正产生科研的"解放兴趣"，那么地方高校应允许并鼓励博士生自主选择，充分尊重其兴趣爱好，为其提供更多的选择机会。学术型博士生自主选择主要指的是其可根据自身兴趣自主选择研究领域、研究方向、研究目标、研究过程、小论文和大论文的选题等，让学术型博士生自主选择并不表示导师放任不管，而是给予博士生更多的自主选择权和选择空间。在学术型博士生自主选择的基础上，导师要为其提供一系列的创造性任务，让其主动发现并解决问题，发挥其创造能力。在不断解决问题、突破科研困境的过程中，学术型博士生的科研效能感将得到大幅度提升，进而会产生强烈的科研兴趣，此时产生的科研兴趣是由"情境兴趣"转化而成的"解放兴趣"，相对稳定和持久。

① Schraw ,Flowerday ,Lehman.Increasing Situational Interest in the Classroom[J].Educational Psychology Review,2001(3):211-224.

② Deci ,Vallerand,Pelletier,et al.Motivation and Educaition:The Self-determination Perspective [J].Educational Psychologist,1991(3):325-346

在学术型博士生科研兴趣转化过程中，导师提供创造性任务这一环节极为关键。创造性任务一定要富有难度、创新性和挑战性，不能偏难也不能过于简单，要做到适中，既符合学术型博士生的科研水平，又能够激发其强大的创造性。例如，一名博士生在做实验时，导师应尊重博士生的选择，博士生可以自主厘定实验目标、设计实验过程，导师不能强制其按自己的研究思路进行。但导师可以对博士生的实验目标、实验设计等提出针对性的意见，以供博士生参考。博士生做实验过程中，导师为其提供实验指导的同时，还要在实验的不同阶段为其提供一些富有挑战性、难度系数相对高的任务，并和博士生一同解决，以培养博士生的创造力。

在学术型博士生自主选择的基础上，导师应为其创设富有意义的科研情境，意义的意思是指，以好奇心驱使兴趣的生发，在这种有意义的科研情境中，学术型博士生会产生强烈的好奇心。在好奇心的驱使下，学术型博士生会产生真正强大的科研兴趣。在科研兴趣的驱使下，学术型博士生又将产生一系列有意义联结的问题。此时，学术型博士生渴望迫切解决问题，进而会积极主动地对这些问题进行深入探究。当学术型博士生在科研中解决了问题或有新的突破时，其会产生体验感与满足感，进而会提升其科研效能感。随着科研效能感的提升又会进一步增强其科研兴趣、激发其科研动力，最终形成良性循环，地方高校学术型博士生将逐步成为兴趣发展的主体。在地方高校学术型博士生科研兴趣生成过程中，导师为学术型博士生创设富有意义的科研情境至关重要。学术型博士生能否产生科研兴趣以及产生科研兴趣的程度，取决于导师能否为学术型博士生创设良好的且富有意义的科研情境。要求导师必须同时具备以下条件：一是，要与博士生间建立和谐、融洽的师生关系。二是，能够充分尊重博士生的兴趣爱好，给予博士生更多的自主选择权。三是，要具备良好的道德修养和深厚的学术功底，能为博士生提供有效指导。四是，能够在不同情境中能够采用不同的教学方法，如情境教学法等。五是了解并能够熟练运用情境创设相关理论，如情境认知理论、情境学习理论、情境教学理论等。博士生导师为学术型博士生创设情境，使其逐步产生科研兴趣的过程，如图5-1

所示。

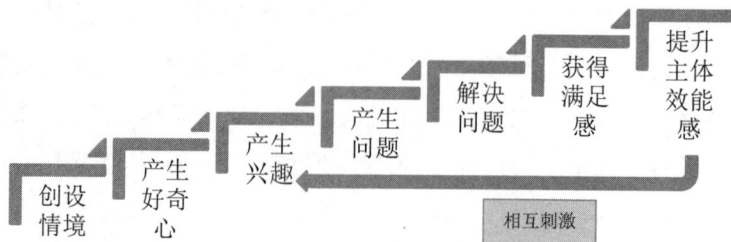

图 5-1 科研兴趣生成图

（三）推动内外双向合力，丰富积极的科研情感体验

当地方高校学术型博士生获得积极的科研情感体验时，就相对容易产生科研兴趣，并可以得到长时间维持。地方高校学术型博士生要想获得积极的科研情感体验，除转变其自身内部认知外，地方高校和博士生导师还要全力提供一定的内外部支持，推动内外双向合力，促使学术型博士生获得积极的科研情感体验。内外部支持主要包括"硬件"支持和"软件"支持。

在"硬件"支持上。第一，地方高校要尽量满足学术型博士生科研所需的一切"硬件"条件，包括实验仪器设备、实验试剂、图书期刊资料、数据库、科研经费等，只有这些基础性条件被满足后，学术型博士生才能毫无后顾之忧地去开展科研活动。第二，地方高校要提供环境优美、恬静的科研场所，并在科研场所中营造出自由平等、快乐民主、关系融洽的学术研究氛围。例如，可以适当改变科研场所的布局，让整体布局更接近"家的感觉"，具有"家的温暖"。还可以定期组织一些学术交流活动，为博士生们枯燥的科研生活增添一丝生活的气息，在这样的氛围下，学术型博士生才能获得积极的科研情感体验，进而产生真正的科研兴趣，主动开展科研。第三，地方高校要为学术型博士生提供充足的科研资源平台，给予博士生更多科研锻炼的机会，促使学术型博士生在实际的科研实践中产生兴趣。例如，地方高校可以设立各种类型的博士科研项目，可以是基础类的研究项目，还可以是应用类的研究项目，也可以是科技转化类的研究项目。

地方高校在组织博士生科研立项时要做到公平、公正、公开，不能仅为某些专业、某些人专门设立，所有博士生都有申请项目的权利，博士生能够凭借自身的科研能力获得立项机会，地方高校学术型博士生在亲历科研项目的申请、结题中逐步对科研产生兴趣。

在"软件"条件支持上。"软件"条件支持主要来源于同学、博士生导师以及地方高校制度文化。首先，学术型博士生与同学间要建立融洽、友爱互助、共享共建的关系。国外有学者调查研究发现，同学关系的融洽程度与个体内在学习兴趣的形成呈正相关[①]。良好、融洽的同学关系有益于学术型博士生科研兴趣的产生。其次，学术型博士生与导师间要建立平等、信任、和谐的关系，良好的师生关系能够促进学术型博士生科研兴趣的产生。当学术型博士生在科研中遭遇阻碍时，导师要对其进行鼓励，帮助其重拾科研信心，并与其一起解决难题。学术上，导师往往是学术型博士生最相信的人，最在乎的人，导师的话语就是他们科研行动的方向，导师的指导和鼓励就是他们科研的莫大动力，即使他们的科研之路布满荆棘，他们也不会忘科研的初心，定披襟斩棘，勇破艰难险阻。当学术型博士生在科研中取得一定的成就或重大突破时，导师要能与之一同分享喜悦，并对其进行鼓励与赞扬。当学术型博士生在科研中遇到阻碍、取得成就被导师以积极的态度和强烈的热情回应后，学术型博士生心中被尊重、重视、支持、信任、呵护与爱的情感体验将增强，随之科研效能感也将有所提升，从而会产生强烈的科研兴趣。最后，地方高校的博士生科研管理制度不能过于强制，要富有弹性，充分体现人文关怀。例如，地方高校要构建多元化的博士生科研评价体系（前面已系统论述，在此不再赘述），科研评价制度一旦过于强制，会降低博士生的科研积极性，消解博士生的科研热情，使博士生产生挫败感。

---

① Muller ,Palecic.Continuity of Motivation in Higher Education:A Three year Follow-up Study[J].Review Psychology,2012(1):63-79.

四、立足于导师和地方高校"双主体"，切实提升博士生科研认同感

高度的认同才会产生高度的自觉，科研自觉是在科研认同的基础上产生的。地方高校学术型博士生只有切实认知到做科研是自身学术天职的使然，科研之于人与社会具有重大的价值和意义，切实认知到做科研是无比崇高之事，在科研中其才会真正产生高度自觉的行为，从而积极主动地开展科研。博士阶段最主要的任务是对博士生进行科研训练，博士生的科研训练并不是简单地进行知识与技能的获取、撰写学术论文、做实验的过程，更多的是需要博士生自觉的参与、自主的探索和深度的投入，而这种自觉的参与、自主的探索和深度的投入是以博士生高度的科研认同感为基础的。若地方高校学术型博士生缺乏科研认同感，再多的外部激励也难以促使其积极主动地开展科研，再多的科研训练也难以真正促使其自觉的参与、自主的探索和深度的投入。从实证调查结果来看，时下地方高校学术型博士生的科研认同感普遍偏低。由是，地方高校要举多方之合力，立足于导师和学校"双主体"，切实提升博士生的科研认同感。

（一）唤醒博士生良好的科研"内部人身份感知"

"内部人身份感知"这一概念最早由英国学者马斯特顿（Masterson）和德国学者斯坦普菲尔（Stampfer）提出。"内部人身份感知"是指，在组织中个体能够清晰地认知到自己是组织中的一员，有责任与义务为组织贡献力量，目前自己正在做的事也是组织内部特有的，其他组织的成员无法

做[①]。那么对于博士生来讲，其具有双重身份，既是高深知识与技能的获取者，又是开展科研活动的研究者。这两重身份是博士生的"双翼"，都是博士生不可或缺的身份，二者共同促进博士生的全面发展。然而现实中，大多数地方高校的学术型博士生只认知到自身是高深知识与技能的获取者这一身份，未意识到或忘却了自身同样是开展科研活动的研究者的身份，这将直接导致自身的科研认同感降低，进而不能产生高度的科研自觉行为，不能积极主动地开展科研。因此，提升地方高校学术型博士生的科研认同感，最首要的任务是要唤醒博士生良好的科研"内部人身份感知"，强化自己不仅是获取者，更是研究者、发现者和贡献者等意识。让学术型博士生深刻感知到自身是科研组织中的一名研究者，有责任和义务做科研，做科研是其学术天职的使然。还要让学术型博士生感知到其正从事的科研工作，是社会其他行业人员无法从事的，科研工作是崇高的，从事科研工作的人是值得被称赞与尊重的。

唤醒地方高校学术型博士生良好的科研"内部人身份感知"的具体举措包括：首先，学术型博士生要树立纯正的学术理念，要转变"做科研仅是为了顺利毕业、为了更好地就业"这一观念，要切实认识到做科研的核心目的是提升自身的科研能力以及综合素养，以实现个人的全面发展，做科研是当代博士生的职责与使命。其次，导师要积极鼓励学术型博士生撰写学术论文、参与科研项目、参编著作等，还要鼓励并帮助其及时地将成果转化，以服务社会。学术论文的被下载、引用与转载、论文观点被摘编、科研成果被社会采纳与应用、成果产生强烈社会反响，这些都会增强学术型博士生积极的科研情感体验，其将真实地感受到自身正从事的科研活动是有价值和意义的，获得积极的科研情感体验后，学术型博士生的科研效能感将进一步提升。正如对学术型博士生进行访谈时，有许多博士生讲道："看到自己发表的论文能得到学界同仁的认可以及撰写的咨政建议能被采纳与应用都会倍感欣慰，这时觉得作为一名科研工作者非常骄傲与自豪，搞

---

① 马永红，杨雨萌，孙维. 博士生内部人身份感知何以影响其创新能力——基于学习投入和导师督导的视角 [J]. 中国高教研究，2019（9）：80-85.

科研是非常有意义的事。"最后，地方高校可以实行"导生制"，学术型博士生可作为"导生"协助导师指导学生、开展科研等工作，可以具体采取高年级博士生带低年级博士生、低年级博士生带硕士生的方式实行，"导生"（学术型博士生）会在协助导师指导学生、申报项目与奖项、撰写论文、撰写研究报告过程中增强其科研"内部人身份感知"。

（二）持续性开展贯穿整个博士生培养阶段的科研认同教育

为提升地方高校学术型博士生的科研认同感，地方高校和博士生导师还要持续对学术型博士生开展科研认同教育，并且要把科研认同教育贯穿在整个学术型博士生培养阶段，在这个过程中让其逐步体会科研的真谛，切实认同科研的价值和意义，促使其真正地"乐于科研""敢于科研""勇于科研"，并对科研始终保持高度的认同。科研认同教育不能仅发生在学术型博士生入学前或学术型博士生科研受阻之时，而要是贯穿学术型博士生培养全过程，要持续且有针对性地开展。

在博士生导师开展科研认同教育上。首先，博士生导师可以结合自身读博、执教、指导博士生的经历，以生动案例的形式向学术型博士生逐步渗透科研的价值和意义，使他们确认这种科研价值，领会这种科研意义，形成强烈的科研自觉。例如博士生导师可以通过实例向博士生讲述自己为何要选择以学术为业、学术是如何改变其人生轨迹的、学术的价值和魅力所在是什么等话题，用自身的经历、人格与学术魅力感染学术型博士生，让其逐步对科研产生认同感。其次，博士生导师要每学期每隔一周或两周组织召开"组会"或"师门会"，要求所有年级学术型博士生必须参加，帮助他们规划未来发展，使其明晰现在正在做什么、未来需要做什么、现在如何做、未来如何做等问题，当学术型博士生对所学专业有了深入了解以及对未来发展充满期待和向往时，就会自愿、自觉把科研本身价值与自身实现价值联系起来，从而把自己融身于科研的情感意义性确认之中，科研认同感自然会随之提升。根据访谈发现，一方面，地方高校学术型博士生的科研认同感除了影响着其科研兴趣、科研动力及科研投入程度，还有一个更加重要的作用，就是影响着学术型博士生的学术职业取向。其实，反过来也存在相关性影响，即学术型博士生的学术职业取向也影响着他们的科研认同感。这就意味着，持续性开展科研认同教育期间，博士生导师促使他们产生积极的未来发展期待有利于提升他们科研认同感。另一方面，在访谈中也发现许多学术型博士生对科研的认同度低，并不在于其不具备科研能力或科研表现差，更多的是在于其不了解科研真正的价值和意义以及对未来发展比较迷茫，而博士生导师把自己的科研价值向他们渗透，可以及时帮助其解决困惑，引领其走出迷茫。最后，博士生导师要具备较高的敏锐度，能够时刻洞悉每个博士生不同学习阶段的情绪变化，及时了解其生活动态、学术动态和心理动态，要能够针对不同学习阶段科研需要、不同个性特征的博士生，做到因势利导。对于科研认同感低的博士生，要使用多种方式对他们加强科研认同教育，给予他们更多的情感关怀和鼓励，与他们一同解决科研困惑。对于科研认同感高的博士生，要给予他们更多的"自由"，对他们可以采取"自由式探索"的培养方式，鼓励他们带动身边科研认同感低的博士生，发挥榜样示范的作用。对不同年级的学术型博士生，结合他们当前不同的科研任务要求，引导他们在具体的科研行动中内化科研价值于意义。

在地方高校开展科研认同教育上。目前，大多数地方高校的科研认同教育随意性较大，没有特定的内容和课时，地方高校只注重博士生的科研技巧、方法及论文写作方面的教育，却忽视了最为重要的科研认同教育。倘若学术型博士生对科研缺乏基本的认同，那么掌握再多的科研技巧和方法，都不能促使其积极主动地开展科研，更不能产出高质量的科研成果。因此，地方高校要重视博士生科研认同教育的开展，把科研认同教育贯穿整个博士生培养阶段，和其他教育类型一样，地方高校制定可以设置相应的必修学时和选修学时，以特定内容专门开展科研认同教育。地方高校还可以定期组织学术活动，邀请知名专家学者为学术型博士生做讲座，发挥榜样示范作用，利用专家学者的人格魅力与学术魅力感染学术型博士生，加强学术型博士生的科研认同。此外，地方高校还要从制度层面保障对学术型博士生的人文关怀，倡导人性化的地方高校博士生科研管理制度，让学术型博士时刻感受人文关怀气息，这在一定程度上也会提升学术型博士生的科研认同感。

（三）积极构建博士生"学术共同体"

"学术共同体"的概念是由英国哲学家、思想家布朗（Blan）提出。布朗指出："学术共同体是指拥有共同理想、信念、目标的专业人才聚集在一起而形成的研究群体或组织。"[①]"学术共同体"具有封闭性、自主性、探究性、目标一致性等特点。高校构建"学术共同体"有助于推动教师组织化发展、提升师生科研成果的产出率以及营造出浓厚的学术氛围。构建学术型博士生"学术共同体"也是提升他们科研认同感必要且有效的路径，这有利于持续性提高他们的科研自觉。在"学术共同体"中，博士生们为达成共同的学术目标而努力，他们相互交流协作，进行资源共享，形成了技能优势互补。在不断交流、讨论中，会进一步增强其科研"内部人身份感知"，进而提升其科研认同感。著名学者批哈尔托（Pyhalto）指出："融入学术共同体中的博士生会有更强烈的内部人身份感知，其会更加主动地开展一切研究活动，并在研究活动中表现出强大的韧性与毅力，能够勇于面对任何困难与挫折。"[②]贾滋瓦次（Jazvac）等人谈道："在学术共同体中，师生相互沟通与协作，营造出了和谐、融洽的氛围，在这种氛围下影响下，博士生会认为自己正在做高尚的、有意义的事情，其会积极主动地开展研究。"[③]因此，为提升地方高校学术型博士生的科研认同感，进而促进他们的科研自觉，地方高校要积极构建博士生"学术共同体"。

---

① [美]托马斯·库恩.科学革命的结构[M].金吾伦，等译.北京：北京大学出版社，2012：12.

② Jzavac. Oseillating role identities: The academic experiences of education doctoral students [J]. Innovations in Education and Teaching International, 2009(3): 253-264.

③ Pyhalto，Stubb，Lonka. Developing scholarly communities as learning environments for doctoral students[J]. International Journal for Academic Development, 2009(3): 221-232.

首先，博士生"学术共同体"至少要包括两部分：负责人和组织成员。负责人一般为博士生导师，要求博士生导师必须要具备良好的学术水平和超高的人格魅力，并且还要具备一定的组织力与领导力。组织成员通常是指博士生，"学术共同体"的成员既可以是同年级、同学科、同专业的博士生，也可以是不同年级、不同学科、不同专业的博士生。其次，博士生"学术共同体"要有完善的运行机制，例如要有明确的发展目标和完备的规章制度等。负责人要能够依据博士生们的个性特征与科研能力水平，为博士生分配不同的科研任务，让每位博士都能够在组织中承担一定的"角色"，进而增强其归属感。负责人要鼓励"学术共同体"中的博士生们加强交流协作，共同突破科研困境，实现科研目标。在一次次不断挑战自我、突破自我、解决问题中，博士生会获得满足感与体验感。在"学术共同体"中博士生获得的体验感、满足感、归属感等积极的科研情感体验会进一步提升其科研认同感。再次，随着社会不断变化，各研究领域更趋向多元化发展，单一学科思维已不足以应对社会发展之变化。因此，在博士生"学术共同体"中，要鼓励博士生打破学科边界，倡导跨学科研究，培育博士生的跨学科思维。在繁杂的研究对象中博士生将会找到个人研究的兴趣，在兴趣的驱使下地方高校学术型博士生的科研认同感将进一步增强。为培育博士生的跨学科思维，地方高校在构建博士生"学术共同体"时，要鼓励不同年级、学科、专业的博士生加入同一"学术共同体"，从而保证组织成员的来源多元化，更好地促进博士生进行跨学科交流。最后，在博士生"学术共同体"中，负责人（博士生导师）要积极开展研究性教学，引导博士生进行研究性学习，着重培育博士生的问题意识、研究意识、创新能力。

本章小结

本章根据地方高校学术型博士生存在的科研动力问题及其成因，提出了地方高校学术型博士生科研动力的提升策略，主要包括四个针对性策略：（一）变革博士生论文发表制度，建构弹性化科研评价体系：1.评价指标由单一转向多元：提升发表制度的内在张力；2.评价主体由期刊转向导师和培养单位：改善发表制度的重要保障；3.评价取向由"淘汰"转向"激励"：优化发表制度的根本诉求。（二）建立健全科研保障机制，营造富有人文关怀的学术氛围：1.构建"显隐交融"的科研资源平台；2.建立富有专业性、弹性化的科研管理制度；3.营造浓厚、自由的学术氛围。（三）培养博士生科研的"解放兴趣"：1.坚守"理性研究"，鼓励博士生开展"反思性实践"；2.鼓励博士生自主选择，提升主体效能感；3.推动内外双向合力，丰富积极的科研情感体验。（四）立足于导师和地方高校"双主体"，切实提升博士生科研认同感：1.唤醒博士生良好的科研"内部人身份感知"；2.持续性开展贯穿整个博士生培养阶段的科研认同教育；3.积极构建博士生"学术共同体"。

第六章
研究结论与展望

一、主要研究结论

本研究聚焦地方高校学术型博士生科研动力问题研究，主要运用扎根理论研究方法建构出地方高校学术型博士生科研动力理论模型，通过大规模实证调查，呈现时下地方高校学术型博士生科研动力现状，探究存在的科研动力问题并深度剖析问题的成因，在此基础上提出了提升地方高校学术型博士生科研动力的针对性策略，以期为切实提升地方高校学术型博士生的科研动力，提升地方高校的博士生培养质量。其中，运用扎根理论研究方法建构出地方高校学术型博士生科研动力理论模型以及编制了新的测量工具——"地方高校学术型博士生科研动力量表"是本研究的理论创新点；对建构的理论模型进行科学性检验、调查时下地方高校学术型博士生科研动力的现状、地方高校学术型博士生科研动力的问题审视、归因分析以及提出的针对性策略是本研究的实践创新点。

（一）地方高校学术型博士生科研动力理论模型建构

本研究遵循程序化扎根理论研究路径对深度访谈收集的大量原始资料进行开放编码、主轴编码、选择编码，建构出地方高校学术型博士生科研动力理论模型。地方高校学术型博士生科研动力理论模型由外至内分为外部环境驱动、科研效能驱动、情绪情感驱动、价值信念驱动。外部环境驱动包括任务导向、激励作用、学术氛围，科研效能驱动包括科研效能感、内部保障、外部支撑。情绪情感驱动包括兴趣爱好、成就体验、科研认同。价值信念驱动包括自我实现、责任意识、科研自觉。这四种驱动方式形成有机联系的系统整体，共同发挥联动作用，才能最大程度上激发地方高校学术型博士生的科研动力。

该理论模型系统阐释了学术型博士生科研动力是介于外控与内发间有机联系的系统整体，该模型由外至内分为外部环境驱动、科研效能驱动、情绪情感驱动、价值信念驱动四个不可分割的组成部分。其一，在理论模型中，外部环境是科研动力的外在驱动形式，是科研动力形成的外部力量。任务导向、激励作用、学术氛围等外部要求和因素，会驱使他们产生积极的科研压力感，催生他们科研动力的形成。一旦他们达成外部要求，外部环境驱动力的影响减小，逐渐消失。外部环境驱动还会与其他三个驱动力相互影响，呈现交织和协同作用。其二，科研效能驱动和情绪情感驱动都处于中间层，是科研动力形成过程中的纽带和桥梁。他们在进行自我学术评价时，往往考虑科研效能、内部支撑和外部保障等主客观因素，通过良好的科研效能感来催生科研动力。其三，当外部环境驱动促使他们产生积极的科研压力感，科研效能驱动促使他们产生良好的科研效能感，以及核心层尚未形成但有待于形成的纯粹的科研价值感的引领和激励，他们对科研的兴趣爱好、成就体验、科研认同就会慢慢滋生，促进科研认同感的生发，催生源于情绪情感驱动的科研动力。其四，价值信念驱动是学术型博士生科研动力形成的内源性驱动力，居于核心层。依凭内外价值之价值理性的衡量，他们把外部环境驱动转化到基于主客观因素的科研效能驱动上，当科研效能感被激发至有效膨胀，就会把前面的驱动转化到基于自身科研认同感的情绪情感驱动上，当科研认同感被强化至不断升华，就会把前面的驱动转化到基于科研价值感的价值信念驱动上，进而产生关于自我实现、责任意识、科研自觉的意义确认，这时主要源于价值信念驱动的科研动力就形成了。

（二）地方高校学术型博士生科研动力理论模型检验

检验结果表明，已构建的地方高校学术型博士生科研动力理论模型具有一定的科学性、合理性以及应用推广价值。本研究严格遵循"程序化扎根理论"检验的四条标准对科研动力理论模型进行了检验：1.原始资料丰富性检验结果表明：建构的科研动力理论模型中的主范畴、范畴及概念等均有丰富的原始资料作为支撑；2.概念系统性检验结果表明：建构的科研动力理论模型中的所有概念是有机统一的系统整体，且概念与范畴间、概念与概念间具有一定的内在逻辑关系；3.理论性检验结果表明：建构的科研动力理论模型中的概念具有充分的延展性，科研动力理论模型的构成要素与已有研究文献的契合度较高，能够随时回到已有研究文献中，并在已有文献中得到佐证；4.应用性检验阶段主要对《地方高校学术型博士生科研动力情况调查问卷》结果进行结构方程模型验证，检验结果表明：建构的科研动力理论模型与实际取样收集到的数据间的适配度良好，该模型具有一定的应用推广价值。进而提出了应用地方高校学术型博士生科研动力理论模型的三个原则：内生与外促共同发挥联动作用原则、理论指导性与实践应用性的有机融合原则、运行严格性与适度灵活性的包容统一原则。

（三）地方高校学术型博士生科研动力的现状、问题审视及其归因分析

运用《地方高校学术型博士生科研动力情况调查问卷》对全国786名地方高校学术型博士生进行问卷调查，获悉时下地方高校学术型博士生科

研动力总体情况、四个维度的情况以及不同人口学变量的科研动力差异情况，综合分析由扎根理论获取的原始访谈资料以及问卷调查结果发现目前地方高校学术型博士生存在的科研动力问题包括：功利化科研倾向突出；过度依赖物质性激励；科研效能感普遍偏低；科研成就感普遍不足；科研自觉还尚未形成。针对地方高校学术型博士生存在的科研动力问题，综合分析《地方高校学术型博士生科研动力情况调查问卷》第二部分、第三部分的调查结果、扎根理论研究中的原始访谈资料以及已有相关研究文献，发现地方高校学术型博士生科研动力问题的成因主要包括四方面：一是博士生科研评价制度不尽合理：评价指标的"符号崇拜"、评价主体的"职责缺位"、评价结果的"学位关联"；二是科研保障机制不健全：资源平台匮乏、组织管理松散、学术氛围淡薄；三是科研兴趣普遍缺乏；四是科研认同感有待提升。

（四）地方高校学术型博士生科研动力的提升策略

针对地方高校学术型博士生存在的科研动力问题以及问题的成因，提出地方高校学术型博士生科研动力的提升策略。具体的提升策略包括：1. 变革博士生论文发表制度，建构弹性化科研评价体系：（1）评价指标由单一转向多元：提升发表制度的内在张力；（2）评价主体由期刊转向导师和培养单位：改善发表制度的重要保障；（3）评价取向由"淘汰"转向"激励"：优化发表制度的根本诉求。2. 建立健全科研保障机制，营造富有人文关怀的学术氛围：（1）构建"显隐交融"的科研资源平台；（2）建立富有专业性、弹性化的科研管理制度；（3）营造浓厚、自由的学术氛围。3. 培养博士生科研的"解放兴趣"：（1）坚守"理性研究"，鼓励博士生开展"反思性实践"；（2）鼓励博士生自主选择，提升主体效能感；（3）推动内外双向合力，丰富积极的科研情感体验。4. 立足于导师和地方高校"双主体"，切实提升博士生科研认同感：（1）唤醒博士生良好的科研"内部人身份感知"；（2）持续性开展贯穿整个博士生培养阶段的科研认同教育；（3）积极构建博士生"学术共同体"。

二、研究反思与展望

（一）研究反思

迄今为止，关于（学术型）博士生科研动力问题的研究较少，研究内容相对零散且不成体系。本研究基于已有研究，运用扎根理论研究方法建构地方高校学术型博士生科研动力理论模型，并对模型的构成要素及其作用方式进行了深度剖析，取得了一些相应的成果，但本研究主要还存在以下四方面不足：

1.受时间、人力、物力等多方面因素的限制，在前期运用扎根理论研究方法收集原始数据时对研究对象（地方高校37名学术型博士生）进行了集中访谈。缺乏对这些研究对象的持续性追踪，在不同的时期研究对象的科研动力可能会发生一定的变化，本研究缺少对这些"变化"的阐释。此外，在问卷调查阶段选取的样本量有限、覆盖面较小、调查对象的多元性还略有缺乏，导致得到的数据在普遍性上会有一定程度的影响。

2.本研究主要运用扎根理论研究方法建构地方高校学术型博士生科研动力理论模型，在扎根理论研究方法运用前期，主要运用深度访谈法和参与式观察法收集了大量的原始数据，这些收集原始数据的方法以及扎根理论研究方法均属于质性研究方法，会受到研究者和研究对象主观因素的影响，进而使本研究存在一定的主观性。

3.《地方高校学术型博士生科研动力情况调查问卷》在结构、题目设置上还有待进一步修改与完善。虽然正式问卷是在预测试的基础上多次修改，并经过了探索性因素分析和验证性因素分析，但问卷的质量还未到达尽善尽美，还需继续修改与完善。

4.本研究关于地方高校学术型博士生科研动力问题的探析主要聚焦于地方高校学术型博士生科研动力的结构层次、构成要素以及各要素间的作用方式上，是相对静态的研究，对于科研动力的发展过程与变化规律等问题并未涉及，缺乏动态性的研究，这也是研究者日后要致力研究的方向。

（二）研究展望

本研究建构的地方高校学术型博士生科研动力理论模型对科研动力的结构层次、构成要素及各要素间的作用方式进行了系统阐释，这仅仅是个开始，还有许多深层次的理论与实践问题有待进一步探究。例如，作为准高校教师的学术型博士生与正式的高校教师的科研动力有何差异？学术型博士生与专业型博士生的科研动力有何差异？地方高校学术型博士生的科研动力与"双一流"高校学术型博士生的科研动力有何差异？不同家庭背景、婚姻状态、经济基础的学术型博士生的科研动力有何差异？地方高校学术型博士生科研动力的发展过程与变化规律是什么？地方高校学术型博士生科研动力模型的构成要素间有何关联机制？以上都是研究生教育领域值得深入探讨且亟待解决的问题。本研究建构的地方高校学术型博士生科研动力模型以及对目前地方高校学术型博士生科研动力的现状进行了深入探析，为后续问题的深入研究做了一定的理论铺垫和实践探索，根据已有的研究基础，展望未来，期望在以下四个方面能有所突破：

1.将已建构的地方高校学术型博士生科研动力理论模型进一步深化、细化，深入剖析地方高校学术型博士生科研动力的发展过程与变化规律，厘清地方高校学术型博士生科研动力机制问题。

2.建构出地方高校专业型博士生与地方高校教师、"双一流"高校学术型博士生与专业型博士生的科研动力模型，并与地方高校学术型博士生科研动力模型相对比，以明晰地方高校学术型博士生的科研动力与地方高校的专业型博士生、地方高校教师、"双一流"高校学术型博士生、专业型博士生的科研动力间的相同之处和差异性。

3.系统描述与分析不同家庭背景、婚姻状态、经济基础的地方高校学术型博士生的科研动力情况，并对比它们间的异同。

4.开发出更为科学合理的《地方高校学术型博士生科研动力量表》，使之能够准确客观地对我国地方高校学术型博士生科研动力情况进行系统评估，为切实提升地方高校学术型博士生科研动力提供参考。

参考文献

一、中文文献

著作类

[1][英]安东尼·吉登斯.现代性与自我认同[M].方文,译.北京:生活·读书·新知三联书店,1998.

[2][英]比彻,[英]特罗勒尔.学术部落及其领地:知识探索与学科文化[M].唐跃勤,蒲茂华,译.北京:北京大学出版社,2008.

[3][美]伯顿·克拉克.研究生教育的科学研究基础[M].王承绪,译.杭州:浙江教育出版社,2001.

[4][英]伯特兰·罗素.自由之路[M].李国山,译.北京:西苑出版社,2011.

[5][美]布赖恩·斯科姆斯.社会动力学——从个体互动到社会演化[M].贾拥民,译.上海:格致出版社,2019.

[6]荼世俊.研究生教育制度渐进变迁[M].北京:北京大学出版社,2010.

[7]陈殿兵,杨新晓.解码学习动力[M].北京:科学出版社,2016.

[8]陈洪捷,李春萍.学术之道[M].北京:北京大学出版,2020.

[9]陈平原.大学有精神[M].北京:北京大学出版社,2009.

[10]陈向明.教师如何做质的研究[M].北京:教育科学出版社,2001.

[11]陈向明.质的研究方法与社会科学研究[M].北京:教育科学出版社,2000.

[12] 陈学飞 . 西方怎样培养博士——法、英、德、美的模式与经验 [M]. 北京：教育科学出版社，2002.

[13] 崔友兴 . 中小学教师专业发展动力论 [M]. 重庆：西南交通大学出版社，2018.

[14][美] 大卫·布拉德福德 . 追求卓越的管理 [M]. 刘冉龙，韩以群，译 . 北京：人民出版社，2008.

[15][美] 戴维·帕金斯 . 为未知而教为未来而学 [M]. 杨彦捷，译 . 杭州：浙江人民出版社，2015.

[16][美] 丹尼尔·柯尔特·吉尔曼 . 美国大学的问题 [M]. 兰玉，译 . 杭州：浙江教育出版社，2019.

[17] 丁学良 . 什么是世界一流大学？ [M]. 北京：北京大学出版社，2004.

[18][美] 杜威 . 民主主义与教育 [M]. 王承绪，译 . 北京：人民教育出版社，2001.

[19][德] 恩斯特·卡西尔 . 人文科学的逻辑：五项研究 [M]. 关子尹，译 . 上海：上海译文出版社，2013.

[20] 方朝晖 . 重建价值主体：卡尔·雅斯贝斯对近现代西方自由观的扬弃 [M]. 北京：中央广播电视大学出版社，1993.

[21][美] 菲利普·阿特巴赫，[美] 利斯·瑞丝伯格，[美] 劳拉·拉莫利 . 全球高等教育趋势：追踪学术革命轨迹 [M]. 姜有国，译 . 上海：上海交通大学出版社，2010.

[22][英] 弗兰克·富里迪 . 知识分子都到哪里去了：对抗 21 世纪的庸人主义 [M]. 戴从容，译 . 南京：江苏人民出版社，2012.

[23] 高觉敷 . 西方社会心理学发展史 [M]. 北京：人民教育出版社，1991.

[24] 国务院学位委员会办公室 . 博士生培养纵横谈 [M]. 郑州：河南大学出版社，1998.

[25] 国务院学位委员会第六届学科评议组 . 一级学科博士、硕士学位基本要求 [M]. 北京：高等教育出版社，2014.

[26][德] 哈贝马斯 . 交往行动理论（第二卷）[M]. 洪佩郁，蔺青，译 . 重庆：重庆出版社，1994.

[27] 郝清杰 . 高等教育学学科博士生培养 [M]. 北京：高等教育出版社，

2021.

[28][美]赫茨伯格.赫茨伯格的双因素理论[M].张湛,译.北京:中国人民大学出版社,2009.

[29][德]黑格尔.逻辑学（下卷）[M].杨一之,译.北京:商务印书馆,2015.

[30][德]洪堡.论国家的作用[M].林荣远,冯兴元,译.北京:中国社会科学出版社,1998.

[31]侯杰泰,温忠麟,成子娟.结构方程模型及其应用[M].北京:教育科学出版社,2004.

[32][英]怀特海.再论教育目的[M].李永宏,译.北京:教育科学出版社,1997.

[33][英]吉登斯.现代性与自我认同:现代晚期的自我与社会[M].赵旭东,译.北京:生活·读书·新知三联书店,1998.

[34]金生鈜.教育研究的逻辑[M].北京:教育科学出版社,2015.

[35]经济合作与发展组织.理解脑:新的学习科学的诞生[M].周加仙,译.北京:教育科学出版社,2010.

[36][英]凯西·卡麦兹.建构扎根理论:质性研究实践指南[M].边国英,译.重庆:重庆大学出版社,2009.

[37][德]康德.判断力批判[M].邓晓芒,译.北京:人民出版社,2002.

[38][美]克拉克·克尔.高等教育不能回避历史[M].王承绪,译.杭州:浙江教育出版社,2001.

[39][美]伯顿·克拉克.探究的场所——现代大学的科研和研究生教育[M].王承绪,译.杭州:浙江教育出版社,2001.

[40][美]约翰·克雷斯威尔.研究设计与写作指导:定性定量与混合研究的路径[M].崔延强,译.重庆:重庆大学出版社,2010.

[41][美]克里斯·戈尔德,[美]乔治·沃克.重塑博士生教育的未来[M].刘俭,译.上海:上海交通大学出版社,2015.

[42][美]库恩.科学革命的结构[M].李宝恒,纪树立,译.上海:上海科学技术出版社,1980.

[43][美]库尔特·卢因.个性动理论[M].何道宽,译.北京:中国传媒大

学出版社，2016.

[44] 雷德鹏 . 自我、交互主体性与科学：胡塞尔的科学构造现象学研究 [M].
北京：人民出版社，2015.

[45] 李弘祺 . 学以为己：传统中国的教育 [M]. 上海：华东教育出版社，
2017.

[46] 李茂能 . 图解 AMOS 在学术研究之应用 [M]. 重庆：重庆大学出版社，
2011.

[47] 李森，教学动力论 [M]. 重庆：西南师范大学出版社，1998.

[48] 李申申，王森 . 中俄博士研究生教育比较 [M]. 北京：人民出版社，
2014.

[49] 林语堂 . 吾国与吾民 [M]. 黄嘉德，译 . 长沙：湖南文艺出版社，2016.

[50] 刘道玉 . 教育问题探津 [M]. 北京：北京出版社，2019.

[51] 刘献君 . 发达国家博士生教育中的创新人才培养 [M]. 武汉：华中科技
大学出版社，2010.

[52] 刘怡君，周涛 . 社会动力学 [M]. 北京：科学出版社，2012.

[53][美] 刘易斯 · 科塞 . 理念人——一项社会学的考察 [M]. 郭方，译 . 北京：
中央编译出版社，2001.

[54] 刘贞华 . 博士生培养内在制度研究 [M]. 北京：对外经济贸易大学出版
社，2014.

[55][英] 罗伯特 · 拉斯克，[英] 詹姆斯 · 斯科特兰 . 伟大教育家的学说 [M].
单中惠，朱镜人，译 . 济南：山东教育出版社，2012.

[56][美] 弗兰克 · 罗德斯 . 创造未来——美国大学的作用 [M]. 王晓阳，蓝
劲松，译 . 北京：清华大学出版社，2007.

[57] 骆四铭 . 中国学位制度：问题与对策 [M]. 武汉：华中科技大学出版社，
2007.

[58] 骆郁廷 . 精神动理论 [M]. 武汉：武汉大学出版社，2003.

[59][美] 马克斯 · 范梅南 . 教育的情调 [M]. 李树英，译 . 北京：教育科学
出版社，2019.

[60][德] 马克斯 · 韦伯 . 学术与政治 [M]. 冯克利，译 . 北京：生活 · 读书 · 新
知三联书店，1998.

[61][美]马克斯·范梅南.生活体验研究：人文科学视野中的教育学[M].宋广文，译.北京：教育科学出版社，2003.

[62][英]马林诺夫斯基.西太平洋上的航海者[M].弓秀英，译.北京：商务印书馆，2016.

[63][英]迈克尔·吉本斯，[英]卡米耶·利摩日，[英]黑尔佳·诺沃提尼，[英]西蒙·茨曼，等.知识生产的新模式：当代社会科学与研究的动力学[M].陈洪捷，沈文钦，等译.北京：北京大学出版社，2011.

[64]倪梁康.胡塞尔现象学概念通释[M].北京：生活·读书·新知三联书店，2007.

[65][美]诺曼·邓津，[美]伊冯娜·林肯.定性研究：方法论基础[M].风笑天，等译.重庆：重庆大学出版社，2007.

[66][美]佩吉·梅基，[美]内希·博科斯基.博士生教育评估——改善结果导向的新标准与新模式[M].张金萍，娄枝，译.上海：上海交通大学出版社，2011.

[67]彭国华.我国高校理工科博士研究生科研激励机制研究[M].北京：地质出版社，2012.

[68][英]齐格蒙·鲍曼.立法者与阐释者——论现代性、后现代性与知识分子[M].洪涛，译.上海：上海人民出版社，2000.

[69]钱颖一.创新驱动中国[M].北京：中国文史出版社，2016.

[70]秦现生.质量管理学[M].北京：北京科学出版社，2008.

[71]荣泰生.AMOS与研究方法[M].重庆：重庆大学出版社，2009.

[72]尚俊杰.未来教育重塑研究[M].上海：华东师范大学出版社，2020.

[73][美]唐纳德·舍恩.反映的实践者——专业工作者如何在行动中思考[M].夏林清，译.北京：教育科学出版社，2007.

[74]申荷永.充满张力的生活空间：勒温的动力心理学[M].武汉：湖北教育出版社，1999.

[75][美]史蒂文·奥特，[美]桑德拉·帕克斯，[美]理查德·辛普森.组织行为学经典文献(第三版)[M].王蔷，等译.上海：上海财经大学出版社，2009.

[76][美]史蒂文·霍夫曼.原动力：改变未来世界的5大核心力量[M].周

海云，译 . 北京：中信出版社，2021.

[77] 眭依凡 . 理性捍卫大学 [M]. 北京：北京大学出版社，2013.4

[78] 陶保平 . 研究设计指导 [M]. 北京：教育科学出版社，2004.

[79][德] 斐迪南·特尼斯 . 共同体与社会 [M]. 林荣远，译 . 北京：商务印书馆，1999.

[80][英] 托尼·比彻，[英] 保罗·特罗勒尔 . 学术部落及其领地 [M]. 唐跃勤，等译 . 北京：北京大学出版社，2008.

[81] 汪冬华 . 多元统计分析与 SPSS 应用 [M]. 上海：华东理工大学出版社 .2010.

[82] 王顶明 . 规范、行动与质量：博士生培养过程管理研究 [M]. 广州：广东高等教育出版社，2017.

[83] 王东芳 . 学科文化视角下的博士生培养 [M]. 北京：中国社会科学出版社，2018.

[84] 王梅 . 协同学视阈下博士生培养模式的国际比较研究 [M]. 北京：中国社会科学出版社，2021.

[85] 王战军，等 . 中国研究生教育质量保障体系理论与实践 [M]. 北京：高等教育出版社，2012.

[86][美] 威廉·克拉克 . 象牙塔的变迁：学术卡里斯玛与研究性大学的起源 [M]. 徐震宇，译 . 北京：商务印书馆，2013.

[87][德] 沃尔夫冈·布列钦卡 . 教育科学的基本概念 [M]. 胡劲松，译 . 上海：华东师范大学出版社，2001.

[88][美] 沃克·乔治，[美] 克里斯·戈尔德劳拉，[美] 琼斯，等 . 学者养成：重思 21 世纪博士生教育 [M]. 黄欢，译 . 北京：北京理工大学出版社，2018.

[89] 吴飞 . 浮生取义：对华北某县自杀现象的文化解读 [M]. 北京：中国人民大学出版社，2009.

[90] 吴明隆 . 结构方程模型——AMOS 的操作与应用 [M]. 重庆：重庆大学出版社，2019.

[91][美] 希拉·斯劳特，[美] 拉里·莱斯利 . 学术资本主义：政治、政策和创业型大学 [M]. 黎丽，译 . 北京：北京大学出版社，2014.

[92] 夏甄陶 . 人是什么 [M]. 北京：商务印书馆，1999.

[93] 谢桂华．学位与研究生教育公正实践及思考 [M]．北京：高等教育出版社，2002.

[94] 谢维和，王孙禺．学位与研究生教育：战略与规划 [M]．北京：教育科学出版社，2011.

[95] 谢维和．教育活动的社会学分析：一种教育社会学的研究 [M]．北京：教育科学出版社，2007.

[96] 谢治菊，郭宇．研究生教育质量保障机制研究 [M]．北京：科学出版社，2017.

[97] 徐冰．人之动力论 [M]．沈阳：辽宁人民出版社，1999.

[98] 徐伟新．新社会动力观 [M]．北京：北京经济科学出版社，1996.

[99] 徐希元．当代中国博士生教育 [M]．北京：知识产权出版社，2006.

[100] 许燕．人格心理学 [M]．北京：北京师范大学出版社，2009.

[101] 薛子帅．跨学科博士生培养质量评价指标体系研究 [M]．成都：西南财经大学出版社，2021.

[102][德] 卡尔·雅斯贝尔斯．大学之理念 [M]．邱立波，译．上海：上海人民出版社，2007.

[103][德] 卡尔·雅斯贝尔斯．什么是教育 [M]．邹进，译．北京：生活·读书·新知三联书店，1991.

[104] 研究生教育质量报告编研组．中国研究生教育质量年度报告 [M]．北京：中国科学技术出版社，2013.

[105] 阎光才．美国的学术体制 [M]．北京：教育科学出版社，2011.

[106] 杨国荣．人类行动与实践智慧 [M]．北京：生活·读书·新知三联书店，2013.

[107] 杨鑫辉．新编心理学史 [M]．广州：暨南大学出版社，2003.

[108] 叶澜．教育研究方法论初探 [M]．上海：上海教育出版社，2014.

[109] 衣俊卿．文化哲学——理论理性和实践理性交汇处的文化批判 [M]．昆明：云南人民出版社，2001.

[110] 衣俊卿．文化哲学十五讲 [M]．北京：北京大学出版社，2004.

[111] 俞可平．治理与善治 [M]．北京：北京社会科学文献出版社，2000.

[112] 袁本涛，王传毅．我国研究生教育结构调整问题研究 [M]．北京：经

济科学出版社，2015.

[113] 原献学.组织学习动力研究 [M].北京：中国社会科学出版社，2007.

[114][美] 约翰·杜威.教育中的兴趣与努力（英文版）[M] 展江，何道宽，主编.北京：中国传媒大学出版社，2018.

[115][英] 约翰·亨利·纽曼.大学的理想 [M].徐辉，等译.杭州：浙江教育出版社，2001.

[116][美] 约翰·布鲁贝克.高等教育哲学 [M].王承绪，等译.杭州：浙江教育出版社，2001.

[117] 张爱卿.动机论：迈向 21 世纪的动机心理学研究 [M].武汉：华中师范大学出版社，1999.

[118] 张国栋.贯通式博士生培养模式的研究 [M].上海：上海交通大学出版社，2016.

[119] 张凌云.德美两国博士生培养模式研究 [M].武汉：武汉理工大学出版社，2016.

[120] 张汝伦.历史与实践 [M].上海：上海人民出版社，1995.

[121] 张伟刚.科研方法导论 [M].北京：科学出版社，2009.

[122] 张学文.大学理性研究 [M].北京：北京师范大学出版社，2013.

[123] 张英丽.学术职业与博士生教育 [M].武汉：华中科技大学出版社，2009.

[124] 张应强.中国教育改革 40 年——高等教育 [M].北京：科学出版社，2018.

[125] 赵世明，王君.问卷编制指导 [M].北京：教育科学出版社，2008.

[126] 郑杭生.社会学概论新编 [M].北京：中国人民大学出版社，2003.

[127] 郑也夫.信任论 [M].北京：中国广播电视出版社，2001.

[128] 中国博士质量分析课题组.中国博士质量报告 [M].北京：北京大学出版社，2010.

[129] 中国学位与研究生教育发展年度报告课题组.中国学位与研究生教育发展年度报告 (2016)[M].北京：高等教育出版社，2017.

[130] 钟周，史静寰，[澳] 凯文·麦克康奇.亚洲高等教育展望 [M].北京：清华大学出版社，2018.

[131] 周保松. 自由人的平等政治 [M]. 北京：生活·读书·新知三联书店，2017.

[132][美] 朱丽叶·科宾，[美] 安塞尔姆·施特劳斯. 质性研究的基础：形成扎根理论的程序与方法 [M]. 朱光明，译. 重庆：重庆大学出版社，2015.

期刊类

[1] 白宗颖. 基于过程管理的博士生分流退出机制研究 [J]. 研究生教育研究，2017(6)：36-40.

[2] 包水梅，杨冰冰. 基于内容分析法的研究生导师指导风格概念模型构建 [J]. 学位与研究生教育，2019(2)：12-18.

[3] 包志梅. 博士生课程学习与科研活动关系密切度及其对科研能力的影响 [J]. 学位与研究生教育，2021（1）：68-77.

[4] 包志梅. 跨学科博士生科研能力培养状况研究——基于 48 所研究生院的调查 [J]. 中国高教研究，2020(3)：86-91.

[5] 鲍威，吴嘉琦，何峰. 如何适度布局博士生规模——基于导师指导规模与博士生培养质量的关联性分析 [J]. 中国高教研究，2021(4)：75-81.

[6] 别敦荣，易梦春，李家新. "十三五" 时期研究生教育发展思路 [J]. 中国高教研究，2016(1)：83-90.

[7] 别敦荣. 个性化研究生教育的认识与实践——个人经历的视角 [J]. 学位与研究生教育，2020(6)：1-10.

[8] 蔡芬，曹延飞，顾晔，谢鑫. 教育博士生延期毕业影响因素的质性研究 [J]. 学位与研究生教育，2020(3)：46-52.

[9] 曹钰. 高等职业院校科研团队创新动力机制研究 [J]. 辽宁行政学院学报，2014（4）：104-106.

[10] 陈国恩. 依托导师组集体智慧，锤炼博士生科研能力——中国现当代文学博士生研讨课的设计与实践 [J]. 中国大学教学，2009（8）：15-19.

[11] 陈国庆，赵睿，何秋洁. 应用型民办高校教师科研力提升动力机制及实现路径探讨 [J]. 黑龙江教师发展学院学报，2021（5）：4-6.

[12] 陈和，刘交交. 基于人力资本视角的高校科研团队成员科研动力影响因素研究 [J]. 科技管理研究，2018（19）：89-95.

[13] 陈洪捷，何爱芬，王顶明.改革博士学位授权审核机制促进地方高水平大学发展 [J].高等教育研究，2019(11)：59-66.

[14] 陈洪捷.结合博士生质量调查，谈杰出人才培养问题 [J].大学（学术版），2011(2)：34-35.

[15] 陈清森.应用型本科高校青年教师科研能力发展实证研究 [J].中国成人教育，2018（11）：132-135.

[16] 陈先哲，刘晶.学术生涯：读博还是游戏？[J].复旦教育论坛，2013（12）：38-42.

[17] 陈向明，王富伟.高等学校辅导员双线晋升悖论——一项基于扎根理论的研究 [J].教育研究，2021(2)：80-95.

[18] 陈向明.扎根理论的思路和方法 [J].教育研究与实验，1999(4)：58-63.

[19] 陈向明.扎根理论在中国教育研究中的运用探索 [J].北京大学教育评论，2015（1）：2-15+188.

[20] 陈小满，樊小冬.为未来高校教师准备：博士生学术社会化过程探究 [J].中国青年研究，2021(2)：97-104.

[21] 陈小满，罗英姿.生源背景、博士生培养与科研绩效的关系研究——基于教育公平的视角 [J].复旦教育论坛，2019（3）：46-51.

[22] 陈小鹏，张三保.美国博士生科研绩效的评价方法与决定因素——一个多学科综述 [J].学位与研究生教育，2017（4）：70-77.

[23] 陈兴德.从生命自觉、学术自觉到文化自觉——"自觉意识"与潘懋元教育思想关系研究 [J].高教探索，2017（7）：5-11.

[24] 程凤农.博士生科研能力的制约因素与提升路径 [J].中国青年研究，2014（8）：11-15.

[25] 程玮.大学生择业需要层次实证分析——基于马斯洛需求层次理论 [J].高教探索，2014（1）：163-167.

[26] 董贵成.导师培养博士生需要关注的若干重要环节 [J].学位与研究生教育，2018(9)：11-15.

[27] 董渊，等.博士生教育的链式反映规律 [J].研究生教育研究，2021(11)：8-15.

[28] 董泽芳.博士生创新能力的提高与培养模式改革 [J].高等教育研究，2009(5)：51-56.

[29] 樊成，吴立保.博士生培养环境：图景·机理·路径——基于2019年Nature博士生调查的注意力配置分析 [J].研究生教育研究，2021(3)：44-49+97.

[30] 范皑皑，沈文钦.什么是好的博士生学术指导模式？—基于中国博士质量调查数据的实证分析 [J].学位与研究生教育，2013(3)：45-51.

[31] 范巍，蔡学军，成龙.我国博士毕业生就业状况趋势分析 [J].教育发展研究，2010（7）：79-81.

[32] 范五三，谢兴政.新时代高校构建科研育人体系的动力机制 [J].中国高校科技，2018（7）：40-47.

[33] 方美君.科研工作室高职教育可持续发展的动力 [J].金华职业技术学院学报，2004（2）：93-95.

[34] 房正宏，牛向阳.地方高校研究生教育改革的路径选择 [J].研究生教育研究，2015(3)：22-26.

[35] 付鸿飞，周文辉，贺随波.冲突还是促进：学术型博士生跨学科行为与科研绩效的关系 [J].高等教育研究，2021（8）：53-62.

[36] 高明，计龙龙.马斯洛需要层次理论视野下研究生自我教育问题探析 [J].研究生教育研究，2013（2）：49-52.

[37] 高瑞.人文社科博士生科研能力增值影响因素分析 [J].北京航空航天大学学报（社会科学版），2020（6）：156-162.

[38] 高耀，陈洪捷，王东芳.博士生的延期毕业率到底有多高——基于2017年全国离校调查数据的实证研究 [J].研究生教育研究，2020 (1)：42-51.

[39] 高耀，沈文钦，陈洪捷，刘瑞明.贯通式培养博士生的学位论文质量更高吗——基于2015、2016年全国抽检数据的分析 [J].高等教育研究，2019(7)：62-74.

[40] 葛秋良.关于新建本科院校教师科研动力的调查与分析 [J].惠州学院学报（社会科学版），2012（1）：110-114.

[41] 耿有权.论"双一流"建设的战略意义及逻辑体系 [J].研究生教育研究，

2017（5）：4-8.

[42] 宫福清，王少奇.再释通识教育之"通"与"识"[J].教育科学，2021（3）：75-81.

[43] 宫麟丰.高校学术研究的动力机制研究[J].辽宁财专学报，2001（5）：56-59.

[44] 古继宝，常倩倩，吴剑琳.博士生压力源与科研绩效的关系[J].高教探索，2021（7）：40-46.

[45] 古继宝，蔺玉，张淑林.顶级博士生科研绩效的影响因素研究[J].科学学研究，2009（11）：1692-1699.

[46] 古继宝，蔺玉.基于不同学科的博士生科研绩效管理[J].科研管理，2011（11）：115-122.

[47] 顾剑秀，罗英姿.是"管道的泄漏"还是"培养的滞后"——从博士毕业生职业选择反思我国博士培养变革[J].高等教育研究，2013(9)：46-53.

[48] 顾剑秀，罗英姿.学术抑或市场：博士生培养模式变革的逻辑与路径[J].高等教育研究，2016(1)：49-55.

[49] 郭琳.研究生教育的"分流退出"：意涵阐释与路径探析[J].研究生教育研究，2021（5）：45-50.

[50] 韩骁.原初自然的出场——论胡塞尔对"自然"的现象学还原[J].世界哲学，2018（6）：98-108+158.

[51] 郝广龙，李盛聪，李宜芯.一流学科创新发展：机遇、困境及其突破[J].中国教育科学，2021(4)：120-129.

[52] 郝彤亮，杨雨萌，孙维.博士生科研项目参与对科研创新能力影响的实证研究[J].高教探索，2020（9）：50-57.

[53] 何玉宏，刘方，张静华.高职院校科研动力不足的成因及激励途径[J].江苏社会科学，2009（7）：151-155.

[54] 洪柳.我国研究生国家奖学金制度现存问题研究——以美国科学基金会研究生国家奖学金为借鉴[J].学位与研究生教育，2018（12）：67-72.

[55] 洪茜，郭菲，HamishCoates.低年级直博生学术热情缘何消减：基于扎根理论的分析[J].研究生教育研究，2022(1)：63-70.

[56] 胡建华.中国高等教育学科发展40年[J].教育研究，2018(9)：24-

35.

[57] 胡军华，郑瑞强. 学术型研究生科研能力结构、约束性因素与促进机制 [J]. 教育学术月刊，2020(12)：74-80.

[58] 胡四能 .21 世纪博士教育的目的及其思考 [J]. 高等工程教育研究，2008(4)：89-93.

[59] 黄海刚，金夷. 通往 PH.D 之路：中国博士生入学动机的实证研究——兼论学术动机对博士生培养质量的意义 [J]. 复旦教育论丛，2016(5)：61-63.

[60] 黄美玲，付达杰，唐琳. 基于教师专业发展的高职院校科研管理模式研究 [J]. 工业和信息化教育，2013（5）：16-19.

[61] 黄亚婷，王思遥. 博士生学术职业社会化及其影响因素研究——基于《自然》全球博士生调查数据的实证分析 [J]. 中国高教研究，2020(9)：21-26.

[62] 江萍. 美国文科博士生科研训练的特点与启示——以哈佛大学为例 [J]. 高等农业教育，2012（9）：91-95.

[63] 蒋云尔，赵龙祥，陈曙娟. 轮科研视阈里的高职院校可持续发展动力 [J]. 江苏经贸职业技术学院学报，2015（3）：63-66.

[64] 金生鈜. 教育为什么要培养理性精神 [J]. 教育研究与实验，2003（3）：12-16.

[65] 邝宏达，李林英. 高校重大科研项目团队科研训练环境对研究生学术志趣的影响机制 [J]. 学位与研究生教育，2020(5)：59-66.

[66] 邝宏达，李林英. 理工科博士生入学后学术职业志趣变化特征及教育对策 [J]. 研究生教育研究，2019（6）：26-34.

[67] 李澄锋，陈洪捷，沈文钦. 课题参与对博士生科研能力增值的影响——基于全国博士毕业生离校调查数据的分析 [J]. 中国高教研究，2019(7)：92-98.

[68] 李澄锋，陈洪捷. 主动选择导师何以重要——选择导师的主动性对博士生指导效果的调节反应 [J]. 高等教育研究，2021（4）：73-81.

[69] 李澄锋. 论文发表与博士生科研能力增值的倒 U 型关系——基于"全国博士毕业生调查"数据的分析 [J]. 高等教育研究，2021(10)：61-72.

[70] 李冲，朱晨阳，李丽. 不合格硕士学位论文开题报告缘何可以通过？——基于布尔迪厄场域理论的 D 大学案例研究 [J]. 学位与研究生教育，

2020(7)：63-73.

[71] 李方安，陈向明.大学教师对"好老师"之理解的实践推理——一项扎根理论研究的过程及其反思 [J].北京大学教育评论，2016（2）：58-70.

[72] 李锋亮，舒宜彬.导师指导与博士生的学术热情与投入 [J].江苏高教，2020(7)：24-30.

[73] 李莞荷，李锋亮.立德树人视角下导师指导与博士生科研能力发展关系的实证研究 [J].学位与研究生教育，2021(6)：67-73.

[74] 李航，李庆，郭云.博士研究生助学金激励机制及其影响因素分析 [J].现代教育科学，2021（1）：108-114.

[75] 李辉鹏，王泽超，童泽望，尚亿军.科研绩效对于工学博士学位论文质量的影响 [J].武汉理工大学学报（社会科学版），2020（4）：169-173.

[76] 李金龙，裴旭，张淑林，李芹娜.我国博士研究生招生制度赓衍、结构变革及其治理启示——基于 1981-2018 年全国博招政策的历史考察与量化分析 [J].中国高教研究，2020(3)：78-85.

[77] 李文，康乐.21 世纪日本诺贝尔奖得主科研过程的特征分析 [J].中国高校科技，2021（6）：65-69.

[78] 李文梅.高校外语教师科研倦怠的实证研究 [J].中北大学学报（社会科学版），2016（6）：30-35.

[79] 李雪，袁本涛.以学术兴趣发展为核心的博士生激励策略研究 [J].中国高教研究，2017(4)：78-81.

[80] 李雪.博士生学习动机的实证研究 [J].研究生教育研究，2016（2）：47-52.

[81] 李艳，马陆亭，赵世奎.博士学位论文质量及其影响因素研究 [J].学位与研究生教育，2015(2)：105-109.

[82] 李艳丽，王俊，胡涛，孟林.构建以科研为导向的博士生选拔和激励机制——基于博士生科研绩效测度和影响因素的分析 [J].学位与研究生教育，2014（8）：43-46.

[83] 李颖，徐岚.一流大学博士生如何为大学教师职业做准备——以宾大沃顿教师发展项目为例 [J].教育发展研究，2020(11)：69-75.

[84] 李永刚，王海英.理工科博士生科研能力的养成状况及其影响因素研

究——基于对我国研究生院高校的调查 [J]. 研究生教育研究，2019（4）：35-44.

[85] 李永刚. 阈限过渡：博士生学术成长的关键期及其跨越 [J]. 高等教育研究，2019（12）：58-67.

[86] 连宏萍，王梦雨，郭文馨. 博士后如何选择职业？——基于扎根理论的北京社科博士后择业影响机制探究 [J]. 东岳论丛，2021(4)：36-45.

[87] 梁宇，郑易平. 高校博士生数据素养的影响因素与应对策略 [J]. 情报理论与实践，2021（4）：146-152.

[88] 林阿妙. 双因素理论在知识型员工激励中的应用 [J]. 中共福建省委党校学报，2010（7）：44-47.

[89] 蔺海沣，赵敏，周红华. 博士生科研创新的失败学习研究 [J]. 江苏高教，2019(10)：84-92.

[90] 蔺亚琼，李紫玲. 知识生产视角下博士生科研训练的两种模式 [J]. 中国高教研究，2021（2）：84-90.

[91] 刘超，沈文钦，李曼丽. 科研"松绑"与质量升级——试论博士生教育的新形势与新要求 [J]. 学位与研究生教育，2021（2）：8-14.

[92] 刘成科，孔燕，陈艳艳. 科研自我效能感的内涵、测量及其影响 [J]. 科技管理研究，2019（20）：144.

[93] 刘成科，孔燕. 博士生科研自我效能感的现状调查及提升策略 [J]. 研究生教育研究，2017（12）：42-46.

[94] 刘红，母小勇. 如何以学术为业：大学教师专业发展的基本问题 [J]. 教师教育研究，2015(2)：8-14.

[95] 刘佳. 本科就读院校层次对博士生科研创新能力的影响 [J]. 研究生教育研究，2013（6）：20-24.

[96] 刘进，童金皓. 博士生科研动力的双因素分析——以 Z 大学为例 [J]. 学位与研究生教育，2015（4）：61-65.

[97] 刘黎明. 论地方高校青年教师科研能力提升的内化路径——基于"生命自觉"的视角 [J]. 科技管理研究，2020(10)：244-250.

[98] 刘凌宇，沈文钦，蒋凯. 谁接受了博士教育：家庭背景对博士教育机会获得的影响 [J]. 大学教育科学，2019(6)：51-60.

[99] 刘宁宁.不同高校生源博士生科研创新能力差异研究——基于 1007 名工科博士生的分析 [J]. 中国高教研究，2017（11）：54-59.

[100] 刘宁宁.不同招考方式博士生的科研创新能力存在差异吗？——基于 33 所研究生院高校的调查 [J]. 学位与研究生教育，2018（4）：60-65.

[101] 刘宁宁.导师指导如何影响博士生学术职业取向的变化 [J]. 研究生教育研究，2021（5）：17-24.

[102] 刘秋颖，施晓光.学术型博士生学术适应能力建构与濡养 [J]. 研究生教育研究，2017(1)：31-35.

[103] 刘世定，邱泽奇."内卷化"概念辨析 [J]. 社会学研究，2004(5)：96-110.

[104] 刘玮.延期毕业博士生的主要特征研究——基于某重点高校数据分析 [J]. 中国青年研究，2016（1）：44-48.

[105] 刘文，沈沛文，廖文武.试探课程训练与科研能力培养——基于 F 大学博士生的研究 [J]. 新课程研究，2016（6）：98-101.

[106] 刘文博.研究生浓郁学术氛围的形成机制及对策研究 [J]. 思想教育研究，2014（1）：95-97.

[107] 刘选会，张丽，钟定国.高校科研人员自我认同与组织认同和科研绩效的关系研究 [J]. 高教探索，2019（1）：17-23.

[108] 刘晔，曲如杰，时勘，邓麦.领导创新支持与员工突破性创新行为——基于角色认同理论和行为可塑性视角 [J]. 科学学与科学技术管理，2022（2）：1-17.

[109] 卢春红.鉴赏一定与兴趣无关？——论康德《判断力批判》中的"兴趣"概念 [J]. 哲学研究，2019（10）：106-115.

[110] 陆德海."反思型执业者"的培养——唐纳德.舍恩"反思性实践"理论及其对专业学位教育的影响 [J]. 复旦教育论坛，2009（6）：31-35.

[111] 陆一，史静寰.志趣：大学拔尖创新人才培养的基础 [J]. 教育研究，2014（3）：48-54.

[112] 罗建国，谢芷薇，莫丽荣.导生交往模式与研究生学术能力发展——基于扎根理论的质性分析 [J]. 学位与研究生教育，2021(3)：15-20.

[113] 罗英姿，陈小满，李雪辉.基于培养过程的博士生科研绩效提升策略

研究 [J]. 教育发展研究，2018（9）：50-55.

[114] 罗蕴丰. 结婚影响博士生科研发表吗？——基于 2016 年首都高校博士生调查数据的实证分析 [J]. 研究生教育研究，2020(4)：77-84.

[115] 吕林海. 聚焦"两种兴趣"："拔尖生"深度学习的动力机制研究——基于全国 12 所"拔尖计划"高校的问卷调查 [J]. 南京师大学报（社会科学版），2021(2)：76-90.

[116] 吕旭峰，童金皓. 研究型大学博士生研究生科研驱动力分析与思考 [J]. 高校教育管理，2013（5）：101-105.

[117] 马佳妮. 来华留学生学习经验是否有"轨迹"可循？——基于扎根理论的研究 [J]. 国家教育行政学院学报，2020(4)：88-95.

[118] 马陆亭. 加强高等教育评价方式的改革探索 [J]. 中国高教研究，2020(11)：1-2.

[119] 马明霞，任晓华，王启烁，等. 培养高质量博士生的实践逻辑 [J]. 研究生教育研究，2014(22)：32-38.

[120] 马永红，杨雨萌，孙维. 博士生内部人身份感知何以影响其创新能力——基于学习投入和导师督导的视角 [J]. 中国高教研究，2019(9)：80-86.

[121] 孟溦，张群. 科研评价"五唯"何以突破——制度分析的视角 [J]. 中国高教研究，2021(9)：51-58.

[122] 潘龙飞. 基础研究定义的社会构建 [J]. 自然辩证法研究，2021（8）：57-62.

[123] 潘绥铭，姚星亮，黄盈盈. 是"代表性"还是"代表什么"的问题——"最大差异的信息饱和法"及其方法论意义 [J]. 社会科学研究，2010（4）：108-115.

[124] 彭国华，雷涯邻，李爱民. 我国高校理工科博士生科研激励实证研究与启示 [J]. 科学学研究，2012（12）：1836-1842.

[125] 彭国华，雷涯邻. 我国高校理工科博士生科研激励因素实证研究 [J]. 科学学与科学技术管理，2012（3）：80-85.

[126] 彭湃. 博士生可迁移能力培养：张力及消解 [J]. 研究生教育研究，2020(1)：52-58.

[127] 秦安安，刘铁钢，王悦，赵世奎. 研究型大学博士生在国家科学技术

奖励中的贡献初探 [J]. 学位与研究生教育，2020（11）：51-55.

[128] 秦琳. 从师徒制到研究生院：德国博士研究生培养的结构化改革［J］学位与研究生教育，2012（1）：59-64.

[129] 曲静，陈树文. 三因素理论——基于对双因素理论的反思与改进 [J]. 大连理工大学学报（社会科学版），2016（3）：90-94.

[130] 任占营. 以多破唯：构建职业教育评价新格局的路径探析 [J]. 高等工程教育研究，2022(1)：11-16.

[131] 任峥嵘，王睿涵，刘萱. 我国高校科研团队研究综述 [J]. 科技管理研究，2020(21)：101-108.

[132] 邵延峰. 实施激励机制——提高博士生的创新能力 [J]，学位与研究生教育，2013(5)：9-13.

[133] 申超，杨兆豪. 英美顶尖大学如何设计导师培训？——基于罗素与常春藤盟校等顶尖大学的制度考察 [J]. 研究生教育研究，2021(4)：91-97.

[134] 申荷永. 论勒温心理学中的动力 [J]. 心理学报，1991（3）：306-312.

[135] 沈文钦，王东芳，赵世奎. 博士就业的多元化趋势及其政策应对——一个跨国比较的分析［J］. 教育学术月刊，2015（2）：35-45.

[136] 绳丽惠. 博士生延期毕业现象：影响因素与治理策略 [J]. 学位与研究生教育，2019(6)：60-64.

[137] 宋强. 国际视野下高校文科教师科研动力及引导机制 [J]. 东北师大学报（哲学社会科学版），2015（5）：216-220.

[138] 宋晓欣，马陆亭，赵世奎. 教育学科高层次人才成长规律探究 [J]. 中国高教研究，2018(3)：51-55.

[139] 田锋. 英国科学研究卓越框架研究 [J]. 高教发展与评估，2012（6）：17-20+98.

[140] 童洁. 高校科研团队建设的现状、问题及对策 [J]. 教育观察，2019（31）：34-36.

[141] 万昆，饶爱京，徐如梦. 哪些因素影响了学习者的在线学习投入？[J]. 教育学术月刊，2021（6）：97-104.

[142] 王超，王秀彦. 动力机制与阻力因素：欧洲高等教育一体化改革的启

示 [J]. 教育研究，2012(1)：148-151.

[143] 王传毅，杨佳乐，辜刘建.博士生培养质量及其影响因素研究——基于 Nature 全球博士生调查的实证分析 [J]. 宏观质量研究，2020(1)：69-80.

[144] 王传毅，赵世奎.21 世纪全球博士教育改革的八大趋势[J].教育研究，2017(2)：142-151.

[145] 王顶明，黄葱.新时代高校科研评价改革的思考 [J]. 高校教育管理，2021(2)：24-35.

[146] 王富伟.迈向行动的教育质性研究 [J]. 北京教育教学研究，2019(3)：11-16.

[147] 王海迪.学术型博士生抱负与科研能力关系的实证研究 [J]. 高等教育研究，2018（1）：56-63.

[148] 王海迪.学术型博士生学术激情及其影响因素研究——基于我国研究生院高校的实证分析 [J]. 学位与研究生教育，2018(2)：58-64.

[149] 王海迪.院校出身、科研能力与学术激情——申请考核生与普通招考生的比较研究 [J]. 教育发展研究，2018(9)：43-49.

[150] 王洪才.高等教育评价破"五唯"的难点、痛点与突破点 [J]. 社会科学文摘，2021（7）：10-12.

[151] 王军.舍恩反思实践专业教育理论及其当代价值[J].黑龙江高教研究，2021（8）：13-19.

[152] 王坦.专业型博士"热"背后的"冷"思考 [J]. 研究生教育研究，2021（1）：55-62.

[153] 王晓宁，施璠，张莹，张梅，贺鹏程.中美医学博士研究生科研能力培养的差异浅析 [J]. 中国医学教育技术，2019（1）：34-36.

[154] 王雁飞，孙楠.个体－环境匹配理论与相关研究新进展[J].科技管理研究，2013（8）：139-147.

[155] 王战军，常琅，张泽慧.研究生教育高质量发展：时代背景、逻辑意蕴和路径选择 [J]. 学位与研究生教育，2022(2)：1-7.

[156] 温忠麟，侯杰泰，马什赫伯特.结构方程模型检验：拟合指数与卡方准则[J].心理学报，2004(2)：186-194.

[157] 吴东姣，郑浩，马永红.博士生导师指导行为的内容与类型——基于

人文社科博士培养的质性研究 [J]. 高教探索，2020(7)：35-44.

[158] 吴红斌，沈文钦，陈洪捷. 学术型博士生科研产出更高吗？[J]. 学位与研究生教育，2020（1）：36-42.

[159] 吴嘉琦，罗蕴丰. 博士生导师如何影响博士生科研发表？——基于2016年首都高校学生发展状况调查数据的分析 [J]. 复旦教育论坛，2020(5)：55-62.

[160] 吴敏，姚云. 美国专业博士学位的学科与规模特点研究 [J]. 学位与研究生教育，2018（8）：73-77.

[161] 吴敏，姚云. 中国教育博士专业学位十年发展与改革 [J]. 高教发展与评估，2020(6)：75-83.

[162] 向体燕，马永红，高玉建，周学军. 哪些学术型博士研究生在做基础研究？——基于博士学位论文研究类型的分析 [J]. 学位与研究生教育，2020(7)：57-62.

[163] 肖剑. 研究生学术耻感教育探析 [J]. 研究生教育研究，2021(4)：17-22.

[164] 肖玮萍. 美国博士生教育之科研训练特色及对我国的启示 [J]. 教育与考试，2010（4）：83-86.

[165] 肖玮萍. 美国和日本博士生教育的科研训练特色及启示 [J]. 大学（学术版），2011（2）：80-85.

[166] 谢佳宏，祝军，沈文钦. 专业学位研究生的能力提升了吗？——公共管理硕士能力增值状况及其影响因素分析 [J]. 学位与研究生教育，2021(6)：74-85.

[167] 谢梦，王顶明. 学科比较视角下的博士生激励机制研究：以T大学为例 [J]. 学位与研究生教育，2014（12）：41-46.

[168] 徐国兴. 跨学科学习对博士生科研创新能力影响的研究 [J]. 学位与研究生教育，2013（2）：15-18.

[169] 徐娟. 我国大学发展中"唯帽子"现象的权力困境与化解 [J]. 国家教育行政学院学报，2020(5)：18-26.

[170] 徐岚. 导师指导风格与博士生培养质量之关系研究 [J]. 高等教育研究，2019（6）：58-66.

[171] 徐雷.作为博士学位授予标准的学术论文发表：逻辑正当性与误区澄清 [J].学位与研究生教育，2020（7）：31–39.

[172] 徐巧云，罗建河，谭文娟.博士生学业成就影响因素分析及其概念模型研究 [J].研究生教育研究，2021(2)：7–14.

[173] 徐伟琴，岑逾豪."读博"还是"工作"——基于扎根理论的硕士生读博意愿影响机制研究 [J].高等教育研究，2021(7)：67–77.

[174] 徐冶琼.博士生对导师指导满意吗？—基于 Nature 全球博士生调查 [J].中国高教研究，2021(1)：96–102.

[175] 徐志平，沈红.过剩还是不足？我国博士生平培养规模适切性分析 [J].研究生教育研究，2018（12）：1–6.

[176] 许丹东，吕林海，张红霞，顾亚琳，邵然.人文社科类博士生学术经历对博士学位论文质量的影响 [J].复旦教育论坛，2019(3)：60–66.

[177] 许克毅，叶城，唐玲.导师与研究生关系透视 [J].学位与研究生教育，2000（2）：59–62.

[178] 许日华.地方高校发展博士点的困境、意义及推进路径——基于政府行为的视角 [J].研究生教育研究，2015(5)：12–17.

[179] 薛二勇.论提高博士生培养质量机制的构建 [J].教育研究，2009(5)：88–93.

[180] 闫广芬，范秋艳，张先璐.加强博士生导师岗位管理的核心要义与价值旨归 [J].研究生教育研究，2021(3)：15–18.

[181] 闫淑敏，杨小丽.基于扎根理论的高校科研人员创新动力研究 [J].科技管理研究，2019（1）：39–45.

[182] 杨安灿.联合国教科文组织关于科学技术活动的分类与定义 [J].科学学与科学技术管理，1982（5）：16–17.

[183] 杨海波，刘电芝，杨荣坤.学习兴趣、自我效能感、学习策略与成绩的关系 [J].教育科学研究，2015（10）：52–57.

[184] 杨进，李广，杨雪.何以坚守——基于勒温"场动力理论"谈乡村教师流失的规避 [J].杭州师范大学学报（社会科学版），2012（2）：114–121.

[185] 杨九诠.破除"五唯"，以多元治理的理论深化高考改革 [J].清华大学教育研究，2019(1)：50–55.

[186] 杨青. 博士生为什么延期了——人文社科博士生延期毕业原因及作用机制分析 [J]. 中国高教研究，2021(7)：90-97.

[187] 杨青. 美国一流大学博士生分流淘汰制度的运行机制及启示－以康奈尔大学为例 [J]. 中国高教研究，2019（10）：91-98.

[188] 杨斯喻，周详. 高校基层学术组织教师科研动力机制差异分析 [J]. 黑龙江高教研究，2018（4）：90-95.

[189] 姚利民，史曼莉. 研究生发表论文的调查研究 [J]. 现代大学教育，2008(1)：95-99.

[190] 叶继红. 高校研究生论文发表状况、存在问题与应对策略——兼论研究生论文发表规定 [J]. 研究生教育研究，2015(3)：44-49.

[191] 叶继红. 高校研究生学术不端行为及论文发表制度关联性思考 [J]. 研究生教育研究，2018(5)：7-12.

[192] 叶澜. "新基础教育"研究引发的若干思考 [J]. 人民教育，2006（7）：4-7.

[193] 叶澜. 时代精神与新教育理想的构建—关于我国基础教育改革的跨世纪思考 [J]. 教育研究，1994(10)：3-8.

[194] 仪淑丽，李祥富. 高职院校教师科研瓶颈、制约因素与应对策略 [J]. 职业技术教育，2018（11）：58-60.

[195] 易凌云. "五唯"问题：实质与出路 [J]. 教育研究，2021（1）：4-14.

[196] 殷小平，游玉华. 谈潘懋元教授的博士生培养之道 [J]. 西南交通大学学报(社会科学版)，2007(5)：143-145.

[197] 尹奎，孙健敏，邢璐，杨夕瑾. 研究生科研角色认同对科研创造力的影响：导师包容性领导、师门差错管理氛围的作用 [J]. 心理发展与教育，2016（5）：557-564.

[198] 尹志欣，马君. 双因素理论在中国知识型员工中应用的新发现 [J]. 现代管理科学，2013（12）：107-109.

[199] 于书林，乔雪峰. 博士生资格考试：过滤器还是导航仪 [J]. 学位与研究生教育，2012（9）：64-67.

[200] 袁广林. 专业博士培养目标定位：研究型专业人员 [J]. 学位与研究生教育，2014（11）：1-5.

[201] 袁康，王颖，缪园，汤超颖．导师科研活跃度和学术地位对博士生科研绩效的影响 [J]. 学位与研究生教育，2016（7）：66-71.

[202] 张存群，马莉萍．学术活跃度与博士生学术产出的实证分析——以中国某研究型大学为案例 [J]. 研究生教育研究，2013(6)：1-7.

[203] 张俊宗．学术与大学的逻辑构成 [J]. 高等教育研究，2004(1)：6-11.

[204] 张力．加快一流大学和一流学科建设——新时代加快一流大学和一流学科建设的战略意义 [J]. 中国高等教育，2018(5)：27-28.

[205] 张莉．本、硕、博贯通式人才培养模式的利弊分析及对策研究 [J]. 学位与研究生教育，2015(6)：13-16.

[206] 张铭凯．中小学教师科研自觉的三重判读：所为、难为与可为 [J]. 现代教育管理，2021（5）：86-92.

[207] 张淑林，蔺玉，古继宝．提高博士生科研绩效的途径探析 [J]. 学位与研究生教育，2009（8）：52-55.

[208] 张懿．追求卓越：耶鲁大学校长理查德·雷文教授治校研究 [J]. 中国高教研究，2006（4）：44-45.

[209] 张应强，肖起清．中国地方大学：发展、评价与问题 [J]. 现代大学教育，2006（1）：1-4.

[210] 张永军，廖建桥，赵君．科研压力对博士生学术不端行为的影响研究 [J]. 科研管理，2013(4)：99-107.

[211] 张振林，任令涛．参与学术创业对工科博士生教育的影响探析 [J]. 研究生教育研究，2021(1)：15-21.

[212] 赵富强，陈耘，张光磊．心理资本视角下高校学术氛围对教师科研绩效的影响——基于全国 29 所高校 784 名教师的调查 [J]. 高等教育研究，2015（4）：50-60.

[213] 赵金秀，卢文军，蒋建文．研究型大学研、本互动式学生科研训练新模式 [J]. 高教探索，2005（7）：70-71.

[214] 赵磊磊，代蕊华，伍红林．博士生学术成长与导师支持：现状特征及路径关系 [J]. 学位与研究生教育，2020(8)：43-51.

[215] 赵世奎，范巍．我们需要什么样的博士生教育——基于毕业博士对博士生教育回溯评价的实证分析 [J]. 学位与研究生教育，2010(7)：22-26.

[216] 赵世奎，宋晓欣，沈文钦.博士学位论文质量与学术论文发表有关系吗？——基于165篇问题博士学位论文的分析 [J].学位与研究生教育，2018(8)：41-45.

[217] 赵祥辉.博士生发表制度的"内卷化"：表征、机理与矫治 [J].高校教育管理，2021（3）：104-113.

[218] 赵小丽，蔡国春.试论研究生科研兴趣的培养：以"解放兴趣"为旨归 [J].学位与研究生教育，2020（8）：52-57.

[219] 郑觅.博士生专业社会化理论研究概述 [J].学位与研究生教育，2014（2）：62-66.

[220] 郑忠梅.荣誉法则：研究生学术失信的善治路径 [J].学位与研究生教育，2021(8)：67-72.

[221] 朱德全，曹渡帆.教育研究中扎根理论的价值本真与方法祛魅 [J].清华大学教育研究，2021(1)：67-76.

[222] 朱伟.高校教师的科研动机变化规律及激发研究 [J].科技管理研究，2011（1）：153-155.

[223] 朱志勇，刘婷."挣扎的尘埃"：研究生学术热情变化的个案研究 [J].教育学术月刊，2019（2）：68-76.

学位论文类

[1] 蔡军.导学关系对博士生科研投入的影响研究 [D].南京：南京大学，2018.

[2] 曹吉.CLIL 对 EAP 教学的影响——理工科博士生学术写作课案例研究 [D].大连：大连理工大学，2015.

[3] 曾昭皓.德育动力机制研究 [D].西安：陕西师范大学，2012.

[4] 崔艳婷.影响博士生培养质量的因素研究——基于在宁若干所高校的调查 [D].南京：东南大学，2020.

[5] 方宝.研究型大学教师科研业绩考评机制设置研究 [D].厦门：厦门大学，2017.

[6] 傅道麟.博士生的学术信念及其对学术经历的影响研究——基于 N 大学的问卷调查 [D].南京：南京大学，2020.

[7] 顾剑秀.知识生产模式转变下学术型博士生培养模式变革研究 [D].南京：南京农业大学，2015.

[8] 胡维芳.师生关系对博士培养质量的影响——基于三所 985 高校的质性研究 [D].厦门：厦门大学，2017.

[9] 黄海群.转型变革下的高校青年教师科研发展动力研究——以福建省一般地方本科高校为例 [D].厦门：厦门大学，2018.

[10] 李小丽.英国专业博士学位教育发展研究 [D].保定：河北大学，2020.

[11] 李新翔.哈佛大学博士生科研训练方式研究 [D].济南：山东师范大学，2011.

[12] 李永刚.成为研究者：理科博士生素养与能力的形成 [D].上海：华东师范大学，2018.

[14] 李云鹏.美国教育博士专业学位的发展动力与变革模式研究 [D].南京：南京师范大学，2012.

[15] 梁慧云.贯通式博士生科研创新能力的实证研究——基于群体比较与影响机制的分析 [D].南京：南京大学，2019.

[16] 蔺玉.博士生科研绩效及其影响因素的实证研究 [D].安徽：中国科学技术大学，2012.

[17] 刘俭.我国研究型大学工科领域学术型博士生培养目标研究 [D].上海：上海交通大学，2019.

[18] 刘玲.我国博士生招生"申请—考核"制的研究 [D].上海：华东师范大学，2018.

[19] 刘伟波.教师学习动力研究 [D].成都：四川大学，2009.

[20] 刘泽文.基于学生发展导向的博士生教育质量评价模型构建及实证研究——以涉农学科为例 [D].南京：南京农业大学，2017.

[21] 卢瑶.社会分层视域下博士生就业研究——基于华中农业大学博士毕业生初次就业情况的调查 [D].武汉：华中农业大学，2016.

[22] 马明霞.中国科学院博士生培养模式研究 [D].武汉：华中科技大学，2017.

[23] 倪海东.高校教师成才动力研究 [D].北京：中央财经大学，2015.

[24] 牛梦虎.我国学术型博士生招考选拔方式研究——关于入学申请制改

革的可行性 [D].长春：东北师范大学，2012.

[25] 牛梦虎.中国博士生教育发展规模研究 [D].上海：华东师范大学，2016.

[26] 彭国华.我国高校理工科博士生科研激励机制研究 [D].武汉：中国地质大学，2010.

[27] 邵宏润.基于学生感知的博士生教育服务质量研究 [D].大连：大连理工大学，2018.

[28] 孙彩云.博士研究生创新能力特征识别与创新能力倾向测评研究 [D].南京：南京航空航天大学，2017.

[29] 孙红刚.90 后大学生学习动机的实证研究 [D].上海：华东师范大学，2019.

[30] 仝召燕.文科博士生学术水平的影响因素分析——基于 H 校 2008 年"学术十杰" 获奖者的调查 [D].武汉：华中科技大学，2009.

[31] 王彩霞.我国高校"直博生"培养模式研究——以 X 大学为例 [D].厦门：厦门大学，2017.

[32] 王芳.我国大学生学习力模型研究 [D].厦门：厦门大学，2019.

[33] 王亚杰.基于集成的学位质量研究 [D].杭州：浙江大学，2005.

[34] 魏倩.博士生心理资本对科研绩效的影响机制研究 [D].合肥：合肥工业大学，2015.

[35] 夏冬杰.教师学习动力机制研究 [D].上海：上海师范大学，2018.

[36] 肖琳.知识转型背景下博士生跨学科培养的探索与启示——以美国、英国、澳大利亚为例 [D].南昌：江西师范大学，2021.

[37] 徐平.我国研究型大学博士生培养模式研究 [D].厦门：厦门大学，2008.

[38] 雅房梦.为学术职业做准备——一项关于博士生论文发表的质性研究 [D].武汉：华中科技大学，2019.

[39] 尹晓东.博士研究生培养质量主要影响因素研究——基于重庆五所高校的实证分析 [D].重庆：西南大学，2014.

[40] 尹晓东.基于动力效能理论的基层公安队伍动力机制研究 [D].天津：天津大学，2012.

[41] 游小珺.多维邻近视角下美国高校科研合作的空间演化与动力机制研究 [D].上海：华东师范大学.

[42] 张凌云.德国与美国博士生培养模式研究 [D].武汉：华中科技大学，2010.

[43] 张秀丽.博士生学术能力影响因素研究——基于对优博论文获得者调查分析的视角 [D].杭州：浙江大学，2013.

[44] 张英丽.论学术职业与博士生教育的关系 [D].武汉：华中科技大学，2008.

[45] 赵立莹.美国博士生教育质量评估体系发展研究 [D].武汉：华中科技大学，2009.

[46] 周笑南.学术型博士研究生核心能力及培养途径 [D].厦门：厦门大学，2019.

其他类

[1] 陈先哲."五唯"的制度根源与根本治理 [N].光明日报，2019-10-08(13).

[2] 程宗明.论文的"唯"和"不唯"：谁要"唯"，谁"不要唯" [N].中国科学报，2019-04-03(05).

[3] 大学养术排省公布.内地大学为何无缘世界一流 [N].解放日报，2009-11-06（7）.

[4] 邓晖.博士毕业不以论文为唯一依据 [N].光明日报，2019-04-04(8).

[5] 郭英剑.该不该规定博士生发表文章才能毕业 [N].中国科学报，2018-6-5（7）.

[6] 何晋秋等.地方高校应在我国社会经济发展中发挥重要作用 [R].教育部科学技术委员会专家建议，2004（3）.

[7] 李斌.哥伦比亚大学校长：大学需改变体制适应全球化浪潮 [N].中国青年报，2012-11-14（7）.

[8] 刘振天."五唯"：痼疾如何生成，怎样破解 [N].光明日报，2019-02-26(15).

[9] 罗容海.博士生分流退出机制的目的还是指向育人 [N].光明日报，

2021-10-29（2）.

[10] 瞿振元 . 现代师生关系：学习共同体 [N]. 中国青年报，2016-12-02
（8）.

[11] 唐景莉 . 国家三大奖：高校缘何保持高获奖率 [N]. 中国教育报，
2014-01-15(11).

[12] 夏征农，陈至立 . 辞海 [C]. 上海：上海辞书出版社，2009:2818-
2822.

[13] 中国教育在线 . 2021 年全国研究生招生调查报告 [EB/OL].(2020-
01-12)[2021-11-28].https://baike.baidu.com/item.

[14] 中华人民共和国教育部 .2020 年全国教育事业发展统计公报 [R].
http://www.moe.gov.cn/jyb_sjzl/sjzl_fztjgb/202108/t20210827_555004.
html

[15] 尤小立 . 研究生发表论文：一个两难课题的解决 [N]. 科学时报，
2007-07-30(B1).

二、外文文献

[1]Blackburn, Lawrence. Faculty at work:Motivation,Expection,Satis-
faction[M].Johns Hopkins University Press,Baltimore,1995.

[2]Garfield. Citation indexing:its theory and applications in science,
technology, and humanities [M].New York:Free Press, 1979.

[3]Glaser. Emgencen vs forcing:Basics of grounded theory analy-
sis[M].Mill Valley:Sociology Press, 1992.

[4]Lewin. Field Theory in Social Science[M].New York:Harpper and
Brother publishers, 1951.

[5]Lewin. Resolving Social Conflicts[M].New York:Harpper and Broth-
er Publishers:1948.

[6]Strauss, Corbin. Grounded theory methodology.In N.K.Denzin,Y.
S.Lincoln(Eds), Handbook of qualitative research[M].Thousand oaks,-
CA:SAGE,1994.

[7]Barnes, Randall. Doctoral Student Satisfaction: An Examination of Disciplinary,Enrollment,and Institutional Differences［J］.Research in Hihger Education,2012(53):47－75.

[8]Chio. Person－environment fit and creative behavior Differential impacts of supplies－values and demands－abilities versions of fit[J].Human, 2004(5):531－552.

[9]Chumwichan, Siriparp. Influence of Research Training Environment on Research Interest in Graduate Students[J].Procedia Social and Behavioral Sciences,2016（217）:950 －957.

[10]Danel, Cable. Pay Preferences and Job Search Decisions:A Person－organization Fit Perpective[J].Personnel Psychology, 1994 (2):316－351.

[11]Deci, Vallerand, Pelletier, et al. Motivation and Educaition:The Self－determination Perspective [J].Educational Psychologist, 1991 (3－4):325－346.

[12]Diana. Scientists at Major and Minor Universities: A Study of Productivity and Recognition[J].American Sociological Review,1965(5): 699－714.

[13]Fox. Publication productivity among scientists:a critical review[J]. Social Studies of Science, 1983(2):285－305.

[14]Gelso, Baumann, et al. The making of a scientist －psychotherapist: The research training environment and the psychotherapist[J].Psychotherapy,2013(2):139－149.

[15]Green, Hutchison, Sar. Evaluating scholarly performance:the productivity of graduates of social work doctoral programs[J].The Social Service Review,1992(3):441－466.

[16]Heath. A Quantitative Analysis of Ph.D Students' View of Supervision [J].HigherEducationResearch& Development, 2002 (1) : 41－53.

[17]McKeachie. Implications for the Teaching of Psychology[J].Teaching of Psychology, 2003(4) : 297－ 302.

[18]Ives, Rowley. Supervisor selection or allocation and continuity of supervision: PhD students' progress and outcomes[J]. Studies in Higher Education,2005（5）:535-555.

[19]Stacydams. Toward an understanding of equity[J].Journal of Abnormal and Social Psychology,1967（1）:3-9.

[20]Jansen, Brown. Toward a multidimensional theory of person-environment fit［J］.Journal of Managerial Issues,2006（18）:193-212.

[21]Jazvac. Oseillating role identities: The academic experiences of education doctoral students [J].Innovations in Education and Teaching International, 2009(3): 253-264.

[22]Kahn, Jeffrey. Predicting the scholarly activity of counseling psychology students: A refinement and extension[J].Journal of Counseling Psychology,2001(3) : 344- 354.

[23]Kristof, Zimmerman, Jounson. Consequences of individual ' s fit at work: A meta-analysis of person-job, person-organization, person-group, and person-supervisor fit［J］. Personnel Psychology, 2005（58）: 281-342.

[24]Muller, Palecic. Continuity of Motivation in Higher Education:A Three year Follow-up Study[J].Review Psychology, 2012(1):63-79.

[25]Paglis, Green, Bauer. Does adviser mentoring add value? A longitudinal study of mentoring and doctoral student outcomes［J］.Research in Higher Education,2006(4):451-476.

[26]Pyhalto, Stubb, Lonka. Developing scholarly communities as learning environments for doctoral students[J].International Journal for Academie Development, 2009(3): 221-232.

[27]Rooijev, Fokken, Jans. Factors that Influence Ph.D Candidates' Success: The Importance of Ph. D Project Characteristics[J]. Studies in Continuing Education,2019 (12) : 1-20.

[28]Schneider. The People Make the Place[J].Personnel Psychology, 1987 (3):436-454.

[29]Schraw, Flowerday, Lehman. Increasing Situational Interest in the Classroom[J].Educational Psychology Review, 2001(3):211-224.

[30]Shibayamas, Kobayashiy. Impact of Ph.D Training:A Comprehensive Analysis Based on a Japanese National Doctoral Survey[J].Scientometrics,2017,(1):387-415.

[31]Shivy, Worthington, Birtel, et al. Doctoral Research Training Environments (RTEs) :Sociological Review,1965(5): 699-714.

[32]Sussan, Claudia. How is Well-Being Related to Membership in New Religious Movements?An Application of Person-Environment Fit Theory〔J〕. International Association of Applied Psychology, 2010 (2):181-201.

[33]Taylor. Changes in Doctoral Education:Implications for supervisors in developing early career researcher[J].International Journal for Researcher Development,2012(2):120.

[34]Tomoki. How organizations promote person-environment fit: using the case of Japanese firms to illustrate institutional and cultural influences〔J〕. Asia Pacific J Manage, 2006 (23) : 47-69.

[35]Valero. Dublin Affecting factors Time-to-degreeand Completion Rates of Droplets Students at One Land- Study on the mechanism of granulation [J].Journal of Higher Education, 2016(3): 341-367.

[36]Vaccaro.The relationship between researchself-efficacy,perceptions of the research trainingenvironment and interest in research in counselor education doctoral students: An expost facto,crosssectional correlational investigation〔D〕. University of Central Florida,2009:12-17.

[37]National Center for Scientific Research.European Research and Higher Education Doctoral Studies [EB/OL]. (2019-01-12)[2021-10-22]. http://euredocs. sciences -po.fr/.